3분 영어 말하기 스피킹 매트릭스 INPUT

한국인을 위한 가장 과학적인 영어 스피킹 훈련 프로그램

스피킹 매트릭스

SPEAKING MATRIX

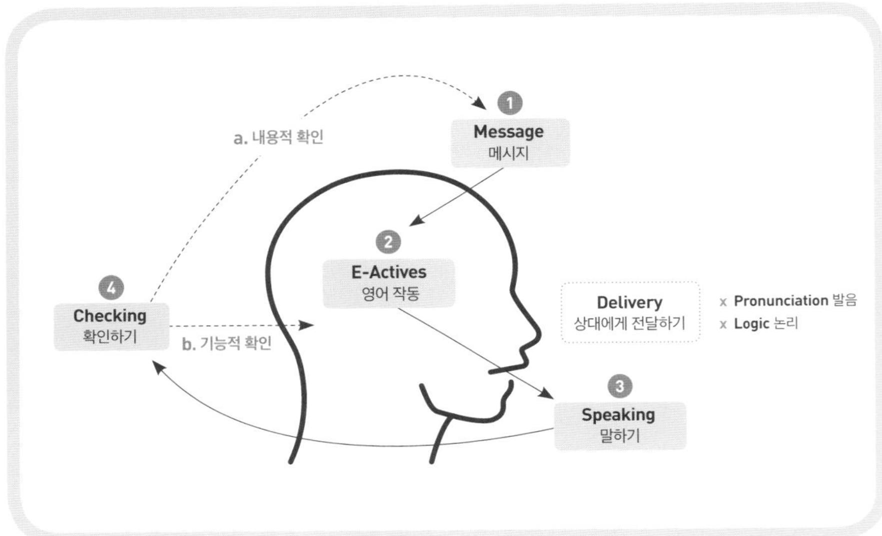

영어 강의 21년 경력의 스피킹 전문가가
한국인의 스피킹 메커니즘에 맞춰 개발하여
대학생, 취업 준비생, 구글코리아 등 국내외 기업 직장인들에게
그 효과를 검증받은 가장 과학적인 영어 스피킹 훈련 프로그램
『스피킹 매트릭스 **Speaking Matrix**』

이제 여러분은 생각이 1초 안에 영어로 완성되고
1분, 2분, 3분,… 스피킹이 폭발적으로 확장하는
놀라운 경험을 하게 될 것이다!

내 영어는 왜 5초를 넘지 못하는가?

당신의 영어는 몇 분입니까? 영어를 얼마나 잘하는지 확인할 때 보통 “얼마나 오래 말할 수 있어?”, “1분 이상 말할 수 있니?”와 같이 시간을 따집니다. 영어로 오래 말할 수 있다는 것은 알고 있는 표현의 수가 많고, 다양한 주제를 다룰 풍부한 에피소드들을 가지고 있음을 의미합니다. 그래서 ‘시간의 길이는 스피킹 실력을 판가름하는 가장 분명한 지표’입니다.

스피킹 매트릭스, 가장 과학적인 영어 스피킹 훈련법! 영어를 말할 때 우리 두뇌에서는 4단계 과정(왼쪽 그림 참조)을 거치게 됩니다. 그러나 보통은 모국어인 한국어가 영어보다 먼저 개입하기 때문에 그 과정이 원활하게 진행되지 못합니다. 『1분 영어 말하기』에서 『3분 영어 말하기』까지 스피킹 매트릭스의 체계적인 훈련 과정을 거치고 나면 여러분은 모국어처럼 빠른 속도로 영어 문장을 완성하고 원하는 시간만큼 길고 유창하게 영어를 구사할 수 있게 됩니다.

▶ 스피킹 매트릭스 훈련과정

1분 영어 말하기
눈뭉치 만들기

스피킹에 필요한 기본 표현을 익히는 단계

↓

2분 영어 말하기
눈덩이 굴리기

주제별 표현과 에피소드를 확장하는 단계

↓

3분 영어 말하기
눈사람 머리 완성

자신의 생각을 반영하여 전달할 수 있는 단계

▶ 스피킹 매트릭스 시리즈

독자의 1초를 아껴주는 정성!

세상이 아무리 바쁘게 돌아가더라도
책까지 아무렇게나 빨리 만들 수는 없습니다.
인스턴트 식품 같은 책보다는
오래 익힌 술이나 장맛이 밴 책을 만들고 싶습니다.

길벗이지톡은 독자여러분이
우리를 믿는다고 할 때 가장 행복합니다.
나를 아껴주는 어학도서,
길벗이지톡의 책을 만나보십시오.

독자의 1초를 아껴주는
정성을 만나보십시오.

미리 책을 읽고 따라해본 2만 베타테스터 여러분과
무따기 체험단, 길벗스쿨 엄마 2% 기획단,
시나공 평가단, 토익 배틀, 대학생 기자단까지!
믿을 수 있는 책을 함께 만들어주신 독자 여러분께 감사드립니다.

홈페이지의 '독자마당'에 오시면
책을 함께 만들 수 있습니다.

(주)도서출판 길벗 www.gilbut.co.kr
길벗 스쿨 www.gilbutschool.co.kr

mp3 파일 다운로드 안내 

홈페이지 (www.gilbut.co.kr) 회원(무료 가입)이 되시면 오디오 파일을 비롯하여 다양한 자료를 이용하실 수 있습니다.

1단계	로그인 후 도서명 ▼ [ ] 검색 에 찾고자 하는 책이름을 입력하세요.
2단계	검색한 도서에 대한 자료를 다운로드 받으세요.

3분 영어 말하기 스피킹 매트릭스

김태윤 지음

국내 1위 영어 스피킹 훈련 프로그램
스피킹 매트릭스: 3분 영어 말하기
Speaking Matrix: 3-Minute Speaking

초판 1쇄 발행 · 2020년 5월 30일
초판 4쇄 발행 · 2024년 1월 20일

지은이 · 김태윤 | **컨텐츠 어시스트** · 황서윤
발행인 · 이종원
발행처 · (주)도서출판 길벗
브랜드 · 길벗이지톡
출판사 등록일 · 1990년 12월 24일
주소 · 서울시 마포구 월드컵로 10길 56(서교동)
대표 전화 · 02)332-0931 | **팩스** · 02)323-0586
홈페이지 · www.gilbut.co.kr | **이메일** · eztok@gilbut.co.kr

기획 및 책임편집 · 임명진(jinny4u@gilbut.co.kr), 김대훈 | **디자인** · 황애라 | **제작** · 이준호, 손일순, 이진혁
마케팅 · 이수미, 장봉석, 최소영 | **영업관리** · 김명자, 심선숙 | **독자지원** · 윤정아

편집진행 및 교정교열 · 강윤혜 | **전산편집** · 이현해 | **일러스트** · 정의정
오디오녹음 · 와이알미디어 | **CTP 출력 및 인쇄** · 예림인쇄 | **제본** · 예림바인딩

ISBN 979-11-6521-137-0 04740 (길벗도서번호 301053)

정가 12,000**원**

'국내 1위 영어 스피킹 훈련 프로그램'

스피킹 매트릭스가 출간된 지 어느덧 6년이라는
시간이 지나 20만 독자 여러분들과 만났습니다.
그동안 독자분들이 보내주신, 그리고 지금도 계속되는
소중한 도서 리뷰와 문의 및 요청의 글들을 보면서
저자로서 너무도 영광스러웠고 보답하고 싶다는 열망이 생겼습니다.

'영어를 모국어처럼 빠르게 말할 수 없을까?'

우리가 영어를 말할 때 그토록 고생스러웠던 것은
바로 '문장강박'이 있기 때문입니다.
한 단어 한 단어, 덩어리 덩어리 끊어 말해 보세요.
하나의 문장을 기본 단위로 생각하니까 어렵지
짧게 끊기 시작하면 이처럼 쉽고 편한 것이 없습니다.
끊어서 말하면 더 짧게 짧게 생각해도 됩니다.
그래서 스피킹이 원활해지기 시작하고, 그래서 재미있고,
그래서 더 빠르게 영어를 말할 수 있습니다.

굳이 '빨리 말해야지!'라는 각오는 하지 마세요.
오히려 반대로 느긋하게 여유를 부리세요.
그러면, 속도는 선물처럼 결과물로 드러나게 되어 있습니다.
제가 지난 10년간 숱하게 보아왔던 그 자유롭고 즐거운
영어 말하기의 시간을 이제 여러분께 선사합니다.

한국인의
스피킹 메커니즘을 밝혀내다!

15년 간 영어 강사로 활동하면서 어휘, 독해, 청취, 회화 등 영역별로 수많은 학습법과 자료들을 수집해 왔습니다. 그런데 스피킹을 가르치면서 실제 우리가 영어를 말할 때는 어휘, 독해, 청취 등의 다른 영역들이 종합적으로 작용한다는 것을 깨달았습니다. 특정 부분만 강조할 경우 전체적인 말하기 능력이 오히려 방해를 받게 되는 거죠. 그래서 저는 스피킹의 전 과정을 하나로 아우르는 영어 훈련법을 연구해 보기로 했습니다.

그동안 영어를 한마디도 못하는 왕초보자부터 글로벌 기업에서 일하는 외국인까지 다양한 수준의 학습자들에게 영어를 가르치면서 한국인의 스피킹 과정에 최적화된 학습법을 찾아왔습니다. 그리고 지난 10년 스피킹 강의를 하며 축적한 방대한 데이터와 산재해 있던 스피킹의 과정들을 응축하여, 마침내 하나의 그림을 그려낼 수 있었습니다. 이것이 바로 스피킹 매트릭스(Speaking Matrix)입니다. 스피킹 매트릭스를 정리하고 나니 사람들이 영어를 말할 때 어느 지점에서 어려움을 겪게 되는지 마치 X-레이처럼 선명하게 보였습니다. 문제의 원인과 상태를 파악할 수 있으니 정확한 훈련법도 제시할 수 있었습니다.

『스피킹 매트릭스』 3단계 훈련법은 이러한 과정을 거쳐 탄생했습니다. 저는 이 훈련법을 대학생, 취업 준비생, 구글코리아 등 국내외 기업 직장인들을 대상으로 실제로 적용해 보았습니다. 그 결과는 놀라웠습니다. 영어 한마디 못 했던 학생을 5개월의 훈련 과정을 통해 한국 IBM의 5,500명 지원자 중 수석으로 합격시켰고, 영어 시험 때문에 승진에서 누락될까 불안에 떨던 중견 간부의 얼굴에 미소를 찾아줄 수 있었습니다. 이제 오랜 연구의 결과물을 정제하여 여러분 앞에 선보이려 합니다. 이 책을 통해 오랜 영어 스트레스에서 벗어나 1초 안에 문장을 완성하고 1분, 2분, 3분 길고 유창하게 영어를 말하는 즐거움을 느껴 보시기 바랍니다.

그동안 강의 현장과 스터디룸에서 하루하루 절실함을 안고 저와 함께 노력해준 수많은 학생들과의 귀한 시간과 소중한 인연에 감사합니다. 그분들이 있었기에 이 책이 탄생할 수 있었습니다. 학생들은 곧 저의 가장 큰 스승임을 깨닫습니다. 이 책이 세상에 나올 수 있도록 길을 열어주고 함께해준 길벗 출판사와 늘 저의 신념을 공유하고 실현을 도와준 황서윤 강사에게도 감사의 마음을 전합니다. 그리고 언제나 제 힘의 원천인 사랑하는 가족들, 하늘에서 흐뭇하게 지켜보고 계실 부모님, 사랑하고 존경합니다.

2014년 1월 1일

김 태 윤

스피킹 매트릭스 소개 : About Speaking Matrix

한국인이 영어를 말할 때 머릿속에서 일어나는 사고의 진행 과정을 한 장의 그림으로 응축해낸 것이 스피킹 매트릭스(Speaking Matrix)입니다. 이 책의 모든 콘텐츠와 훈련법은 스피킹 매트릭스를 기반으로 각각의 프로세스를 원활히 하는 데 초점을 맞춰 제작되었습니다.

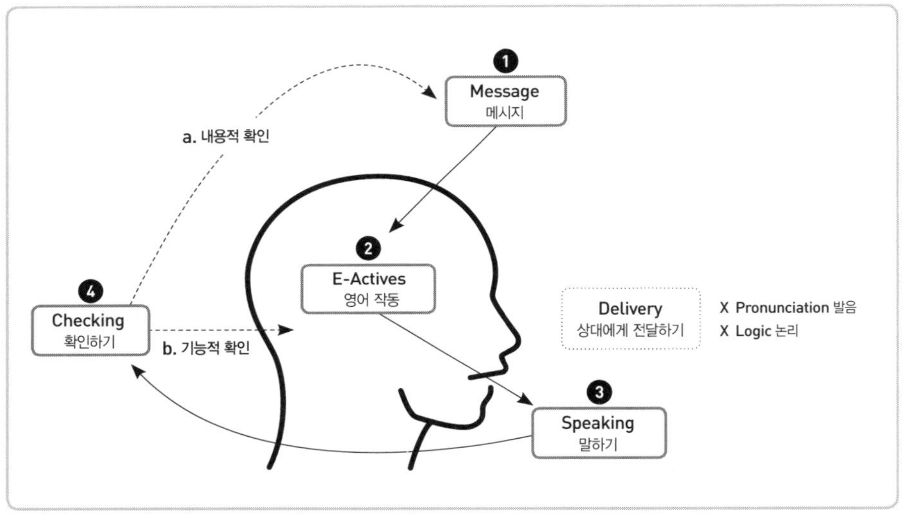

지금부터 스피킹 매트릭스의 각 단계가 어떤 식으로 흘러가는지, 단계마다 어떤 식으로 훈련하는 것이 효과적인지 차근차근 설명해 드리겠습니다.

말하기의 가장 기본적인 전제는 어떤 할 말이 떠오른다는 것인데, 바로 이 할 말이

Message에 해당합니다. 말하고자 하는 '의도'라고 할 수 있습니다. 이 '의도'가 자연스럽게 올라오도록 기다려 주는 것, 이 '의도'가 올라오고 나서 그다음 과정을 진행하는 것이 매우 중요합니다. 이는 자연 질서 그대로의 말하기이며, 끊어 말하기로 가능해집니다. 한 단어 한 단어, 또는 표현 덩어리 덩어리 끊어 말하기는 스피킹의 가장 중요한 습관입니다. 그리고 여러분이 '문장강박'에서 벗어나 자유롭고 편한 영어 스피킹으로 가는 유일한 길이기도 하고요.

Message는 상황에 따라 좀 달라집니다. 때로는 아주 큰 이야기 덩어리일 수도 있고, 때로는 한 단어 수준으로 하나의 개념이 되기도 합니다. 이를 한 번에 말하면 '의도'라고 할 수 있습니다. 자기가 하고자 하는 말의 의도가 생기는 것이죠. 그 의도 자체를 Message라고 보셔도 좋습니다. 영어를 처음 할 때는 우리 머릿속에서 일단 모국어, 즉 한국어가 무의식적으로 진행되기 때문에 이 Message 자리에 한국어가 와서 기다리고 있는 경우가 대부분일 것입니다. 그래서, 영어 말하기가 숙달되지 않은 상태에서는 이 Message 부분이 거의 한국어 단어 또는 표현, 또는 문장이 되는 것은 자연스러운 일입니다. 하지만, 점점 시간이 지날수록, 즉 영어 말하기를 자꾸 진행해 숙달될수록 원래의 기능, 즉 '의도'가 더 강력한 작동을 하게 됩니다.

한 가지 신경 쓸 것은, 처음부터 긴 내용의 Message를 처리하는 것은 힘들어서 떠오르는 내용을 아주 짧게 만드는 것이 유리하다는 점입니다. 처음에는 떠오르는 것을 한 단어로 아주 짧게 만드세요. 단어로 짧게 영어로 말하는 것은 그래도 할 만한 일입니다. 그러다 좀 익숙해지면 약간 큰 덩어리(chunk)도 진행이 됩니다. 의미 덩어리는 점점 더 커져서 어느덧 긴 이야기도 할 수 있게 됩니다. 그러니 처음엔 한 단어씩 짧게 만들어주는 것이 당연하고 매우 수월하며 누구나 할 만한 작업이 되는 것이죠. 단어-단어, 덩어리-덩어리 끊어서 말하는 것은 첫 과정부터 수월하게 만들어 줍니다.

메시지를 표현할 영어를 떠올린다

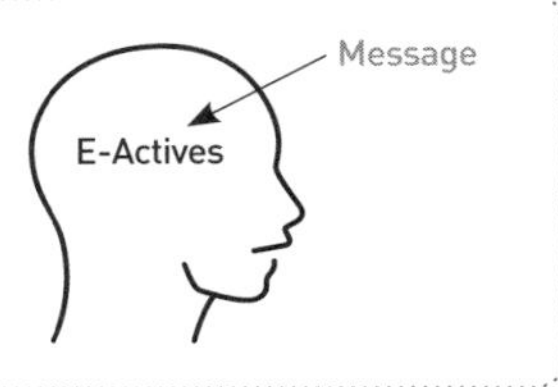

하고자 하는 말, Message에 해당하는 영어를 떠올리는 작업입니다. 처음엔 당연히 그 해당하는 단어나 표현을 찾는 데에 시간이 걸리겠죠? 영어 말하기를 할 때, 어떤 단어가 당장 떠오르지 않으면 너무 당황하고, 무슨 죄지은 사람처럼 긴장하고 눈치를 보게 되는데, 이 모두가 다 강박일 뿐입니다. 처음엔 하나하나의 단어를 찾는 데 시간이 걸린다는 것을 아주 당연하게 여겨야 합니다. 단어를 찾는 시간, 즉 아무 말을 하지 않는 시간을 아주 여유롭게 생각할 필요가 있습니다. 당연히, 점점 시간이 지날수록 시간이 짧게 걸립니다. 점점 원활해지는 것이죠. 아주 원활해져서 거의 자동적으로 떠오르는 영어 단어나 표현을 E-Actives라 합니다. * 여기서 E는 English(영어)입니다.

영어 말하기에 능숙한 사람은 E-Actives가 작동합니다. 즉 우리말보다 영어가 앞서 떠오르는 것이죠. 우리말 개입이 거의 일어나지 않고, 때로는 영어가 우리말에 영향을 주기도 합니다. 영어 표현에 숙달됐을 뿐 아니라 표현 방식도 영어식으로 발달해 있는 상황이죠.

한 가지 주의할 점은, 아무리 머릿속에 영어로 된 표현이 금방 떠올랐다고 하더라도, 이를 그대로 읽듯이 한 번에 죽 내뱉는 습관을 지양해야 한다는 것입니다. 한 덩이로 후루룩 말해버리게 되면 소리가 뭉쳐서 자칫 상대방이 못 알아들을 수 있습니다. 한국인에게는 발음보다 중요한 것이 '끊어 말하기'입니다. 머릿속에 영어가 덩어리로 떠올랐다고 하더라도 말을 할 때는 한 단어씩 천천히 의미를 두고 말하는 습관을 들여야 합니다. 그래야 같은 표현이라도 더 의미 있게 전달할 수 있고, 상대방도 더 잘 알아듣게 됩니다. E-Actives가 먼저 떠올랐다고 하더라도, 한 단어 한 단어 끊어 말하는 것은 여전히 중요합니다.

이런 진행 과정을 거쳐 구성된 말을 내뱉는 단계입니다. 이때 발음(pronunciation)과 논리(logic)는 상대방에게 내용을 전달(delivery)할 때 그 효과를 배가시켜 줍니다. 아무래도 발음이 정확하고 말이 논리적이면 내용 전달에 더 효과적이겠지요. 하지만 발음의 경우, 다소 부정확하더라도 말하는 내용의 전체 맥락에서 어느 정도 이해할 수 있으므로 의사소통에는 사실상 큰 문제가 되지 않습니다. 그러나 논리의 경우는 다릅니다. 여기서 말하는 논리란 말의 흐름이 자연스럽고 상황을 구체적으로 표현해서 상대방이 뚜렷하게 이미지를 떠올릴 수 있는 정도를 말합니다. 전달하고자 하는 말이 두서가 없거나 앞뒤 흐름이 이어지지 않거나 근거가 부족한 경우라면 상대방이 이해하기가 힘들겠지요.

특히, 떠오른 단어나 표현을 말하고 난 다음에는 반드시 '끝나는 감각'을 가져야 합니다. '이 말을 하고 나는 일단 끝난다'는 감각을 갖는 것은 모든 영어 말하기 프로세스에 있어서 가장 핵심입니다. 이것이 스피킹보다 리딩 중심의 언어 활동, 즉 말하기도 입보다 눈으로 더 많이 접해서 생긴 한국인의 '문장강박'에서 벗어나는 길입니다. 또한, 원래 영어 말하기의 자연 질서로 원위치시키는 길이기도 합니다. 일단 말을 끝내놓고, 다음 할 말은 천천히 생각하겠다는 여유를 가지세요. 자신을 믿고 자신의 뇌를 믿고 기다리면, 나머지 과정은 알아서 진행됩니다. 지극히 자연스럽고 편안한 형태로 말이죠.

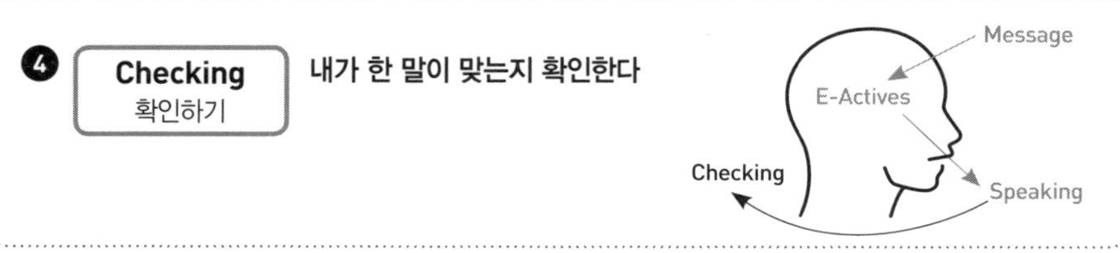

말을 하고 난 다음에는 방금 한 말이 자기가 원래 하려던 말인지 확인하는(checking) 과정이 진행됩니다. 이는 본능적으로 일어나는 과정이므로 말하는 사람이 미처 인지하지 못할 수도 있습니다. 하지만, 머릿속에서 아예 영작을 다 하고 난 다음 이를 읽는 식의 복잡한 프로세스를 가진 상태에서는 이 당연하고 본능적인 과정이 생략되어 버립니다. 자기 말을 듣지 않고 정신없이 계속 진행하게 되는 것이죠. 리딩 중심의 언어 활동, 즉 리딩하듯 스피킹을 하는 것은 이렇게 힘들고 복잡하고 말도 안 되는 상황으로 이어지는 폐단이 있습니다. 스피킹이 원활하게 진행되지 못하는 것은 당연한 결과입니다. 이 모든 어려움과 폐단을 해결하는 방법은 바로 '일단 자기가 한 말을 듣는 것'입니다. 당연히 한 문장을 후루룩 내뱉지 말아야 합니다. 한 단어, 또는 하나의 의미 덩어리(청크) 정도만 말하고 끝내놓은 다음, 자기가 한 말을 들어야 '문장강박'에서 벗어난 편하고 쉬운 영어 말하기 프로세스가 진행됩니다.

여기서 확인(checking)은 내용적인 확인과 기능적인 확인으로 나뉩니다.

4a. 내용적인 확인 | 말할 내용을 제대로 전달했는지 확인한다

내용적인 확인은 거의 본능적으로 순식간에 이루어지기 때문에 대부분 의식하지 못하지만, 스피킹에서 매우 중요한 단계입니다. 말하는 도중 딴생각을 하거나 주의가 다른 데 가 있으면 자신이 의도했던 말과 다른 말을 해도 눈치채지 못하는 상황이 벌어지게 됩니다. 그런 경험 한두 번쯤은 있을 텐데요. 내용적인 확인이 제대로 진행되지 않았을 때 일어나는 상황입니다.

4b. 기능적인 확인 | **문법, 표현, 어휘가 정확했는지 확인한다**

오류 검토 작업이 이루어지기도 하고, 더 나은 표현이 떠오르기도 하는 등 다양한 상황이 벌어집니다. 그리고 오류를 알아차리는 순간 말을 반복하거나 정정하거나 다른 표현을 말하기도 합니다. 이 단계에서 잘 조정하면 말하기 흐름을 바로 원활하게 고쳐나갈 수 있습니다.

스피킹이 능숙한 사람은 내용적인 확인과 기능적인 확인이 동시에 진행됩니다. 반대로 스피킹이 익숙하지 않은 사람은 이 과정이 동시에 진행될 때 머리에 쥐가 나고 말문이 막히게 됩니다. 오류에 신경 쓰면 다음 말이 떠오르지 않고, 내용에 신경 쓰면 오류가 나는 것이죠. 하지만 걱정할 필요는 없습니다. 이는 여러분이 유창한 스피킹으로 가기 위해 거쳐야 하는 당연한 과정이니까요.

이렇게 확인 작업이 끝나면 다음에 할 말, 다음 의도, 즉 다음 Message가 떠오릅니다. 그리고 위의 과정이 반복해서 진행됩니다. 이 과정이 계속 원활하게 진행되는 것, 이것이 바로 자연 질서의 영어 말하기가 진행되는 과정, Speaking Matrix입니다.

스피킹 매트릭스 훈련 구조 : Construction

〈스피킹 매트릭스 시리즈〉에는 짤막한 표현을 덩어리로 익히는 『1분 영어 말하기』부터 다양한 에피소드를 채워 대화를 풍부하게 하는 『2분 영어 말하기』, 그리고 자신의 의견을 구체적인 근거를 들어가며 설득력 있게 전달하는 『3분 영어 말하기』까지 여러분의 영어 실력을 과학적 · 체계적으로 확장해 주는 3단계의 훈련 과정이 준비되어 있습니다.

{ 스피킹 매트릭스 3단계 훈련 }

눈뭉치 만들기: 스피킹에 필요한 기본 표현을 익히는 단계

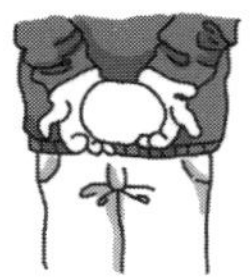

혹시 눈사람을 만들어 보셨나요? 빨리 만들고 싶다고 해서 한 번에 커다란 눈 덩어리를 만들 수는 없습니다. 아무리 큰 눈사람도 작은 눈뭉치를 두 손으로 단단하게 다지는 과정부터 시작합니다. 눈사람을 많이 만들어 본 사람일수록 처음에 시작하는 눈뭉치를 얼마나 단단하고 알차게 만들 수 있는지에 집중합니다. 그래야 이 작은 눈뭉치를 굴리고 굴려서 원하는 크기의 눈사람을 만들 수 있을 테니까요.

눈사람을 완성하기 위한 뼈대가 되어줄 단단하고 알찬 눈뭉치, 이것이 바로 『1분 영어 말하기』의 기본 표현입니다. 우리가 일상생활에서 자주 사용하고 어떤 주제에 대해 말하더라도 공통적으로 등장하는 표현들입니다. 가장 우선적으로 익혀야 하고 일단 익히고 나면 유용하게 쓸 수 있습니다. 영어를 못하는 사람일수록 이 기본 표현부터 눈을 뭉치듯 확실하게 입에 붙여야 합니다.

핵심 중의 핵심만 뽑았기에 분량은 많지 않지만 이 표현들로 할 수 있는 말은 상당합니다. 사용 빈도가 높은 표현들이기에 이것을 적용해서 말할 수 있는 상황도 많기 때문이죠.

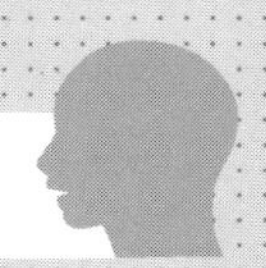

눈덩이 굴리기: 주제별 표현과 에피소드를 확장하는 단계

일상생활에서 우리가 어떤 주제를 가지고 이야기할 때는 하게 될 말들이 뻔~한 경우가 많습니다. 자전거를 예로 들까요? 타고, 넘어지고, 브레이크 잡는 것 등에 대한 이야기는 늘 하게 되죠. 어차피 하게 될 이런 이야깃거리들을 미리 익혀둔다면 스피킹을 할 때 당연히 유리할 것입니다. 단어 따로 문법 따로 배우고 이를 조합해 만드는 것은 이 바쁜 시대에 어울리지 않는 더딘 방법이죠. 게다가 자기가 아는 단어들을 우리말식으로 조합해 만들 경우 실제로 영어에서 쓰이지 않는 어색한 표현이 되기 쉽습니다.

그래서 주제별 표현과 에피소드들을 통으로 익히는 과정이 필요합니다. 일단 입으로 한 번이라도 해본 말들은 아무래도 더 빨리 입에 붙게 됩니다. 제가 영어를 가르칠 때도, 다양한 에피소드들을 익힌 학생들은 일상생활에 관한 사소한 내용까지도 상당히 원활하게 영어로 말할 수 있는 실력을 갖게 되었습니다.

영어 말하기를 상황이나 기능별로 분류하여 익히는 접근법은 한계가 있습니다. 실제 우리가 영어로 말할 때 회화책에 나오는 대화 상황과 100% 일치하는 경우는 거의 없습니다. 영어의 기본 틀인 문법을 익히고 다양한 패턴을 외우는 것도 어느 정도는 도움이 되겠지만, 이런 것들만으로 다양한 주제에 대한 이야깃거리를 만들어내는 것은 어렵겠죠. 그래서 스피킹의 확장에서 결정적인 한계에 부딪히게 됩니다.

이런 접근법들이 갖고 있는 한계를 극복하는 가장 빠르고 확실한 지름길이 바로 에피소드 정복입니다. 『2분 영어 말하기』에는 우리가 일상에서 경험할 수 있는 다양한 주제와 관련된 에피소드들이 등장합니다. 여기에 나오는 에피소드만 제대로 입에 붙여도 여러분의 스피킹은 지금보다 훨씬 다채롭고 풍성해질 것입니다.

눈사람 머리 완성: 자신의 생각을 반영하여 전달할 수 있는 단계

눈사람 몸통을 아무리 잘 만들었어도 머리를 올리지 않으면 눈사람이라고 할 수 없습니다. 이건 말하기에서도 마찬가지입니다. 스피킹을 확장하다 보면 결국 자신의 생각이 반영되어야 하는 시점이 옵니다. 아무리 표현을 많이 알고 상황을 설명할 수 있다고 해도, 어떤 주제나 문제에 대해 자신의 생각을 말할 수 없다면 스피킹이 제대로 완성된 게 아닙니다.

실제로 스피킹 훈련을 하다 보면, 어떤 말을 해야 할지 몰라 말을 잇지 못하는 상황이 종종 있습니다. 영어를 제대로 말하려면 표현을 익히고 에피소드를 채우는 데서 더 나아가 사고(思考)가 늘어야 합니다. 그렇지 않으면 알고 있는 어휘와 표현들을 제대로 활용할 수 없습니다. 그래서 영어를 어느 정도 할 수 있게 되면 반드시 자신의 의견을 말하는 훈련이 필요합니다. 이때『1분 영어 말하기』에서 익힌 기본 표현을 활용하고, 자신의 의견을 뒷받침할 구체적인 예를『2분 영어 말하기』의 다양한 에피소드에서 찾아 응용해 말하면 되는 겁니다.

: 스피킹 매트릭스 3단계 훈련의 효과 :

	영어회화	OPIc	토익 스피킹
1분 영어 말하기	초급 이상	IM 2&3	5, 6등급 가능
2분 영어 말하기	중급	IH	7등급 가능
3분 영어 말하기	고급	AL	8등급 가능

{ INPUT & OUTPUT }

『1분 영어 말하기』에서 『3분 영어 말하기』까지 3단계의 훈련 과정은 표현과 에피소드를 채우는 훈련인 INPUT과 이것을 응용해 실제로 말하는 연습을 하는 OUTPUT의 두 가지 과정으로 이뤄집니다.

INPUT ▸ 기본 표현과 에피소드 익히기 › 실제 훈련 과정 반영

스피킹 교재는 내용도 중요하지만, 무엇보다 이 내용들을 실제 입으로 익힐 수 있는 훈련 구조가 가장 중요합니다. 이 책에 나오는 훈련 구조는 모두 제가 학생들과 실제로 훈련하는 과정을 그대로 담은 것입니다. 훈련 과정 하나하나 중요한 의도와 효과를 가지고 있으므로 그대로 따라 하면 자연스럽게 표현과 에피소드가 외워지는 동시에 스피킹 실력이 향상됨을 느낄 수 있을 것입니다. 크게 소리 내어 훈련하기 어렵다면 머릿속으로라도 따라 하고 훈련하세요. 스피킹 실력이 확실하게 향상되고 있음을 깨닫게 되실 겁니다.

OUTPUT ▸ 섞어 말하기 › 강력한 반복 구조로 효과 up!

『1분 영어 말하기』에서는 표현들을 하나씩 배우고 이를 서로 연결하고 섞어 문장을 길게 만드는 훈련을 합니다. 『2분 영어 말하기』에서는 주제별로 익힌 에피소드를 이리저리 섞어서 실제 스피킹 상황처럼 훈련합니다. INPUT에서 배운 내용들을 효과적으로 반복 훈련할 수 있는 더없이 좋은 응용 훈련이 바로 MIX, 섞어 말하기입니다.

『스피킹 매트릭스』 세 권은 서로 유기적으로 연결되면서 반복 확장되는 구조입니다. 예를 들어, 『1분 영어 말하기』의 기본 표현이 계속 반복되면서 『2분 영어 말하기』(에피소드)와 『3분 영어 말하기』(에피소드 + 의견)에는 특정 상황에 필요한 어휘와 표현만 살짝 더해지는 식이죠. 기본 표현을 벗어나는 문법이나 표현은 최대한 제한했습니다. 그래야 배운 내용을 확실히 익히고 새로 추가되는 어휘와 표현도 제대로 소화할 수 있으니까요.

똑같은 표현이지만 여러 다양한 상황에서 디테일이 더해지면서 서로 유기적으로 연결되고 점진적으로 반복됩니다. 이는 단순히 암기하는 것과는 비교가 되지 않는 강력한 효과로 이어질 수 있습니다. 그래서 『3분 영어 말하기』의 OUTPUT은 1분, 2분, 3분의 총체적인 덩어리, 최종적인 종합 훈련의 장이 됩니다.

추천하는 말 : Recommendations

책장을 펼치고 MP3 플레이 버튼만 누르면, 어디든 나만의 영어 학원이 된다!

— 구글 본사 커뮤니케이션팀 이사 정김경숙 —

제 영어 인생에서 제 2막이 시작된 것 같습니다. 그동안 미국 유학 시절 배운 영어로 직장에서 그럭저럭 버텨왔습니다. 부족하다는 느낌은 들었지만, 도대체 어디서부터 어떻게 시작해야 할지 해결책을 찾지 못해 답답했었죠. 하지만 『스피킹 매트릭스』를 만나면서 달라졌습니다. 영어 실력을 한 단계 올려보겠다는 욕심이 생겼고, 무엇보다 영어에 자신감을 되찾게 되었습니다. 예전이라면 무심코 흘려보냈을 하루 몇 분의 자투리 시간을 아껴서 꼬박꼬박 영어 말하기를 연습합니다. 책장을 펼치고 MP3 플레이 버튼만 누르면 내가 있는 곳이 어디든 나만의 작은 영어 학원이 생깁니다. 이처럼 저에게 끊임없는 동기부여를 해주는 학습 구성이 참 좋습니다.

스피킹 훈련과 스피치 전문강사의 강의, 진정한 통합 스피킹 훈련 프로그램!

— 아웃백코리아 인사부 상무 김정옥 —

글로벌 시대를 사는 직장인이라면 누구나 한 번쯤 영어에 대한 고민을 하게 될 것이다. 하지만 대부분 바쁜 업무에 치여 영어 공부에 시간과 돈을 충분히 투자하기 어려운 것이 현실이다. 지금 이 순간, 영어 때문에 남모를 고민에 빠져 있는 분들께 『스피킹 매트릭스』를 추천하고 싶다. 이 책에는 1분, 2분, 3분, 여러분의 영어를 점점 더 길고 유창하게 만들어주는 독특하고 효과적인 스피킹 훈련법이 담겨 있다. 게다가 스피킹 전문가인 저자의 강의도 함께 들을 수 있으니 시간과 장소에 구애받지 않고 영어 실력을 향상시킬 수 있는 진정한 통합 스피킹 훈련 프로그램이라 하겠다. 『스피킹 매트릭스』로 여러분의 영어 고민을 해결하고 글로벌리스트로 거듭나기를 기원한다.

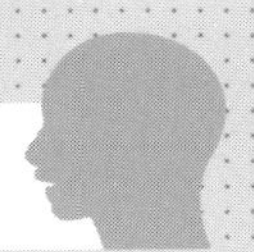

영어책이 이토록 과학적일 수 있다니 정말 놀랍다!

— 한국릴리 마케팅/부사장 김민영 —

김태윤 선생님의 강의는 기존의 영어 수업과 차별화되는 부분이 있다. 내가 가지고 있는 나쁜 언어 습관들, 스스로 인식하지 못하고 있던 부분까지 예리하게 짚어주면서 수업을 진행한다. 최적의 영어 표현들과 반복-확장을 통한 체계적인 훈련은 단순히 영어로 문장을 완성하는 데 그치지 않고 유창하고 논리적인 영어 말하기까지 가능하게 해주었다. 『스피킹 매트릭스』는 그의 노하우가 완벽하게 응축된 결정체이다. 스피킹의 메커니즘을 정확히 꿰뚫고 있으며, 그 어떤 영어책보다도 과학적·체계적으로 훈련시켜 준다. 바쁜 일상, 자투리 시간을 활용해 최단기간에 최대의 효과를 얻고 싶은 분들께 이보다 더 완벽한 스피킹 교재는 없을 것이다.

답답한 영어에 속시원한 해답을 제시해주는 책!

— 바슈롬코리아 재무회계 상무 김은경 —

그동안 영어 공부에 꽤 많은 시간과 노력을 투자해 온 것 같다. 하지만 하면 할수록 모국어가 아닌 외국어를 잘한다는 것이 얼마나 어려운 일인가를 깨닫게 되었고, 좀처럼 늘지 않는 실력에 조금씩 지쳐가고 있었다. 그러던 중 『스피킹 매트릭스』를 만나게 되었고, 그동안 내가 늘 궁금해하던 표현들이 여기에 모두 수록되어 있음을 발견했다. 일상생활에서 "이건 영어로 뭐라고 하지?" 궁금했지만 답답해하던 모든 이들에게 이 책이 속 시원한 해답을 제공할 것이다. 그리고 간단한 표현에서 시작해 점차 디테일하고 심화된 에피소드로 확장해가는 체계적인 학습 과정을 따라가다 보면 '와, 정말 스피킹 실력이 향상될 것 같은데!'라는 확신이 든다.

미리보기 : Preview

{ 이 책은 3분 동안 자기 생각을 펼칠 수 있는 에피소드를 담은 INPUT과 이를 활용해서 실제로 말하는 연습을 하는

담아라! 머릿속에 담은 만큼 말할 수 있다!

3분 영어 말하기 INPUT

표현을 알고 이야깃거리가 풍부해도 자기 의견을 말할 수 없다면 진정한 영어 스피킹이 아니겠죠? 3분 동안 자기 생각을 펼칠 수 있는 에피소드들을 담으세요.

STEP 1 끊어 듣기

에피소드의 문장을 의미 단위의 chunk로 끊어서 들려줍니다. 훈련할 때 우리말보다는 영어에 집중해서 들어주세요. (훈련이 어렵게 느껴지는 분은 STEP 1 훈련에 앞서 STEP 3의 우리말 문장들을 미리 훑어보고 내용을 파악하는 방법도 괜찮습니다.)

STEP 2 따라 말하기

이번에는 문장을 연결해서 들려줍니다. 영어를 보면서 따라 말해 보세요.

STEP 3 혼자 말하기

이제 우리말을 보며 영어로 말하세요. STEP 3도 MP3를 들려주니까 혼자 말하기 부담스러운 분은 STEP 2를 보면서 말해도 괜찮습니다. (단, 막힘없이 말할 수 있을 때까지 반복해서 훈련해 주세요.)

에피소드 1 ☆ 결혼식 Weddings

Step 1 끊어 듣기

01 I wear a cocktail dress • or a blouse and skirt • in light colors • to a wedding • and no ivory or white • because it is the bride's time • to shine.

02 We were at an outdoor wedding • and it suddenly started to rain. • Fortunately, • there was an indoor site planned • that was nearby • so we all went there.

03 My friend tried • to catch the bride's bouquet, • but she fell • catching it, • so everyone at the wedding • laughed.

04 People say that • if I catch the bouquet • at a wedding, • I need to get married • within three months, • so I didn't even try to catch it.

05 A famous singer came to sing • at the wedding. • He sang • with a live band • and everyone got his autograph.

06 I gave a cash gift, • but didn't get a meal ticket, • and so I couldn't eat • at the wedding.

제한시간 2분 (문장당 10초 내외)

Step 2 따라 말하기	Step 3 혼자 말하기
I wear a cocktail dress or a blouse and skirt in light colors to a wedding and no ivory or white because it is the bride's time to shine.	결혼식에는 칵테일 드레스나 밝은 색의 블라우스에 치마를 입고 아이보리나 흰색은 입지 않아요. 신부가 빛나야 하는 자리이기 때문이죠.
We were at an outdoor wedding and it suddenly started to rain. Fortunately, there was an indoor site planned that was nearby so we all went there.	야외 결혼식장에 있었는데 갑자기 비가 내리기 시작했어요. 다행히 근처에 실내 장소가 예약돼 있어서 우리는 모두 그곳으로 갔죠.
My friend tried to catch the bride's bouquet, but she fell catching it, so everyone at the wedding laughed.	제 친구가 신부 부케를 받으려다 넘어져서 결혼식에 있던 모든 사람들이 웃었어요.
People say that if I catch the bouquet at a wedding, I need to get married within three months, so I didn't even try to catch it.	사람들이 결혼식에서 부케를 받으면 3개월 안에 결혼해야 한다고 해서 전 받으려고도 하지 않았어요.
A famous singer came to sing at the wedding. He sang with a live band and everyone got his autograph.	유명 가수가 와서 결혼식 축가를 불렀습니다. 가수는 라이브 밴드와 노래를 불렀고 모든 사람들이 그 가수의 사인을 받았어요.
I gave a cash gift, but didn't get a meal ticket, and so I couldn't eat at the wedding.	축의금을 냈는데 식권을 안 받았어요. 그래서 결혼식에서 식사를 할 수 없었죠.

{ INPUT 주요 표현 정리 }

INPUT 파트에 나온 중요한 표현들을 해설과 함께 정리했습니다. 함께 공부하면 더욱 깊이 있는 영어 스피킹 학습이 가능합니다.

DAY 01 결혼식 & 계절

에피소드 1 ☆ 결혼식 Weddings

01 | □cocktail dress 여성의 약식 야회복인 칵테일 드레스 □wedding 결혼식 □ivory 상아색 □bride 신부 □shine 빛나다

02 | □outdoor wedding 야외 결혼식 □fortunately 다행히 (↔ unfortunately) □indoor site 실내 장소

혼자 공부하기 외로운 분들을 위한

스피킹 전문 강사의 해설 강의

경력 21년의 전문 영어 강사가 스피킹 훈련 시 유의해야 할 사항들을 하나하나 짚어 줍니다.

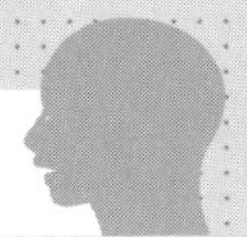

OUTPUT으로 구성되어 있습니다. 학습자의 목적과 편의에 맞게 간편하게 2권으로 분권하여 사용할 수 있습니다.}

말하라! 이제 당신은 네이티브처럼 말하게 된다!

3분 영어 말하기 OUTPUT

INPUT에서 배운 에피소드를 엮어 한 가지 주제에 대해 다양한 의견을 3분 동안 영어로 말하는 훈련을 합니다. 처음에는 1분씩 나눠 말하는 훈련을 하다가 적응이 되면 다양한 의견을 연결해서 말해 봅니다.

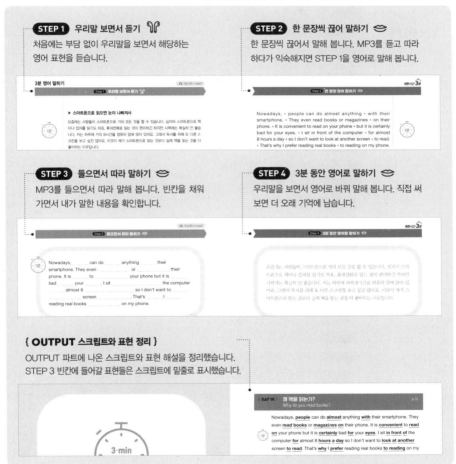

STEP 1 우리말 보면서 듣기

처음에는 부담 없이 우리말을 보면서 해당하는 영어 표현을 듣습니다.

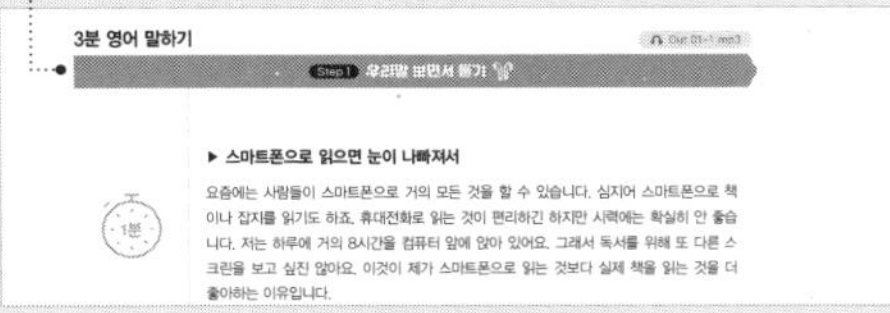

3분 영어 말하기

Out 01-1.mp3

Step 1 우리말 보면서 듣기

▶ 스마트폰으로 읽으면 눈이 나빠져서

요즘에는 사람들이 스마트폰으로 거의 모든 것을 할 수 있습니다. 심지어 스마트폰으로 책이나 잡지를 읽기도 하죠. 휴대전화로 읽는 것이 편리하긴 하지만 시력에는 확실히 안 좋습니다. 저는 하루에 거의 8시간을 컴퓨터 앞에 앉아 있어요. 그래서 독서를 위해 또 다른 스크린을 보고 싶진 않아요. 이것이 제가 스마트폰으로 읽는 것보다 실제 책을 읽는 것을 더 좋아하는 이유입니다.

STEP 2 한 문장씩 끊어 말하기

한 문장씩 끊어서 말해 봅니다. MP3를 듣고 따라 하다가 익숙해지면 STEP 1을 영어로 말해 봅니다.

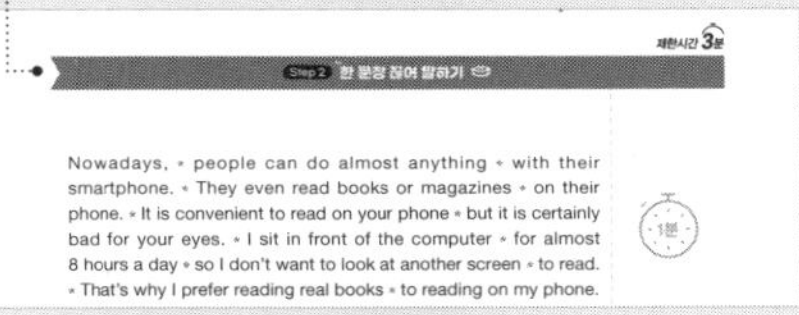

제한시간 3분

Step 2 한 문장 끊어 말하기

Nowadays, • people can do almost anything • with their smartphone. • They even read books or magazines • on their phone. • It is convenient to read on your phone • but it is certainly bad for your eyes. • I sit in front of the computer • for almost 8 hours a day • so I don't want to look at another screen • to read. • That's why I prefer reading real books • to reading on my phone.

STEP 3 들으면서 따라 말하기

MP3를 들으면서 따라 말해 봅니다. 빈칸을 채워 가면서 내가 말한 내용을 확인합니다.

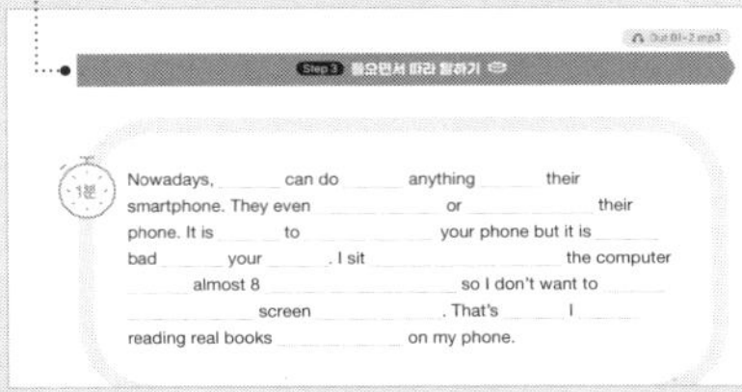

Out 01-2.mp3

Step 3 들으면서 따라 말하기

Nowadays, ______ can do ______ anything ______ their smartphone. They even ______ or ______ their phone. It is ______ to ______ your phone but it is ______ bad ______ your ______. I sit ______ the computer ______ almost 8 ______ so I don't want to ______ screen ______. That's ______ I ______ reading real books ______ on my phone.

STEP 4 3분 동안 영어로 말하기

우리말을 보면서 영어로 바꿔 말해 봅니다. 직접 써 보면 더 오래 기억에 남습니다.

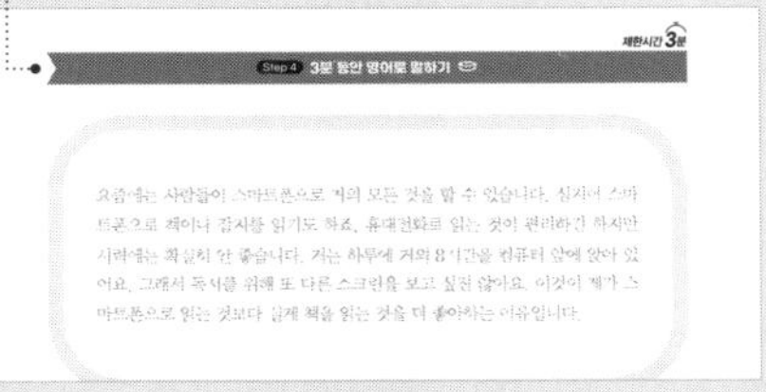

제한시간 3분

Step 4 3분 동안 영어로 말하기

{ OUTPUT 스크립트와 표현 정리 }

OUTPUT 파트에 나온 스크립트와 표현 해설을 정리했습니다. STEP 3 빈칸에 들어갈 표현들은 스크립트에 밑줄로 표시했습니다.

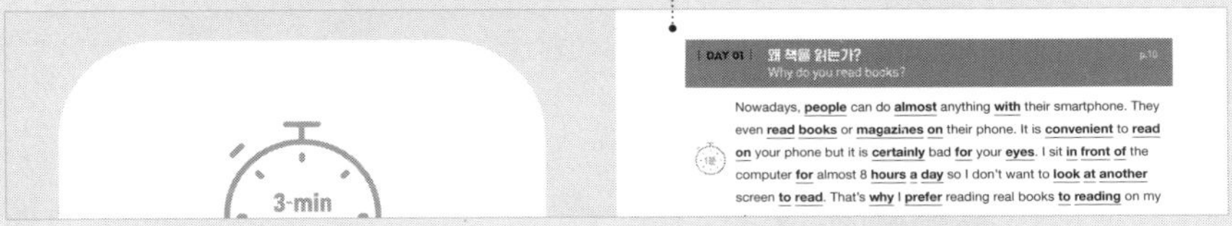

3-min

DAY 01 왜 책을 읽는가? Why do you read books? p.10

Nowadays, <u>people</u> can do <u>almost</u> anything <u>with</u> their smartphone. They even <u>read books</u> or <u>magazines on</u> their phone. It is <u>convenient</u> to <u>read on</u> your phone but it is <u>certainly</u> bad <u>for</u> your <u>eyes</u>. I sit <u>in front of</u> the computer <u>for</u> almost 8 <u>hours a day</u> so I don't want to <u>look at another</u> screen <u>to read</u>. That's <u>why</u> I <u>prefer</u> reading real books <u>to reading</u> on my

이 책에 나오는 모든 예문들은 MP3파일과 QR코드를 통해 확인할 수 있습니다.

콕 찍기만 해도, 그냥 듣기만 해도 자동으로 외워지는

스피킹 훈련용 MP3 파일

차례 : Contents

INPUT

OUTPUT

3분 영어 말하기
SPEAKING MATRIX

우리는 영어를 잘하고 싶어 합니다. 네이티브처럼 막힘없이 길고 유창하게 말이죠. 어떤 상황에서 어떤 화제가 주어져도 쫄지 않고 영어로 말하는 내 모습은 상상만 해도 멋집니다. 하지만 현실은… 입도 떼기 어렵죠?

걱정 마세요. 이 책의 제목이 바로 『3분 영어 말하기』입니다. 3분 안에 뭘 얼마나 말하겠어?"라고요? 컵라면에 물을 붓고 기다리는 3분이 얼마나 긴지 아시죠? 그 시간만큼 영어로 말한다고 생각해 보세요. 간단하고 임팩트 있는 연설까지도 가능한 시간이랍니다.

이 책은 『1분 영어 말하기』에서 익힌 기본 표현들을 활용하고, 『2분 영어 말하기』보다 한층 심화된 에피소드들을 배우게 됩니다. 단순히 에피소드를 채우는 데서 나아가 사고의 폭을 키워주는 의견 말하기 훈련이 함께 진행됩니다. 이 훈련을 끝내고 나면, 여러분은 하고 싶은 이야기를 다양한 에피소드는 물론 자신의 의견까지 곁들여 아주 길~고 유창하게 말할 수 있게 됩니다.

그래서 이 책의 훈련을 마치고 나면 지금 아는 쉬운 문장으로 3분 동안 하고 싶은 말을 마음껏 영어로 할 수 있습니다.

이 책은 진지합니다.
어쩌면 조금 힘들지도 모릅니다.
하지만 확실한 실력 향상을 약속합니다.
영어를 할 때 꼭 말하게 되는 표현들을
머릿속에 확실히 탑재시켜주고
문장을 섞어서 자유자재로 요리하게 하며
앞뒤로 붙여 길게 말할 수 있는
놀라운 능력을 갖게 해줍니다.
그래서 여러분은 단 3개월이면,
지금 아는 쉬운 표현들을 가지고
1분, 2분, 3분 동안 네이티브처럼
하고 싶은 말을 마음껏 할 수 있게 됩니다.

평소 기초가 약하다고 생각하시는 분들, 매번 작심삼일로 끝나는 분들도
절대 부작용 없이 사용하실 수 있습니다.

3분
영어 말하기
INPUT

담아라!

머릿속에 담은 만큼 말할 수 있다!

여기에는 우리가 3분 동안 영어로 말하는 데 필요한 다양한 주제와 그와 관련된 핵심 에피소드들이 정리되어 있습니다. 보통의 한국인이라면 누구나 한 번쯤은 경험해 봤을 에피소드들이라 해당 표현 역시 입에 착착 감길 것을 약속합니다. 이 표현들만 머릿속에 꼭꼭 담아 놓고 적시적소에 풀어 놓는다면 외국인이 두 엄지를 번쩍 올리는 건 당연지사. 하지만 0.1초 내에 해당 문장이 튀어나오도록 부단히 노력해야 한다는 것, 잊으면 안 됩니다. 딱 30일만 이 책에 있는 대로 훈련해 보세요. 여기 있는 표현들만 여러분 머릿속에 확실히 담을 수 있다면 유창한 영어 스피킹의 고지, 멀지 않습니다.

DAY 01

3분 영어 말하기 에피소드 심화

결혼식 & 계절

에피소드 1 ☆ 결혼식 Weddings

In 01-1.mp3

Step 1 끊어 듣기

01
I wear a cocktail dress * or a blouse and skirt * in light colors * to a wedding *
저는 칵테일 드레스를 입어요 혹은 블라우스에 치마를 밝은 색으로 결혼식에는
and no ivory or white * because it is the bride's time * to shine.
그리고 아이보리나 흰색은 입지 않아요 왜냐면 신부의 시간이기 때문이죠 빛나야 하는.

02
We were at an outdoor wedding * and it suddenly started to rain. * Fortunately, *
우리는 야외 결혼식장에 있었어요 그런데 갑자기 비가 내리기 시작했어요. 다행히
there was an indoor site planned * that was nearby * so we all went there.
계획되어 있는 실내 장소가 있었어요 그것은 근처에 있었죠 그래서 우리는 모두 그곳으로 갔죠.

03
My friend tried * to catch the bride's bouquet, * but she fell * catching it, *
제 친구는 시도했어요 신부의 부케를 잡는 것을 하지만 그녀는 넘어졌어요 그것을 잡으려다가
so everyone at the wedding * laughed.
그래서 결혼식에 있던 모든 사람들이 웃었어요.

04
People say that * if I catch the bouquet * at a wedding, * I need to get married *
사람들은 이렇게 말해요 제가 부케를 잡으면 결혼식에서 저는 결혼해야 한다고
within three months, * so I didn't even try to catch it.
3개월 안에 그래서 전 그것을 잡는 것을 시도조차 안 했어요.

05
A famous singer came to sing * at the wedding. * He sang * with a live band *
유명 가수가 노래를 부르러 왔습니다 결혼식에. 그는 노래를 불렀죠 하나의 라이브 밴드와
and everyone got his autograph.
그리고 모든 사람들이 그의 사인을 받았어요.

06
I gave a cash gift, * but didn't get a meal ticket, * and so I couldn't eat *
전 축의금을 냈어요 하지만 식권을 안 받았어요 그래서 식사를 할 수 없었죠
at the wedding.
그 결혼식에서.

07
The wedding hall was big * and there weren't many guests * so I could sit *
식장이 컸어요 그리고 하객은 많지 않았죠 그래서 앉을 수 있었어요.
in the front at the wedding.
결혼식 때 앞에.

08
I was asked * to host the wedding ceremony * at my best friend's wedding, *
저는 부탁을 받았어요 결혼식 사회를 맡아달라고 저의 제일 친한 친구 결혼식에서
and I did well * without making any mistakes.
그리고 잘했어요 아무 실수 하지 않고.

09
I went to the wedding * early. * I took a picture with the bride * and came home *
저는 결혼식에 갔어요 일찍. 신부와 사진을 찍었죠 그리고 집에 왔어요
without attending the wedding.
예식에는 참석하지 않고.

10
I was in such a hurry * that I just gave the cash gift *
저는 너무 바빠서 축의금만 냈어요
and immediately came back * to the office * to work.
그리고 바로 다시 돌아왔죠 회사에 일하러.

훈련한 날짜 . .

소요시간 분

강의 및 훈련 MP3

제한시간 2분 (문장당 10초 내외)

Step 2 따라 말하기	Step 3 혼자 말하기
I wear a cocktail dress or a blouse and skirt in light colors to a wedding and no ivory or white because **it is the bride's time to shine.**	결혼식에는 칵테일 드레스나 밝은 색의 블라우스에 치마를 입고 아이보리나 흰색은 입지 않아요. **신부가 빛나야 하는 자리**이기 때문이죠.
We were at an outdoor wedding and it suddenly started to rain. Fortunately, there was an indoor site planned that was nearby so we all went there.	**야외 결혼식장에 있었는데** 갑자기 비가 내리기 시작했어요. 다행히 근처에 실내 장소가 예약돼 있어서 우리는 모두 그곳으로 갔죠.
My friend **tried to catch the bride's bouquet, but she fell catching it,** so everyone at the wedding laughed.	제 친구가 **신부 부케를 받으려다 넘어져서** 결혼식에 있던 모든 사람들이 웃었어요.
People say that **if I catch the bouquet at a wedding, I need to get married within three months,** so I didn't even try to catch it.	사람들이 **결혼식에서 부케를 받으면 3개월 안에 결혼해야 한다**고 해서 전 받으려고도 하지 않았어요.
A famous singer came to **sing at the wedding.** He sang with a live band and everyone got his autograph.	유명 가수가 와서 **결혼식 축가를 불렀습니다.** 가수는 라이브 밴드와 노래를 불렀고 모든 사람들이 그 가수의 사인을 받았어요.
I gave a cash gift, but didn't get a meal ticket, and so I couldn't eat at the wedding.	**축의금을 냈는데 식권을 안 받았어요.** 그래서 결혼식에서 식사를 할 수 없었죠.
The wedding hall was big and there weren't many guests so I could sit in the front at the wedding.	**식장이 크고 하객도 많지 않아서** 결혼식 때 앞에 앉을 수 있었어요.
I was asked to **host the wedding ceremony** at my best friend's wedding, and I did well without making any mistakes.	제일 친한 친구의 결혼식에서 **결혼식 사회를 말아**달라고 부탁을 받았는데, 실수 안 하고 잘 해냈어요.
I went to the wedding early. I took a picture with the bride and **came home without attending the wedding.**	결혼식에 일찍 갔어요. 신부와 사진을 찍고 **예식은 안 보고 집에 왔어요.**
I was in such a hurry that I **just gave the cash gift** and immediately **came back to the office to work.**	너무 바빠서 **축의금만 내고** 바로 **다시 회사에 와서 일했어요.**

In 01-2.mp3

Step 1 끊어 듣기

01 I can't stand summer * because I'm allergic to sunlight.
전 여름을 못 견뎌 해요 왜냐면 햇빛 알러지가 있기 때문에.

02 I like to lie in bed * listening to the rain outside * in summer.
전 침대에 누워 있는 것을 좋아해요 바깥의 빗소리를 들으면서 여름에.

03 I like summer * because I don't have to put on many layers of clothes.
전 여름을 좋아해요 왜냐면 옷을 많이 껴입을 필요가 없기 때문에.

04 I have a bad memory * of my time in the army * when I had to shovel snow. *
전 안 좋은 기억이 하나 있어요 군대에 있었던 저의 시절에 관한 바로 눈을 치워야 했던 때였죠.
That's why snow reminds me of my life * in the army * back in the day.
그래서 눈을 보면 제 생활이 떠올라요 군대에서의 그 당시로 거슬러 가.

05 I love the fall leaves, * so I go on lots of trips * in fall.
전 단풍들을 아주 좋아해요 그래서 많은 여행을 다닙니다 가을에.

06 Because global warming is getting worse, * spring and fall tend to get shorter *
지구 온난화가 점점 심해지기 때문에 봄과 가을이 더 짧아지는 경향이 있어요
than they were in my childhood.
그것들이(봄과 가을이) 제 어린 시절에 있었던 상태보다.

07 I like to curl up with a blanket * on the couch * with a good book *
저는 담요로 둘둘 말아 웅크리고 있는 걸 좋아해요 소파에 재미있는 책 한 권 가지고
when it is freezing cold outside.
밖이 무지 추울 때는.

08 I don't get bitten * by mosquitoes much, * so I don't have to bring repellent *
전 안 물려요 모기에 많이 그래서 모기약을 들고 다닐 필요가 없어요
with me * during the summer.
저와 함께 여름에.

09 My skin is not that dry, * so I don't have to put lotion on my body *
제 피부는 그렇게 건조하지 않아요 그래서 제 몸에 로션을 바를 필요가 없어요
all the time in winter.
겨울 내내.

10 I get tanned really easily * whenever I'm in the sun, *
저는 정말 금방 타요 햇빛 속에 있을 때마다
so I only wear long-sleeved shirts * in the summer.
그래서 긴 소매 셔츠만 입어요 여름에.

Step 2 따라 말하기	Step 3 혼자 말하기
I can't stand summer **because I'm allergic to sunlight.**	**햇빛 알러지가 있기 때문에** 전 여름을 못 견뎌 해요.
I like to lie in bed **listening to the rain outside** in summer.	여름에 **바깥의 빗소리를 들으면서** 침대에 누워 있는 것을 좋아합니다.
I like summer because I don't have to **put on many layers of clothes.**	**옷을 많이 껴입을** 필요가 없기 때문에 여름을 좋아해요.
I have a bad memory of my time in the army **when I had to shovel snow.** That's why snow reminds me of my life in the army back in the day.	군 복무 시절의 안 좋은 기억이 하나 있는데 바로 **눈을 치워야 했던 때입니다.** 그래서 눈을 보면 그 당시의 제 군대 생활이 떠올라요.
I love the fall leaves, so I go on lots of trips in fall.	**단풍 구경을 아주 좋아해서** 가을에 여행을 많이 다닙니다.
Because global warming is getting worse, **spring and fall tend to get shorter** than they were in my childhood.	지구 온난화가 점점 심해지기 때문에 저 어렸을 때보다 **봄과 가을이 더 짧아지는 경향이 있어요.**
I like to **curl up with a blanket** on the couch with a good book when it is freezing cold outside.	밖이 무지 추울 때는 **담요로 둘둘 말아** 재미있는 책 한 권 들고 소파에 웅크리고 있는 게 좋아요.
I don't get bitten by mosquitoes much, so I don't have to bring **repellent** with me during the summer.	전 **모기에 잘 안 물려서** 여름에 **모기약**을 들고 다닐 필요가 없어요.
My skin is not that dry, so I don't have to put lotion on my body all the time in winter.	저는 **피부가 그렇게 건조하지 않아서** 겨울 내내 몸에 로션을 바를 필요가 없어요.
I get tanned really easily whenever I'm in the sun, so I only wear long-sleeved shirts in the summer.	햇빛을 받을 때마다 **피부가 정말 금방 타서** 여름에도 긴 소매 셔츠만 입어요.

DAY 02

3분 영어 말하기 에피소드 심화

공연 & 공항

에피소드 3 ☆ 공연 Performance

In 02-1.mp3

Step 1 끊어 듣기

01	I attended a concert * to hear my favorite band, * but it was so boring * 전 하나의 콘서트에 참석했어요 제가 가장 좋아하는 밴드를 들으러 하지만 그것은 너무 지루해서 that I fell asleep * during the performance. 전 잠들어버렸어요 그 공연 동안에.
02	The concert started at 6 p.m. * while heavy clouds threatened overhead, * 그 콘서트는 오후 6시에 시작됐어요 먹구름이 머리 위에서 (비올) 조짐을 보였던 동안 but it didn't end up raining. 하지만 결국 비는 내리지 않았어요.
03	I worked part time * at a concert hall yesterday, * and today, * 전 아르바이트를 했어요 어제 한 콘서트장에서 그리고 오늘 I am in serious pain * just from standing there * all night. 전 심각한 통증 안에 있어요 그냥 거기 서 있기만 한 것으로부터 비롯된 밤새도록.
04	A world famous rock band came * to perform a concert * here in Seoul. * 한 세계 유명 록 밴드가 왔습니다 하나의 콘서트를 공연하러 여기 서울에서. The tickets were sold out * in 5 minutes * and the server was shut down. 그 티켓들은 매진되었죠 5분 안에 그리고 그 서버가 다운되었죠.
05	I tried to buy tickets * through this online site, * but it gave me bad seats * 전 표들을 사려고 시도했어요 이 온라인 사이트를 통해 하지만 그것은 제게 안 좋은 좌석들을 주었죠 on my first search. * I refreshed the search * a few times * and found better tickets. 제 첫 번째 검색상에서. 전 그 검색을 새로했어요 몇 번 그리고 더 괜찮은 표들을 찾아냈어요.
06	I once bought a ticket * on auction * but it was a counterfeit ticket * 전 한 번은 표를 하나 샀어요 경매상으로 하지만 그것은 가짜 표였죠 so I ended up * having to pay high prices * plus shipping fees. 그래서 결국 하게 됐어요 비싼 가격을 지불해야 하는 것을 배송료까지 더해.
07	I worked part time * at the concert hall, * so I got to watch the shows * for free. 전 아르바이트를 했어요 콘서트장에서 그래서 공연을 보게 되었죠 공짜로.
08	I brought a coat * for an outdoor venue * just in case it got cold. * 전 외투를 하나 가져갔어요 한 야외 공연장에 추워질 경우를 대비해. However, * it was too hot to wear, * and they didn't have any coat racks. 하지만 입기에는 너무 더웠어요 그리고 그들은 외투를 맡기는 곳을 하나도 갖고 있지 않았습니다.
09	The concert was about to be in full swing * but a backup dancer on the stage * 그 콘서트는 분위기가 최고조에 달하려던 참이었죠 하지만 무대 위에 백댄서 한 명이 got overexcited * and passed out. 지나치게 흥분했어요 그리고 실신해버렸어요.
10	When I hear about a concert * I am interested in, * I check ticket availability first * 전 하나의 콘서트에 대해 들을 때 제가 관심 있는 전 먼저 잔여 티켓 여부를 확인합니다 because many popular concerts may sell out * 많은 인기 콘서트들이 매진될 수도 있기 때문이죠 before I get a chance to buy my tickets. 제가 제 표들을 살 기회를 얻기도 전에.

훈련한 날짜	. .
소요시간	분

강의 및 훈련 MP3

제한시간 2분 (문장당 10초 내외)

Step 2 따라 말하기	Step 3 혼자 말하기
I attended a concert to hear my favorite band, but it was so boring that I **fell asleep during the performance.**	제가 가장 좋아하는 밴드의 공연을 보러 콘서트에 갔지만, 너무 지루해서 **공연 도중에 잠이 들어버렸어요.**
The concert started at 6 p.m. while **heavy clouds threatened overhead,** but it didn't end up raining.	**먹구름이 잔뜩 끼어 비올 조짐이 보였지만** 오후 6시에 콘서트가 시작됐어요. 하지만 결국 비는 내리지 않았어요.
I worked part time at a concert hall yesterday, and today, I am in serious pain just from standing there all night.	**어제 콘서트장에서 아르바이트를 했어요.** 그냥 밤새 거기서 서 있기만 했는데도 오늘 굉장히 통증이 심하고 아프네요.
A world famous rock band **came to perform a concert here in Seoul.** The tickets were sold out in 5 minutes and the server was shut down.	해외 유명 록 밴드가 **서울에서 공연을 하러 왔습니다.** 표는 5분 만에 매진되었고 서버가 다운되었죠.
I tried to buy tickets through this oniine site, but **it gave me bad seats** on my first search. I refreshed the search a few times and found better tickets.	온라인 사이트로 표를 사려고 했는데 첫 번째 검색에서 **안 좋은 좌석들이 배정되었죠.** 새로 고침을 몇 번 눌러서 더 괜찮은 표를 찾아냈어요.
I once **bought a ticket on auction but it was a counterfeit ticket** so I ended up having to pay high prices plus shipping fees.	한번은 **경매로 표를 샀는데 가짜 표였고** 결국 배송료까지 더해 비싼 가격을 지불해야 했어요.
I worked part time at the concert hall, so I **got to watch the shows for free.**	콘서트장에서 아르바이트를 해서 **공연을 공짜로 보게 되었죠.**
I brought a coat for an outdoor venue just in case it got cold. However, it was too hot to wear, and they didn't have any coat racks.	**추울까 봐 야외 공연장에 외투를 가져갔어요.** 하지만 외투를 입기에는 너무 더웠고 옷을 맡기는 곳도 하나 없었습니다.
The concert was about to be in full swing but a backup dancer on the stage got overexcited and passed out.	**콘서트 분위기가 최고조에 달하려는 찰나** 무대에 섰던 백댄서 한 명이 지나치게 흥분하다 실신해버렸어요.
When I hear about a concert I am interested in, I **check ticket availability** first because many popular concerts may sell out before I get a chance to buy my tickets.	관심 있는 콘서트에 관해 들으면 먼저 **표가 있는지부터 확인합니다.** 제가 표를 구하기도 전에 많은 인기 콘서트들이 매진될 수도 있기 때문이죠.

In 02-2.mp3

Step 1 끊어 듣기

01 The airport was so big * that it took me a long time * to find the check-in desk.
그 공항이 너무 컸어요 그것은 제게 긴 시간을 걸리게 했죠 탑승 수속 창구를 찾는 것을.

02 I went to the airport * only to see some foreigners.
전 그 공항에 갔어요 단지 외국인을 좀 보기 위해서.

03 I saw a sniffer * for the first time * and it was interesting.
저는 마약 탐지견을 봤어요 처음으로 그리고 그것은 흥미로웠어요.

04 An airline lost my luggage * and I didn't get it back *
한 항공사에서 내 짐을 분실했어요 그리고 전 그것을 돌려받지 못했어요
until I had been home for a week.
제가 집에서 일주일 동안 있는 상태로 있었을 때까지.

05 I missed my flight, * but the airline waived the fee * for my next flight.
전 비행기를 놓쳤어요 하지만 항공사에서 그 요금을 면제해 주었어요 제 다음 비행편에 대해.

06 I mistook the boarding time * and when they called my name, *
전 탑승 시간을 잘못 알고 있었죠 그리고 그들이 제 이름을 불렀을 때
I ran and got on the flight.
전 뛰어가서 비행기에 탑승했죠.

07 My flight got delayed * because of the weather * so I slept in the airport overnight.
제 비행편이 연착되었어요 그 날씨 때문에 그래서 전 그 공항에서 하룻밤을 잤어요.

08 I went to the airport * and noticed * that my passport had expired. *
전 그 공항에 갔어요 그리고 알게 됐어요 제 여권이 기한 만료됐다는 것을.
It was a horrible experience.
그것은 끔찍한 경험이었죠.

09 I was supposed * to go to the departure level * but I went to the arrival level *
전 하기로 되어 있었어요 출국 층으로 가야 하는 것을 하지만 전 도착 층으로 갔죠
and I got lost.
그리고 길을 잃었습니다.

10 I had to pay an extra charge * for the overweight luggage.
전 추가 요금을 내야 했어요 중량이 초과된 수하물에 대해.

11 My first flight got delayed * so I was late for my connecting flight. *
제 첫 비행기가 연착됐어요 그래서 전 연결 항공편에 늦었습니다.
I had to get on the next flight.
전 다음 비행기를 타야 했죠.

Step 2 따라 말하기	Step 3 혼자 말하기
The airport was so big that it took me a long time to find **the check-in desk.**	공항이 너무 커서 **탑승 수속 창구**를 찾느라 오래 걸렸어요.
I went to the airport only to **see some foreigners.**	단지 **외국인을 보려고** 공항에 갔죠.
I saw **a sniffer** for the first time and it was interesting.	처음으로 **마약 탐지견**을 봤는데 흥미로웠어요.
An airline lost my luggage and I didn't get it back until I had been home for a week.	**항공사에서 내 짐을 분실했고** 집에서 일주일가량 지내고 나서야 짐을 돌려받았어요.
I **missed my flight**, but the airline **waived the fee** for my next flight.	**비행기를 놓쳤는데**, 항공사에서 다음 비행편의 **항공료를 면제해 주었어요.**
I **mistook the boarding time** and when they called my name, I ran and **got on the flight.**	**탑승 시간을 잘못 알고 있어서** 제 이름을 불렀을 때 전 뛰어가서 **비행기에 탑승했죠.**
My flight got delayed because of the weather so I slept in the airport overnight.	날씨 때문에 **비행기가 연착되어** 공항에서 하룻밤을 잤어요.
I went to the airport and noticed that **my passport had expired.** It was a horrible experience.	공항에 가서야 **제 여권이 기한 만료됐다**는 것을 알게 됐어요. 끔찍한 경험이었죠.
I was supposed to go to **the departure level** but I went to **the arrival level** and I got lost.	**출국 층**으로 가야 되는데 **도착 층**으로 가는 바람에 길을 잃었습니다.
I had to pay an extra charge for **the overweight luggage.**	**중량이 초과된 수하물**에 추가 요금을 내야 했어요.
My first flight got delayed so I was late for **my connecting flight.** I had to get on the next flight.	첫 비행기가 연착돼서 **연결 항공편**에 늦고 말았습니다. 다음 비행기를 타야 했죠.

DAY 03

3분 영어 말하기 에피소드 심화

해외여행 & 기념일

에피소드 5 ☆ 해외여행 Traveling Overseas

In 03-1.mp3

Step 1 끊어 듣기

01 I forgot to exchange any money * beforehand, * so I did it * at the airport, *
전 어떤 돈도 바꾸는 것을 깜빡했어요 미리 그래서 그것을 했죠 그 공항에서
but they charged me a lot * for the fee.
하지만 그들은 제게 많이 부과했어요 그 수수료에 대해.

02 I don't speak English well * so when traveling overseas, *
전 영어를 잘 못해요 그래서 해외로 여행갈 때는
I only go on a guided tour package.
가이드가 있는 패키지 여행으로만 갑니다.

03 I took a cab * when I was traveling * but it turned out *
전 하나의 택시를 탔어요 제가 여행하고 있었을 때 하지만 그것은 드러났어요
that the cab driver ripped me off.
그 택시기사가 제게 바가지를 씌운 것으로.

04 I had enough air miles * from my frequent business trips * so I got to fly *
전 충분한 항공 마일리지를 갖고 있었어요 저의 잦은 출장으로부터 그래서 전 비행기를 타게 됐죠
for free.
공짜로.

05 I heard * it is best * to visit Europe * in the spring or summer *
전 들었죠 그것이 가장 좋다고 (그것이 뭐냐면) 유럽에 가는 것 봄이나 여름에
so I went to Germany * in June.
그래서 저는 독일에 갔었죠 6월에.

06 It can be cold * all year round * in Denmark, * so the summer is the nicest time *
그것은 추울 수 있어요 일 년 내내 덴마크에서는 그래서 여름이 가장 좋은 때입니다
to travel.
여행하기에.

07 I lost my passport * while traveling * so I went to the embassy *
전 여권을 분실했어요 여행 중에 그래서 그 대사관으로 갔었죠
and got a new passport.
그리고 새 여권을 발급 받았습니다.

08 I ordered some food, * but the waiter misunderstood my English *
전 음식을 좀 주문했어요 하지만 그 웨이터가 제 영어를 잘못 알아들었죠
and brought me the wrong dish. * I couldn't say anything * and just ate it.
그리고 제게 잘못된 음식을 갖고 왔어요. 전 아무 말도 못했죠 그리고 그냥 그것을 먹었어요.

09 It is interesting * to eat food * that isn't available * in my own country *
그것은 재미있어요 (그것이 뭐냐면) 음식을 먹는 것 이용할 수 없는 나 자신의 나라에서는
so I love * to eat the local food * when I visit another country.
그래서 전 아주 좋아해요 현지 음식을 먹는 것을 제가 다른 나라에 갈 때.

10 Large cities tend to be quite pricey, * so visiting a town is more economical. *
대도시는 상당히 비싼 경향이 있어요 그래서 하나의 읍으로 가는 게 더 경제적이죠.
I find the countryside camping fees * to be very inexpensive.
전 시골 캠핑 비용을 찾아봐요 매우 싸더군요.

훈련한 날짜	. .
소요시간	분

강의 및 훈련 MP3

제한시간 2분 (문장당 10초 내외)

Step 2 따라 말하기	Step 3 혼자 말하기
I forgot to exchange any money beforehand, so I did it at the airport, but they charged me a lot for the fee.	**미리 환전하는 걸 깜박해서** 공항에서 했더니 수수료가 많이 나왔어요.
I don't speak English well so when traveling overseas, **I only go on a guided tour package.**	영어를 잘 못해서 해외여행할 때는 **가이드가 있는 패키지 여행으로만 갑니다.**
I took a cab when I was traveling but it turned out that **the cab driver ripped me off.**	여행하다 택시를 탔는데 알고 보니 **택시기사가 제게 바가지를 씌운 거였어요.**
I had enough air miles from my frequent business trips so I got to fly for free.	**사업상 상용 고객 탑승 마일리지가 많이 쌓여서** 공짜로 비행기를 타게 됐어요.
I heard **it is best to visit Europe in the spring or summer** so I went to Germany in June.	**봄이나 여름에 유럽에 가는 것이 가장 좋다**고 들어서 6월에 독일에 갔었죠.
It can be cold all year round in Denmark, so **the summer is the nicest time to travel.**	덴마크는 일 년 내내 추울 수 있어서 **여름이 여행하기 가장 좋은 때입니다.**
I lost my passport while traveling so I went to the embassy and **got a new passport.**	여행 중에 **여권을 분실해** 대사관에 가서 **새 여권을 발급 받았습니다.**
I ordered some food, but the waiter misunderstood my English and **brought me the wrong dish.** I couldn't say anything and just ate it.	음식을 주문했는데 웨이터가 제 영어를 잘 못 알아들어서 **다른 음식을 가져왔어요.** 전 아무 말도 못하고 그냥 그걸 먹었어요.
It is interesting to eat food that isn't available in my own country so I love to **eat the local food** when I visit another country.	우리나라에서는 먹을 수 없는 음식을 먹는 게 재미있어서 다른 나라에 가면 **그곳 현지 음식 먹는** 것을 아주 좋아해요.
Large cities tend to be quite pricey, so **visiting a town is more economical.** I find the countryside camping fees to be very inexpensive.	대도시는 상당히 비싼 곳이라 **읍 단위로 가는 게 더 경제적이죠.** 찾아보니 시골에서 캠핑하는 비용이 아주 저렴하더군요.

에피소드 6 ☆ 기념일 Anniversaries

In 03-2.mp3

Step 1 끊어 듣기

01
My family and friends * totally forgot about my birthday. *
제 가족과 친구들이 제 생일에 대해 완전히 다 깜박했어요.
No one remembered it * so I spent my birthday alone.
아무도 그것을 기억하지 못했죠 그래서 전 제 생일을 혼자 보냈습니다.

02
We use the lunar calendar * for my parents' birthdays. *
우리는 음력을 사용해요 우리 부모님의 생신에 대해.
I mark it * on the calendar * so that I don't forget.
저는 그것을 표시해 둡니다 달력에 제가 잊어버리지 않도록.

03
My husband and I * don't keep track of anniversaries *
남편과 전 기념일들을 잘 챙기지 않아요
except for our wedding anniversary.
우리 결혼기념일 이외에는.

04
Every year, * we have more than 10 memorial services * for my grandparents. *
매년 우리는 10번 넘는 제사를 갖고 있어요 우리 조부모님을 위해.
I always help * my mom prepare for them.
전 항상 도와드립니다 우리 엄마가 그것들을 준비하시는 것을.

05
The 20th of this month * will be our 3-year anniversary *
이번 달 20일은 우리의 3주년 기념일이 될 거예요
and we are usually very casual * about giving gifts. * I don't really know *
그리고 우린 평소에 아주 편하게 하는 편이죠 선물들을 주는 것에 대해. 전 잘 모르겠어요
what to either buy or make him.
그 사람한테 뭘 사 주거나 만들어줘야 할지.

06
After 3 years, * my creative gift ideas * are running a little low. *
3년이 지나니 저의 독창적인 선물 아이디어가 조금씩 바닥나고 있어요.
I need to come up with * something sweet and intimate * for the two of us.
전 생각해내야 해요 무언가 달콤하면서도 친밀한 것을 우리 둘을 위한.

07
Since there are too many events * in a year, * I always mark them *
너무 많은 행사들이 있기 때문에 일 년에, 전 항상 그것들을 표시해 둡니다
on a calendar * or set an alarm for them * on my smartphone.
하나의 달력에 혹은 그것들에 대해 알람을 맞춰 놓습니다 스마트폰상에.

08
When you are out * on Christmas day, * all you can see * are lovely couples. *
당신이 밖에 있을 때 크리스마스 날에 당신이 볼 수 있는 건 모두 달달한 커플들이죠.
So when I was single, * I traveled to other countries * at the end of the year.
그래서 전 솔로였을 때는 다른 나라로 여행을 갔어요 연말에.

09
My parents were so strict * that I had to come back home * before midnight. *
우리 부모님은 무척 엄하셔서 집에 돌아와야 했죠 자정 전에는.
There was no exception to the rule, * even on Christmas Eve.
그 룰에 예외는 없었어요 심지어 크리스마스 이브에도.

10
My boyfriend got me roses * for our 100-day anniversary. * I wasn't very excited *
남자친구가 제게 장미꽃들을 사 줬죠 100일 기념일을 맞아. 전 그다지 신나지 않았어요
because they always end up * dried and withered * within three days.
왜냐면 그것들은 늘 결국 있거든요 말라서 시들어 버리는 상태에 사흘 만에.

Step 2 따라 말하기	Step 3 혼자 말하기
My family and friends totally forgot about my birthday. No one remembered it so **I spent my birthday alone.**	가족도 친구도 제 생일을 완전히 다 깜박했어요. 아무도 제 생일을 기억하지 못해서 **생일을 저 혼자 보냈습니다.**
We use the lunar calendar for my parents' birthdays. I mark it on the calendar so that I don't forget.	**우리 부모님은 생신을 음력으로 하세요.** 저는 잊어버리지 않게 **달력에 표시를 해둡니다.**
My husband and I **don't keep track of anniversaries** except for **our wedding anniversary.**	남편과 전 **우리 결혼기념일** 이외에 다른 **기념일은 잘 챙기지 않아요.**
Every year, we have more than 10 memorial services for my grandparents. I always help my mom prepare for them.	**매년 조부모님 제사가 10번 넘게 있어요.** 전 엄마가 제사 준비하시는 걸 항상 도와드립니다.
The 20th of this month will be our 3-year anniversary and we are usually very casual about giving gifts. I don't really know what to either buy or make him.	**이번 달 20일이면 우리의 3주년 기념일이 되는 셈인데,** 우린 평소에 선물 주고받는 걸 아주 편하게 하는 편이죠. 그 사람한테 뭘 사 주거나 만들어줘야 할지 모르겠어요.
After 3 years, **my creative gift ideas are running a little low.** I need to come up with something sweet and intimate for the two of us.	3년이 지나니 **독창적인 선물 아이디어가 조금씩 바닥나고 있어요.** 우리 둘만을 위한 무언가 달콤하면서도 친밀한 것을 생각해내야 해요.
Since there are too many events in a year, I always **mark them on a calendar or set an alarm for them on my smartphone.**	일 년에 행사가 너무 많아서 항상 **달력에 표시하거나 스마트폰에다 알람을 맞춰 놓습니다.**
When you are out on Christmas day, all you can see are lovely couples. So when I was single, I traveled to other countries at the end of the year.	**크리스마스 날에 외출하면** 보이는 건 모두 달달한 커플들뿐이죠. 그래서 솔로였을 때는 연말에 외국으로 여행을 갔어요.
My parents were so strict that I had to come back home before midnight. There was no exception to the rule, even on Christmas Eve.	**부모님이 무척 엄하셔서** 자정 전에는 집에 돌아와야 했죠. 심지어 크리스마스 이브에도 예외는 없었어요.
My boyfriend **got me roses for our 100-day anniversary.** I wasn't very excited because they always end up dried and withered within three days.	남자친구가 **100일 기념으로 제게 장미꽃을 사 줬죠.** 장미꽃은 늘 사흘 만에 말라서 시들어 버리기 때문에 별로 신나지 않았어요.

DAY 04

3분 영어 말하기 에피소드 심화

길 찾기 & 노래방

에피소드 7 ☆ 길 찾기 Getting Lost

In 04-1.mp3

Step 1 끊어 듣기

01 I once got lost * in emart. * I got really interested * in this toy *
한번은 제가 길을 잃었죠 이마트에서. 전 관심이 훅 쏠렸어요 이 장난감에
and was playing with it * for god knows how long * and when I looked for my mom, *
그리고 그것을 가지고 놀고 있었죠 시간이 얼마나 흘렀는지도 모르게 그리고 제가 우리 엄마를 찾았을 때
she was gone.
그녀는 가버리고 없었어요.

02 I once lost sight of my son * for only a minute * and ended up in panic. *
전 한번은 제 아들을 시야에서 놓쳤어요 잠깐 그리곤 결국 패닉 상태에 빠졌었죠.
I was really concerned * as we were quite near the escalators * at the time.
전 정말 걱정이 됐습니다 우리가 그 에스컬레이터들 바로 근처에 있었거든요 그때.

03 I downloaded a GPS app * on my smartphone, * so now I can go anywhere *
전 내비게이션 앱을 다운받았어요 제 스마트폰상에 그래서 지금 저는 어디든 갈 수 있죠
without a map.
하나의 지도 없이.

04 I usually remember directions * by looking at buildings * around me. *
전 주로 길 방향을 외우는 편입니다 건물들을 보는 것에 의해 내 주변에 있는.
But I haven't been to this place * for a while * and the buildings were all new.
하지만 이곳엔 와 보지 않았어요 한동안 그리고 그 건물들도 모두 새로웠어요.

05 I think * a GPS can do a lot more * than just get you * where you're going. *
전 생각해요 하나의 내비게이션이 더 많이 할 수 있다고요 그저 당신에게 주는 일보다 당신이 어디로 가야 할지를.
It can help you * to be safer * on the roads.
그것은 당신을 도와줄 수 있죠 더 안전한 상태에 있도록 그 도로들에서.

06 Sometimes, * my GPS directs me * the wrong way on the highway *
가끔 제 내비게이션이 제게 알려 줍니다 그 고속도로 상에서 잘못된 길을
or down a closed road. * It is very annoying.
혹은 폐쇄된 도로로. 그것은 정말 짜증나죠.

07 I am not good with directions. * If there are more than four exits *
저는 방향을 잘 못 찾아요. 네 개가 넘는 출입구가 있으면
at the subway station, * I never exit * the right one.
그 지하철 역에 전 절대 나오지 못해요 바른 출구를.

08 My GPS didn't know * there was a left turn restriction * at that intersection *
제 내비게이션이 몰랐어요 하나의 좌회전 금지가 있었던 것을 그 교차로에서
and it almost killed me.
그리고 그것은 저를 하마터면 죽일 뻔했죠.

09 I could avoid heavy traffic * with the GPS app * I recently downloaded. *
전 교통 정체를 피할 수 있었어요 그 내비게이션 앱을 가지고 제가 최근에 다운 받은.
It gave me the quickest route * to my destination.
그것은 제게 가장 빠른 길을 줬죠 제 목적지로 가는.

10 I didn't know * how to get to my destination, * so I had to call several times *
전 몰랐어요 제 목적지에 어떻게 가야 할지 그래서 몇 번이나 전화해야 했어요
to get directions.
길을 얻으려고.

훈련한 날짜 . .

소요시간 분

강의 및 훈련 MP3

제한시간 2분 (문장당 10초 내외)

Step 2 따라 말하기	Step 3 혼자 말하기
I once **got lost in emart.** I got really interested in this toy and was playing with it for god knows how long and when I looked for my mom, she was gone.	한번은 **이마트에서 길을 잃은 적이 있었죠.** 장난감에 정신이 팔려서 시간이 얼마나 흘렀는지도 모르게 갖고 놀았는데 그러다 엄마를 찾아보니 엄마가 가버리고 없었어요.
I once **lost sight of my son** for only a minute and **ended up in panic.** I was really concerned as we were quite near the escalators at the time.	한번은 잠깐이었지만 **아들을 잃어버리고 패닉 상태에 빠졌었죠.** 그때 우리가 에스컬레이터 바로 근처에 있어서 정말 걱정이 됐답니다.
I **downloaded a GPS app on my smartphone,** so now I can go anywhere without a map.	**내비게이션 앱을 스마트폰에 다운 받아서** 이제는 지도 없이 어디든 갈 수 있죠.
I **usually remember directions by looking at buildings around me.** But I haven't been to this place for a while and the buildings were all new.	저는 주로 **주변에 있는 건물들을 보면서 길 방향을 외우는 편입니다.** 하지만 이곳엔 한동안 와 보지를 않았고 건물들도 모두 새로 생긴 것들이었어요.
I think a GPS can do a lot more than just **get you where you're going.** It can help you to be safer on the roads.	내비게이션은 **길을 알려주는 것** 외에 더 많은 기능을 하는 것 같아요. 운전 중에 더 안전하도록 도와줄 수도 있죠.
Sometimes, **my GPS directs me the wrong way on the highway** or down a closed road. It is very annoying.	가끔 **내비게이션이 고속도로에서 길을 잘못 알려 주거나** 폐쇄된 도로로 보내기도 합니다. 정말 짜증나죠.
I am not good with directions. If there are more than four exits at the subway station, I never exit the right one.	**저는 방향을 잘 못 찾아요.** 지하철역 출입구가 네 개가 넘으면 절대 바른 출구로 나오지를 못해요.
My GPS didn't know **there was a left turn restriction at that intersection** and it almost killed me.	제 내비게이션이 **교차로에서 좌회전 금지인데도** 하라고 해서 하마터면 죽을 뻔했어요.
I could **avoid heavy traffic** with the GPS app I recently downloaded. **It gave me the quickest route to my destination.**	최근에 다운 받은 내비게이션 앱으로 **심한 교통 정체를 피할 수** 있었어요. **목적지로 가는 가장 빠른 길을 알려 줬죠.**
I didn't know how to get to my destination, so I had to call several times to **get directions.**	목적지를 어떻게 가야 할지를 몰라서 **길을 물어보려고** 몇 번이나 전화해야 했어요.

에피소드 8 ☆ 노래방 Singing Rooms

In 04-2.mp3

Step 1 끊어 듣기

01
I went to a singing room once, * and we were so hungry * that we left *
전 한번은 하나의 노래방에 갔어요 그리고 우리는 배가 너무 고파서 우리는 나왔어요
within 30 minutes.
30분 만에.

02
I'm a regular customer * at this singing room. * So whenever I go, *
전 하나의 단골 손님입니다 이 노래방에. 그래서 제가 갈 때마다
they give me free beverages.
그들은 제게 무료 음료수들을 주죠.

03
I screamed myself hoarse * at a singing room, * and the next morning, *
전 제 자신이 목이 쉬도록 소리를 질렀어요 한 노래방에서. 그리고 그 다음 날 아침,
my voice was gone * so I couldn't answer the phone.
제 목소리는 갔어요 그래서 전 전화를 못 받았어요.

04
I get really nervous * when I sing * in my room * or anywhere in the house *
전 정말 긴장돼요 제가 노래 부를 때 제 방 안에서 또는 집 어디에서든
besides the bathroom.
그 화장실 외에는.

05
I wasn't exactly sure * how to use the remote control, * so I looked up songs *
전 정확히 몰랐어요 그 리모콘을 사용하는 방법을 그래서 노래들을 찾았습니다
in the book.
그 책에서.

06
The singing room had * poor soundproof walls, * so people in the hall *
그 노래방은 가졌어요 어설픈 방음벽들을 그래서 그 복도에 있는 사람들은
could hear us singing.
우리가 노래 부르는 소리를 들을 수 있었어요.

07
Every time I start to sing, * the first few words are always scratchy *
전 노래를 시작할 때마다 처음 몇 마디가 늘 갈라져요
and I don't know * how I can raise the volume in my voice * without it cracking.
그리고 전 모르겠네요 제가 어떻게 제 목소리의 볼륨을 올릴 수 있는지 갈라지는 소리를 내는 것 없이.

08
I sang * as much as I wanted * because nobody paid attention to me singing.
전 노래를 불렀습니다 제가 원하는 만큼 많이 왜냐면 아무도 제가 노래 부르는 것에 관심을 안 뒀거든요.

09
If I go to a singing room * with people who are crazy about singing, *
제가 하나의 노래방에 가면 노래 부르는 것에 대해 진짜 좋아하는 사람들과
we need to take turns * so that everyone can sing.
우리는 순서를 정해야 할 필요가 있어요 모두가 노래를 부를 수 있도록.

10
I didn't check the room number, * so I went into the wrong room *
전 그 방 번호를 확인하지 않았어요 그래서 잘못된 방 안으로 들어갔죠
when I came back * from the restroom.
제가 돌아왔을 때 그 화장실에서.

11
I went up on the table * to sing and dance * to make my boss laugh.
전 그 테이블 위에 올라갔어요 노래 부르고 춤추기 위해 제 상사를 웃기게 만들려고.

제한시간 2분 (문장당 10초 내외)

Step 2 따라 말하기	Step 3 혼자 말하기
I went to a singing room once, and we were so hungry that we **left within 30 minutes.**	전 한번은 노래방에 갔는데, 우린 배가 너무 고파서 **30분 만에 나왔어요.**
I'm a **regular customer at this singing room.** So whenever I go, they **give me free beverages.**	전 **이 노래방 단골**입니다. 그래서 갈 때마다 **음료수를 서비스로 줘요.**
I **screamed myself hoarse at a singing room,** and the next morning, my voice was gone so I couldn't answer the phone.	전 **노래방에서 목이 쉬도록 소리를 질렀고** 다음 날 아침에 목소리가 안 나와서 전화를 못 받았어요.
I **get really nervous when I sing** in my room or anywhere in the house besides the bathroom.	전 우리 집 화장실 말고 내 방이나 집 어디에서든 **노래 부를 때 너무 긴장을 해요.**
I wasn't exactly sure **how to use the remote control,** so I **looked up songs in the book.**	**리모콘 작동법**을 정확히 몰라서 **책에서 노래를 찾았**습니다.
The singing room had poor soundproof walls, so people in the hall could hear us singing.	**노래방 방음벽이 부실해서** 우리 노래 부르는 소리가 복도에서도 들렸어요.
Every time I start to sing, **the first few words are always scratchy** and I don't know **how I can raise the volume in my voice without it cracking.**	노래를 시작할 때마다 **처음 몇 마디가 늘 갈라지는데 갈라지는 소리를 안 내고 어떻게 소리를 크게 낼 수 있는지** 모르겠네요.
I sang as much as I wanted because **nobody paid attention to me singing.**	**아무도 제가 노래 부르는 것에 관심을 안 둬서** 전 노래를 맘껏 불렀습니다.
If I go to a singing room with people who are crazy about singing, we **need to take turns** so that everyone can sing.	노래 부르는 걸 진짜 좋아하는 사람들이랑 노래방에 가면 다 노래를 부를 수 있게 **순서를 정해야 해요.**
I didn't check the room number, so **I went into the wrong room when I came back from the restroom.**	방 번호를 확인하지 않아서 **화장실 갔다 오면서 다른 방에 들어갔어요.**
I **went up on the table to sing and dance** to make my boss laugh.	상사를 웃겨 주려고 **테이블에 올라가서 노래 부르고 춤췄습니다.**

DAY 05

3분 영어 말하기 에피소드 심화

놀이공원 & 독서

에피소드 9 ☆ 놀이공원 Amusement Parks

In 05-1.mp3

Step 1 끊어 듣기

01 I had a frog * in my throat * after I screamed the whole time * in a haunted house.
전 하나의 쉰 목소리를 가졌어요 저의 목 안에 제가 내내 소리를 질렀던 후에 하나의 귀신의 집 안에서.

02 I hate waiting * in a long line * so I watched the parade * instead.
전 기다리는 게 너무 싫어요 하나의 긴 줄 안에서 그래서 그 퍼레이드를 봤죠 대신.

03 My friend * who went to the theme park * with me * was scared of the rides, *
제 친구가 그 놀이공원에 갔던 저와 함께 놀이기구들을 무서워했어요
so I had to go on them alone.
그래서 저 혼자 그것들을 타야 했어요.

04 I like to go * to ABC Theme Park * because there are *
전 가는 것을 좋아해요 ABC 놀이공원에 왜냐면 있거든요
tons of family-friendly rides * there.
가족이 탈 수 있는 아주 많은 놀이기구들이 거기에.

05 The new ride * at the ABC amusement park * is a blast * for kids of all ages *
그 새 놀이기구는 그 ABC 놀이공원에 하나의 완전 신나는 경험이죠 모든 연령대의 아이들을 위해
including parents * that never grew up.
부모들을 포함해 절대 자라지 않는.

06 I was * with my girlfriend * so I couldn't go on * any scary rides.
전 있었어요 제 여자친구와 함께 그래서 타지 못했어요 어떤 무서운 놀이기구들도.

07 I love watching plays, * so I always make sure * to get there early *
전 연극들을 보는 것을 무척 좋아해요 그래서 전 항상 확실히 만들어요 거기에 일찍 가도록
to get a seat by the stage.
무대 옆 자리를 얻기 위해.

08 When I was young, * I got lost. * My mother found me *
제가 어렸을 때 전 길을 잃어버렸어요. 우리 엄마가 저를 찾았죠
after making an announcement * at the park.
방송을 한 후에 그 공원에서.

09 I went on a roller coaster * right after lunch * and I had an upset stomach *
전 롤러코스터를 탔어요 점심식사 후에 바로 그리고 체했어요
so I went to a pharmacy * to buy some medicine.
그래서 하나의 약국에 갔죠 약을 좀 사기 위해.

10 I went on a boat ride * and the water splashed * all over me. *
전 보트 타기를 했어요 그리고 그 물이 튀었어요 저한테 전부.
My cell phone * stopped working.
제 휴대폰이 작동을 멈췄죠.

훈련한 날짜	. .
소요시간	분

강의 및 훈련 MP3

제한시간 2분 (문장당 10초 내외)

Step 2 따라 말하기	Step 3 혼자 말하기
I had a frog in my throat after I screamed the whole time in a haunted house.	귀신의 집에 들어가 있는 내내 하도 소리를 질렀더니 목이 쉬었어요.
I hate waiting in a long line so I watched the parade instead.	길게 줄 서서 기다리는 게 너무 싫어서 대신 퍼레이드를 봤죠.
My friend who went to the theme park with me was scared of the rides, so I had to go on them alone.	저랑 놀이공원에 같이 간 친구가 놀이기구를 무서워해서 저 혼자 타야 했어요.
I like to go to ABC Theme Park because there are tons of family-friendly rides there.	ABC 놀이공원에 가는 것을 좋아하는데 그곳에 가족이 탈 수 있는 놀이기구가 아주 많기 때문이죠.
The new ride at the ABC amusement park is a blast for kids of all ages including parents that never grew up.	ABC 놀이공원에 새로 생긴 놀이기구는 철없는 부모들을 포함해 모든 연령대의 아이들에게 완전 신나는 경험이죠.
I was with my girlfriend so I couldn't go on any scary rides.	여자친구랑 같이 있어서 무서운 놀이기구는 하나도 타지 못했어요.
I love watching plays, so I always make sure to get there early to get a seat by the stage.	연극 보는 것을 무척 좋아해서 항상 일찍 가서 무대 옆 자리를 잡죠.
When I was young, I got lost. My mother found me after making an announcement at the park.	어렸을 때 길을 잃어버렸어요. 엄마가 공원에서 방송을 해 저를 찾았죠.
I went on a roller coaster right after lunch and I had an upset stomach so I went to a pharmacy to buy some medicine.	점심 먹고 바로 롤러코스터를 탔더니 체해서 약국에 가 약을 샀어요.
I went on a boat ride and the water splashed all over me. My cell phone stopped working.	보트 타기를 하다가 물이 저한테 다 튀었어요. 제 휴대폰이 먹통이 되어버렸죠.

에피소드 10 ☆ 독서 Reading

In 05-2.mp3

Step 1 끊어 듣기

01
I was at the cafe * waiting for my friend. * I tried to read a book *
전 그 카페에 있었어요 제 친구를 기다리면서. 전 책을 하나 읽으려고 했죠
but she arrived early * so I couldn't finish it.
그러나 그녀가 일찍 도착했어요 그래서 그것을 다 못 읽었죠.

02
I lent my favorite book * to my friend once * but didn't get it back. * Eventually, *
전 제가 가장 좋아하는 책을 빌려 줬어요 한번은 제 친구에게 그러나 그것을 돌려받지 못했어요. 결국
I went to her house * and took it back myself.
전 그녀의 집에 갔어요 그리고 그것을 제가 직접 가져왔죠.

03
When I read, * I write down some notes * and underline important passages. *
전 책을 읽을 때 전 메모를 좀 해요 그리고 중요한 구문들에 밑줄도 긋습니다.
That's why * no one wants to borrow * my books.
그래서 아무도 빌리고 싶어 하지 않아요 내 책들을.

04
I read books * in a place * where it's quiet and comfortable. * So I never read *
전 책들을 읽습니다 어떤 장소에서 그게 어디냐면 조용하고 편안한 곳인. 그래서 전 절대 책을 읽지 않아요
when I'm with others.
제가 다른 사람들과 함께 있을 때.

05
I try * to take good care of my books. * But * they get dirty *
전 애씁니다 제 책들을 잘 보관하려고. 하지만 그것들은 더러워져요
whenever I read them.
제가 그것들을 읽을 때마다.

06
Since I read a lot, * I borrow books * from the library. * Otherwise, *
전 책을 많이 읽기 때문에 전 책들을 빌립니다 그 도서관으로부터. 안 그러면
it would be * too expensive.
그것은 있을 것입니다 돈이 너무 많이 드는 상태에.

07
I like the feeling * of grabbing a book * and flipping through the pages, *
전 그 느낌을 좋아해요 책을 잡는 것의 그리고 그 페이지를 넘기는 것의
so I've never read books * on the computer * or a smartphone.
그래서 전 읽어본 적이 없어요 그 컴퓨터상에서 혹은 하나의 스마트으로.

08
Whenever * a novel that I have read * is turned into a movie, *
언제마다냐면 제가 읽은 하나의 소설이 하나의 영화로 나올 때마다
I usually get disappointed.
전 대개 실망하게 돼요.

09
I always get my favorite authors * to sign my book * if there is a book signing.
전 항상 제가 가장 좋아하는 작가들에게 받습니다 내 책에 사인하는 것을 하나의 도서 사인회가 있으면.

10
I like writing * as much as reading, * so I write a book report *
전 글 쓰는 걸 좋아합니다 책을 읽는 것 만큼 많이 그래서 전 하나의 독후감을 씁니다
once I have finished reading a book.
일단 제가 책을 한 권 다 읽으면.

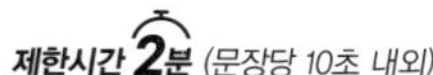
제한시간 2분 (문장당 10초 내외)

Step 2 따라 말하기	Step 3 혼자 말하기
I was at the cafe waiting for my friend. I tried to read a book but she arrived early so **I couldn't finish it.**	친구를 기다리면서 카페에 있었어요. 책을 읽으려고 했는데 친구가 금방 와서 **다 못 읽었죠.**
I lent my favorite book to my friend once **but didn't get it back.** Eventually, I went to her house and took it back myself.	한번은 친구한테 **제가 가장 좋아하는 책을 빌려 줬는데 돌려받지 못했어요.** 결국 제가 걔네 집에 가서 직접 가져왔죠.
When I read, I **write down some notes and underline important passages.** That's why no one wants to borrow my books.	전 책을 읽을 때 **메모도 하고 중요한 구문에 다 밑줄도 긋습니다.** 그래서 아무도 제 책을 빌리고 싶어 하지 않아요.
I read books in a place where it's quiet and comfortable. So I **never read** when I'm with others.	전 조용하고 편안한 곳에서 책을 읽습니다. 그래서 다른 사람과 함께 있을 때는 **절대 책을 읽지 않아요.**
I try to take good care of my books. But they get dirty whenever I read them.	전 **책을 잘 보관하려고 합니다.** 하지만 읽을 때마다 책이 더러워져요.
Since I read a lot, **I borrow books from the library.** Otherwise, it would be too expensive.	전 책을 많이 읽기 때문에 **도서관에서 책을 빌립니다.** 안 그러면 돈이 너무 많이 들 거예요.
I like **the feeling of grabbing a book and flipping through the pages,** so I've never read books on the computer or a smartphone.	**책을 잡고 페이지를 넘기는 느낌**을 좋아해서 한 번도 컴퓨터나 스마트폰으로 책을 읽어 본 적이 없어요.
Whenever a novel that I have read is turned into a movie, I usually get disappointed.	**제가 읽은 소설이 영화로 나올 때마다** 대개 실망하게 돼요.
I always get my favorite authors to sign my book if there is **a book signing.**	제가 가장 좋아하는 작가의 **도서 사인회**가 있으면 항상 사인을 받습니다.
I like writing as much as reading, so **I write a book report once I have finished reading a book.**	책을 읽는 것만큼 글 쓰는 걸 좋아해서 **일단 책을 다 읽으면 독후감을 씁니다.**

DAY 06

3분 영어 말하기 에피소드 심화

다이어트 & 도서관

에피소드 11 ☆ 다이어트 Diet

In 06-1.mp3

Step 1 끊어 듣기

01 I took some diet pills * and I lost a lot of weight.
전 다이어트 약들을 좀 복용했죠 그리고 살을 많이 뺐어요.

02 I lost weight * by skipping meals, * but I lost muscle as well. * It made me * become tired easily.
전 살을 뺐어요 끼니를 거름으로써 하지만 전 근육도 마찬가지로 빠졌어요. 그것은 저를 만들었죠 쉽게 피곤해지게.

03 I wanted to fit * into my skinny jeans, * but after the intense diet, * I experienced hair loss.
전 딱 맞추고 싶었습니다 제 스키니진 속에 하지만 그 강도 높은 다이어트 후 전 탈모를 경험했어요.

04 After having nothing * but chicken * as a one-food diet, * I got sick and tired of it.
아무것도 먹지 않은 후 치킨 외에는 원푸드 다이어트로 전 그것에 질려 버렸습니다.

05 I bought a scale * and weighed food * with it. * I watched my calorie intake * at every meal.
전 저울을 하나 샀죠 그리고 음식량을 쟀어요 그것을 가지고. 전 제 칼로리 섭취량을 봤어요 매 끼니때마다.

06 I ate small portions of food * and exercised * at the same time. * Now * I weigh the same * as I did 3 years ago.
전 작은 양의 음식을 먹었어요 그리고 운동했어요 동시에. 이제 저는 똑같은 몸무게가 나가요 제가 3년 전에 나갔던 것만큼.

07 I started drinking low-fat milk * for a diet.
전 저지방 우유를 마시기 시작했어요 하나의 다이어트를 위해.

08 I got a diet video of a celebrity, * but I was too lazy * to watch or do it.
전 유명 연예인의 다이어트 비디오를 하나 구입했어요 하지만 전 너무 게을렀죠 그것을 보거나 하기에는.

09 I couldn't resist the temptation * and had a drink with my friends * on the first day of a diet.
전 그 유혹을 이기지 못 했어요 그리고 제 친구들과 술 한잔했습니다 다이어트의 첫날에.

10 Since I didn't have time * to exercise, * I decided * to go to a weight clinic * and get shots * for fat breakdown * on a regular basis.
전 시간이 없었기 때문에 운동할, 전 결정했습니다 비만 클리닉에 가는 것을 그리고 주사들을 맞는 것을 지방 분해를 위해 정기적으로.

훈련한 날짜 . .

소요시간 분

강의 및 훈련 MP3

제한시간 2분 (문장당 10초 내외)

Step 2 따라 말하기	Step 3 혼자 말하기
I took some diet pills and I lost a lot of weight.	**다이어트 약을 복용하고** 살이 많이 빠졌어요.
I lost weight by skipping meals, but I lost muscle as well. It made me become tired easily.	**끼니를 거르면서 살을 뺐지만 근육도 같이 빠졌어요.** 그것 때문에 쉽게 피곤해졌죠.
I wanted to fit into my skinny jeans, but **after the intense diet,** I experienced hair loss.	스키니진이 입고 싶었습니다. 하지만 **무리한 다이어트 후** 탈모가 일어났어요.
After having nothing but chicken as a **one-food diet,** I got sick and tired of it.	**원푸드 다이어트로** 치킨만 먹었더니 치킨에 질려 버렸습니다.
I **bought a scale and weighed food with it.** I **watched my calorie intake** at every meal.	**저울을 사서 거기에 음식량을 쟀어요.** 식사 때마다 **칼로리 섭취량을 확인했죠.**
I **ate small portions of food and exercised** at the same time. Now **I weigh the same as I did 3 years ago.**	**소식과 운동을** 동시에 **병행해서** 이제 **3년 전 몸무게가 나가요.**
I started drinking **low-fat milk for a diet.**	**다이어트를 위해 저지방 우유를** 마시기 시작했어요.
I got **a diet video of a celebrity,** but I was too lazy to watch or do it.	**유명 연예인의 다이어트 비디오를** 구입했지만 너무 게을러서 보거나 하지를 못했어요.
I couldn't resist the temptation and had a drink with my friends **on the first day of a diet.**	**다이어트 첫날에 유혹을 못 이겨** 친구들과 술 한잔했습니다.
Since I didn't have time to exercise, I decided to go to **a weight clinic** and **get shots for fat breakdown** on a regular basis.	운동할 시간이 없어서 **비만 클리닉**에 가서 정기적으로 **지방 분해 주사를 맞기로** 했습니다.

♫ In 06-2.mp3

Step 1 끊어 듣기

01 I can't study * in a loud place, * so I go to the library * because it's quiet there.
전 공부를 못해요 시끄러운 곳에서는 그래서 도서관에 가죠 거기는 조용하기 때문에.

02 I was annoyed * by the people talking * in the library *
전 짜증이 났어요 이야기하는 사람들에 의해서 도서관에서
because they were supposed * to be quietly studying.
왜냐면 그들이 하기로 되어 있는 곳이니까요 조용히 공부하고 있기로.

03 Someone stole my laptop * while I was * in the restroom.
누군가가 제 노트북을 훔쳐갔습니다 제가 있었던 동안에 화장실 안에.

04 I had an overdue library book * so I went to the library * to renew *
전 반납일이 지난 도서관 책을 갖고 있었죠 그래서 전 도서관에 갔어요 기간을 연장하기 위해서
but I still had to pay the fine.
하지만 전 그래도 벌금을 내야 했습니다.

05 I have no classes * with Tom, * so the only time I see him * is during lunchtime *
저는 수업들이 하나도 없어요 탐과 함께 하는 그래서 제가 그를 볼 수 있는 유일한 시간은 점심시간 동안이죠
at the school library.
학교 도서관에서.

06 This guy was listening to music * too loudly * which was very annoying. *
이 남자는 음악을 듣고 있었어요 너무 크게 그것이 아주 짜증이 났습니다.
So I had a word with him.
그래서 전 그에게 한마디 했어요.

07 I get distracted * very easily, * so I study * on the floor that nobody goes to.
전 산만해집니다 아주 쉽게, 그래서 전 공부합니다 아무도 안 가는 층에서.

08 I checked out a book * from the library, * but that's 15 minutes away *
전 책을 하나 빌렸어요 그 도서관으로부터 하지만 그것은 15분 거리예요
from my house, * so I went to another library * that is closer to my house *
우리 집으로부터 그래서 전 다른 도서관에 갔죠 우리 집에 더 가까운
to return the book.
그 책을 반납하기 위해.

09 Branch libraries have systems * for moving books * between branches *
공공 도서관들은 시스템들이 있습니다 책들을 이동시키는 것에 대한 공공 도서관들 사이에
to either fill holds * or to return books * to the main libraries.
대출 예약에 응하기 위해 또는 책들을 반납하기 위해 중앙 도서관들에.

10 I did go to the library today * but I listened to music * the whole time I was there.
전 오늘 도서관에 갔어요 그러나 전 음악을 들었어요 거기에 있었던 시간 내내.

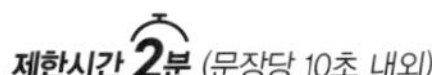
제한시간 2분 (문장당 10초 내외)

Step 2 따라 말하기	Step 3 혼자 말하기
I can't study **in a loud place**, so **I go to the library** because it's quiet there.	**시끄러운 곳에서는** 공부를 못해요. 그래서 도서관이 조용하기 때문에 **도서관에 가죠.**
I was annoyed by **the people talking in the library** because they were supposed to be quietly studying.	조용히 공부하기로 돼 있는 **도서관에서 이야기하는 사람들** 때문에 짜증이 났어요.
Someone stole my laptop **while I was in the restroom.**	**화장실 간 사이에** 누군가가 제 노트북을 훔쳐갔습니다.
I had **an overdue library book** so I went to the library to **renew** but I still **had to pay the fine.**	**반납일이** 지난 **도서관 책**이 있어서 **대여 기간을 연장하**려고 도서관에 갔지만 그래도 **벌금은 내야 했습니다.**
I have no classes with Tom, so the only time I see him is during lunchtime **at the school library.**	저는 탐과 같이 듣는 수업이 없어서 유일하게 그를 볼 수 있는 때는 점심시간에 **학교 도서관에서**예요.
This guy **was listening to music too loudly** which was very annoying. So I had a word with him.	어떤 남자가 **음악을 너무 크게 듣고 있어서** 아주 짜증이 났습니다. 그래서 그 사람에게 한마디 했어요.
I get distracted very easily, so I study on the floor that nobody goes to.	**굉장히 쉽게 주의가 산만해지는 편이라서** 아무도 안 가는 층에서 공부합니다.
I checked out a book from the library, but that's 15 minutes away from my house, so I went to another library that is closer to my house to **return the book.**	**도서관에서 책을 빌렸는데** 우리 집에서 15분 거리예요. 그래서 집과 더 가까운 다른 도서관에 가서 **책을 반납했죠.**
Branch libraries have systems for **moving books** between branches **to either fill holds or to return books to the main libraries.**	공공 도서관들은 **대출 예약에 응하거나 중앙 도서관에 책을 반납하기 위해** 서로 **책을 교환하는** 시스템이 있습니다.
I did go to the library today but **I listened to music the whole time I was there.**	오늘 도서관에 가긴 갔는데 **거기 있는 내내 음악만 들었어요.**

DAY 07

3분 영어 말하기 에피소드 심화

동네 이웃 & 명절

에피소드 13 ☆ 동네 이웃 Neighbors

In 07-1.mp3

Step 1 끊어 듣기

01 My neighbors don't think * surveillance cameras are * particularly effective *
우리 동네 사람들은 생각하지 않습니다 방범 카메라가 있다고 특별히 효과적인 상태에
so we decided * to start a neighborhood watch group.
그래서 우리는 결정했죠 마을 방범대를 시작하는 것을.

02 My village is designated * as a redevelopment area, * so many people are trying *
우리 동네가 지정되었습니다 재개발 지역으로 그래서 많은 사람들이 시도하고 있습니다
to buy houses there.
거기다 집들을 사는 것을.

03 A big department store * was just built * in my neighborhood *
하나의 대형 백화점이 막 지어졌습니다 우리 동네 안에
so the property value has been * going up.
그래서 부동산 가치가 있습니다 오르고 있는 상태에.

04 The only problem with the neighborhood watch group is *
마을 방범대가 가진 유일한 문제점은 있습니다
that some of the folks get carried away * spying on all the neighbors *
몇몇 주민들이 몹시 흥분한다는 것에 모든 이웃들을 감시하는 것을
and are constantly complaining * about everything.
그리고 끊임없이 불만을 늘어놓죠 온갖 것에 대해.

05 I moved into this neighborhood * about half a year ago. * However, *
전 이 동네로 이사왔어요 반 년 전쯤에. 하지만
I still get together with friends * in the area * where I used to live.
전 여전히 친구들을 만나요 그 지역에 있는 (그 지역이 어디냐면) 예전에 살았던.

06 I live in an apartment * but I do not get along * with my neighbors. * Actually, *
전 아파트에 살아요 하지만 전 친하게 지내지 않아요 제 이웃들과. 사실
I have never met * my next door neighbor.
전 만난 적도 없어요 제 옆집 이웃을.

07 There is a big park * near my neighborhood. * It's a good place *
큰 공원이 하나 있습니다 우리 동네 근처에. 그것은 좋은 곳이죠
for me to exercise.
제가 운동하기에.

08 My neighbor has a bunch of junk * in his backyard, * which is an eyesore *
우리 이웃집은 쓰레기 더미를 갖고 있어요 자기 뒷마당에 그것은 눈에 거슬려요
from any room in my house.
우리 집 어느 방에서 보든.

09 Many households have * more than 2 cars * but there are not *
많은 가구가 갖고 있어요 2대가 넘는 차를 하지만 없어요
enough parking spaces, * so the neighbors often argue * over parking.
충분한 주차 공간들이 그래서 이웃들이 자주 다퉈요 주차에 관해.

10 There are many good schools * in my neighborhood, * so we often see *
많은 좋은 학교들이 있어요 우리 동네 안에 그래서 우리는 종종 봅니다
a lot of students * in this area.
많은 학생들을 이 지역에서.

훈련한 날짜 . .

소요시간 분

강의 및 훈련 MP3

제한시간 2분 (문장당 10초 내외)

Step 2 따라 말하기	Step 3 혼자 말하기
My neighbors don't think **surveillance cameras** are particularly effective so we decided to **start a neighborhood watch group.**	우리 동네 사람들은 **방범 카메라**가 특별히 효과적이라고 생각하지 않습니다. 그래서 우리는 **마을 방범대를 시작하**기로 했죠.
My village is designated as a redevelopment area, so many people are trying to buy houses there.	**우리 동네가 재개발 지역으로 지정되어** 많은 사람들이 거기다 집을 사려고 하고 있습니다.
A big department store was just built in my neighborhood so the property value has been going up.	**우리 동네에 대형 백화점이 들어서서** 부동산 가치가 오르고 있습니다.
The only problem with the neighborhood watch group is that some of the folks get carried away **spying on all the neighbors** and are constantly complaining about everything.	마을 방범대의 유일한 문제점은 몇몇 사람들이 **이웃들 감시**에 흥분한 나머지 온갖 것에 끊임없이 불만을 늘어놓는다는 것입니다.
I moved into this neighborhood about half a year ago. However, I still get together with friends in the area where I used to live.	반 년 전쯤에 **이 동네로 이사를 왔어요.** 하지만 여전히 전에 살던 동네 친구들을 만나요.
I live in an apartment but **I do not get along with my neighbors. Actually, I have never met my next door neighbor.**	아파트에 살지만 **이웃들과 친하게 지내지 않아요.** 사실 **옆집에 사는 사람도 본 적이 없어요.**
There is a big park near my neighborhood. It's a good place for me to exercise.	**우리 동네 근처에 큰 공원이 하나 있습니다.** 운동하기에 좋은 곳이죠.
My neighbor has a bunch of junk in his backyard, which is an eyesore from any room in my house.	**우리 이웃집 뒷마당에 쓰레기 더미가 있는데** 우리 집 어느 방에서든 그게 보여서 눈에 거슬려요.
Many households have more than 2 cars but **there are not enough parking spaces,** so the neighbors **often argue over parking.**	차가 두 대가 넘는 집이 많은데 **주차 공간이 충분하지 않아**서 이웃끼리 **주차 문제로 자주 다퉈요.**
There are many good schools in my neighborhood, so we often see a lot of students in this area.	**우리 동네에 좋은 학교가 많아**서 학생들이 꽤 쉽게 눈에 띄죠.

에피소드 14 ☆ 명절 Holidays

In 07-2.mp3

Step 1 끊어 듣기

01 When I was a kid, * my entire family gathered * for holidays. * I loved holidays *
제가 어렸을 때는 가족 전체가 다 모였습니다 명절을 맞아. 전 명절을 아주 좋아했죠
because I could eat * many different kinds of amazing food.
왜냐면 전 먹을 수 있었거든요 많은 다른 종류의 정말 맛있는 음식을.

02 During the holidays, * everyone comes * to my grandmother's house, *
명절 기간 중에는 모든 사람들이 와요 우리 할머니 집으로
but I'm usually stuck in the kitchen * cooking.
하지만 저는 주로 주방에 틀어박혀 있어요 음식 하느라.

03 My eldest uncle lives * in the country. * On holidays * because of the traffic, *
큰아버지께서 사세요 시골에. 명절이면 교통 체증 때문에
we visit him * by plane.
우리는 그를 찾아뵙죠 비행기로.

04 As I have been getting older, * the family keeps asking me *
저는 나이가 들어갈수록 식구들이 자꾸 제게 물어봅니다
about my job and marriage plans. * So holidays are not so fun * anymore.
제 직장과 결혼 계획에 대해. 그래서 명절이 그렇게 즐겁지 않네요 더 이상.

05 I left too late * to avoid the holiday traffic. * I was stuck in a car * and I got carsick.
전 너무 늦게 나섰어요 귀성길 교통 정체를 피하기에는. 전 차 안에서 꼼짝도 못했어요 그리고 차 멀미를 했죠.

06 Keeping a clean home * during the hectic holiday season * can be challenging.
깨끗한 집을 유지하는 것이 시끌벅적한 명절 기간 동안 힘들 수 있죠.

07 I like decorating my windows * and walking around *
전 우리 창문을 장식하는 것을 좋아합니다 그리고 돌아다니는 것을
and looking at other people's decorations * at Christmas.
그리고 다른 사람들의 장식물을 보는 것을 크리스마스에.

08 When I was a kid, * I went to visit my grandmother * in the country *
제가 어렸을 때는 전 우리 할머니 댁에 갔었죠 시골에 있는
during the holidays. * There were too many bugs * so I couldn't sleep well.
명절 기간 중에. 너무 많은 벌레가 있었죠 그래서 잠을 잘 못 잤어요.

09 When I was young, * I saved * the money I got * for making deep bows *
어렸을 때는 전 저축했어요 제가 받은 돈(세뱃돈)을 세배한 것에 대해
to elders * every New Year's day.
어른들께 매해 설날에.

10 We used to wear * traditional clothes called *hanbok* * on holidays, *
우리는 예전에 입었어요 '한복'이라고 부르는 전통 옷을 명절이면
but I can't wear it * anymore * because it's too small * on me * now.
하지만 전 그것을 입을 수 없습니다 더 이상 왜냐면 너무 작아서 저한테 이제는.

Step 2 따라 말하기	Step 3 혼자 말하기
When I was a kid, **my entire family gathered for holidays.** I loved holidays because I could eat many different kinds of amazing food.	저 어렸을 때는 **명절을 쇠러 가족 전체가 다 모였습니다.** 진짜 맛있는 음식을 여러 가지 많이 먹을 수 있어서 전 명절을 아주 좋아했죠.
During the holidays, everyone comes to my grandmother's house, but I'm usually stuck in the kitchen cooking.	**명절이면 모든 사람들이 할머니 댁에 오지**만 저는 음식 하느라 주로 주방에 틀어박혀 있어요.
My eldest uncle lives in the country. **On holidays because of the traffic**, we visit him by plane.	큰아버지께서 시골에 사세요. **명절에는 길이 막혀서** 비행기를 타고 찾아뵙죠.
As I have been getting older, the family **keeps asking me about my job and marriage plans.** So holidays are not so fun anymore.	나이가 들어갈수록 식구들이 **직장과 결혼 계획에 대해 자꾸 물어봅니다.** 그래서 명절이 더 이상 그렇게 즐겁지 않네요.
I left too late to avoid **the holiday traffic**. I was stuck in a car and **I got carsick.**	너무 늦게 나서서 **귀성길 교통 정체**를 피할 수가 없었어요. 차 안에서 꼼짝도 못하고 있느라 **멀미를 했죠.**
Keeping a clean home during **the hectic holiday season** can be challenging.	**시끌벅적한 명절** 동안 집을 깨끗하게 유지하는 것이 힘들 수 있죠.
I like **decorating my windows** and walking around and **looking at other people's decorations at Christmas.**	전 **크리스마스에 우리 집 창문을 장식하고** 돌아다니면서 **다른 사람들이 해놓은 장식물들 보는 것**을 좋아합니다.
When I was a kid, **I went to visit my grandmother in the country during the holidays. There were too many bugs** so I couldn't sleep well.	어렸을 때는 **명절에 시골 할머니 댁에 갔었죠. 벌레가 너무 많아서** 잠을 잘 못 잤어요.
When I was young, I saved **the money I got for making deep bows to elders every New Year's day.**	어렸을 때는 **매해 설날에 어른들께 세배하고 받은 세뱃돈**을 저축했어요.
We used to wear **traditional clothes called *hanbok* on holidays**, but I can't wear it anymore because **it's too small on me** now.	**명절에는 전통 복장인 한복**을 입곤 했지만 지금은 **저한테 너무 작아서** 한복을 입을 수가 없습니다.

DAY 08

3분 영어 말하기 에피소드 심화

대중목욕탕 & 버스

에피소드 15 ☆ 대중목욕탕 Public Baths / Saunas

In 08-1.mp3

Step 1 끊어 듣기

01
I went to the sauna * one day, * but there was a scary guy * whose body was full of tattoos * in the bath. * I stayed away * from him.
전 그 사우나에 갔어요 일전에 그러나 무서운 남자가 하나 있었습니다 그의 몸이 문신으로 가득차 있었던 탕 안에. 전 멀리 떨어져 있었어요 그로부터.

02
I hate * when my clothes stick to me * when I get out of the bath. * So I just sit * for a while * to air things out.
저는 참 싫어요 제 옷이 저한테 달라붙을 때가 제가 그 목욕에서 나올 때. 그래서 전 그냥 앉아요 잠시 자연스레 몸이 마르도록.

03
I once tried to air-dry my body, * but it was a bit humid * that day * so I needed a little more time * to dry off.
전 한번은 그냥(공기 중에 자연스레) 제 몸을 말리려고 했어요 하지만 날씨가 좀 습했어요 그날 그래서 저는 좀 더 시간을 필요로 했어요 말리는 데.

04
I lost my locker key * while taking a bath * so I looked for it * for half an hour * there.
전 제 사물함 열쇠를 잃어버렸죠 목욕을 하는 동안 그래서 그것을 찾았어요 30분 동안 거기서.

05
My body gets hot * so easily, * so I don't really go * into the sauna room.
제 몸은 열이 올라요 아주 쉽게 그래서 전 잘 안 가요 그 사우나실 안으로는.

06
I almost sprained my ankle * because the floor in the bathhouse * was slippery * with soapy water.
전 제 발목을 삘 뻔했어요 왜냐면 그 목욕탕 안의 그 바닥이 미끄러웠거든요 비눗물로.

07
I went to the public bath * late in the afternoon * and the water in the tubs * was really dirty. * I told the owner * to drain it.
전 그 목욕탕에 갔어요 오후 늦게 그리고 그 탕 안의 물이 정말 더러웠습니다. 저는 주인에게 말했죠 그것을 빼달라고.

08
I was frustrated * that a woman came * into the ladies' section * with her son * who looked about ten years old.
저는 짜증이 났어요 한 아주머니가 왔던 것에 여탕 안으로 자기 아들과 함께 10살 정도 되어 보이는.

09
I went to a public bath * in the neighborhood * but it was closed * for the holiday. * So * I went to another public bath * nearby.
전 한 목욕탕에 갔죠 동네에 있는 그러나 그것은 문을 닫았어요 휴일을 맞아. 그래서 전 다른 목욕탕에 갔어요 근처에 있는.

10
It's hard * to scrub my back * by myself * because I never go with others.
그것이 힘들어요 제 등을 밀어야 하는 것이 혼자서 왜냐면 전 다른 사람이랑 절대 같이 안 가거든요.

훈련한 날짜 . .

소요시간 분

강의 및 훈련 MP3

제한시간 2분 (문장당 10초 내외)

Step 2 따라 말하기	Step 3 혼자 말하기
I went to the sauna one day, but there was a scary guy whose body was full of tattoos **in the bath.** I stayed away from him.	일전에 **사우나에 갔는데** 온몸에 문신이 있는 무서운 남자가 **탕 안에** 있었습니다. 전 그 사람이랑 멀리 떨어져 있었어요.
I hate when my clothes stick to me when I **get out of the bath.** So I just sit for a while to **air things out.**	저는 **목욕하고 나올** 때 옷이 몸에 달라붙는 게 참 싫어요. 그래서 잠시 앉아서 **자연스레 몸을 말리죠.**
I once tried to **air-dry my body,** but it was a bit humid that day so I needed a little more time to **dry off.**	한번은 **그냥 몸을 말리려고** 했는데 그날이 좀 습한 날이었는지 **말리는** 데 시간이 좀 더 필요했어요.
I lost my locker key while taking a bath so I looked for it for half an hour there.	**목욕하는 동안 사물함 열쇠를 잃어버려서** 거기서 30분 동안 열쇠를 찾았어요.
My body gets hot so easily, so I **don't really go into the sauna room.**	**전 아주 쉽게 열이 오르는 체질이라 사우나실 안에는 안 들어갑니다.**
I almost sprained my ankle because **the floor in the bathhouse was slippery with soapy water.**	**목욕탕 바닥이 비눗물로 미끄러워서 하마터면 발목을 삘 뻔했어요.**
I went to the public bath late in the afternoon and **the water in the tubs** was really dirty. **I told the owner to drain it.**	오후 늦게 목욕탕에 갔더니 **탕 안의 물**이 너무 더러웠습니다. **주인에게 물을 갈아달라고 말했죠.**
I was frustrated that a woman **came into the ladies' section with her son** who looked about ten years old.	어떤 아주머니가 10살 정도 되어 보이는 **아들과 같이 여탕에 들어와서** 저는 짜증이 났어요.
I went to a public bath in the neighborhood but **it was closed for the holiday.** So I went to another public bath nearby.	동네 목욕탕에 갔는데 **휴일이라서 문을 닫았지 뭐예요.** 그래서 근처에 있는 다른 목욕탕에 갔어요.
It's hard to **scrub my back by myself** because I never go with others.	다른 사람이랑 절대 같이 안 가기 때문에 **혼자서 등을 밀어야** 하는 것이 힘들어요.

In 08-2.mp3

Step 1 끊어 듣기

01 I had to get off the bus * because I forgot my wallet.
전 버스에서 내려야 했습니다 전 제 지갑을 깜빡했기 때문에.

02 I was sitting * on a seat for the elderly * and I didn't give up the seat *
전 앉아 있었어요 노인들을 위한 자리 하나에 그리고 전 그 자리를 포기하지 않았어요
for an old lady * standing in front of me * because my feet hurt too much.
한 할머니를 위해 제 앞에 서 계신 왜냐면 제 발들이 너무 많이 아팠기 때문에.

03 I got off at the wrong stop * because I didn't press the button *
전 잘못된 정류장에 내렸어요 왜냐면 제가 그 버튼을 누르지 않았거든요
and the driver didn't open the back door.
그래서 그 기사님이 그 뒷문을 열어주지 않았거든요.

04 The bus broke down * in the middle of the road * so all the passengers had *
그 버스가 고장이 났어요 그 도로 한복판에서 그래서 모든 승객들이 가져야 했습니다
to get off and wait for another one.
내려서 다른 버스를 기다리는 것을.

05 I didn't scan the card * on the card reader * when I got off the bus *
전 그 카드를 찍지 않았어요 그 카드 단말기 위에 제가 그 버스에서 내릴 때
so I had to pay more * when transferring.
그래서 더 지불해야 했어요 환승할 때.

06 I was told off * by a bus driver * when I tried * to run and catch the bus *
전 혼났습니다 버스 기사에 의해 제가 시도했을 때 뛰어서 그 버스를 잡는 것을
on the road * because he said * it was dangerous.
도로 위에서 왜냐면 그는 말했거든요 그것은 위험하다고.

07 He's too lazy * to give his seat * to someone else, * so he always sits *
그는 너무 게을러요 자기 자리를 주기에는 다른 누군가에게 그래서 그는 항상 앉아요
in the back. * I don't sit in the back * anymore * because I got sick *
뒷자리에. 전 뒷자리에 앉지 않죠 더 이상 왜냐면 멀미를 했기 때문에
when I sat in the back * one day.
뒷자리에 앉았을 때 일전에.

08 I got embarrassed * when my head hit * someone standing in front of me *
전 창피했습니다 제 머리를 부딪혔을 때 제 앞에 서 있던 사람에게
while nodding off * on the bus.
졸다가 버스에서.

09 I fell * because the bus made a sudden stop * when I was taking out things *
전 넘어졌습니다 왜냐면 그 버스가 급정거를 만들었기 때문에 제가 뭘 꺼내고 있었을 때
from my bag.
제 가방으로부터.

10 I waited for the bus * for more than an hour * because I was confused *
전 그 버스를 기다렸어요 한 시간 넘는 동안 왜냐면 제가 착각했기 때문에
with the bus schedule.
그 버스 운행 시간을 가지고.

11 I commute by bus * because the parking fee in my office building * is too high.
전 버스로 출퇴근합니다 왜냐면 우리 사무실 건물에 있는 주차장 요금이 너무 비싸기 때문에.

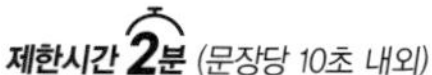

Step 2 따라 말하기	Step 3 혼자 말하기
I had to **get off the bus** because I forgot my wallet.	지갑을 안 가지고 와서 **버스에서 내려야** 했습니다.
I was sitting on a seat for the elderly and I didn't **give up the seat for an old lady** standing in front of me because my feet hurt too much.	**경로석에 앉아 있었는데** 발이 너무 아파서 제 앞에 서 계신 **할머니께 자리를 양보하지** 않았어요.
I got off at the wrong stop because I didn't **press the button** and the driver didn't **open the back door.**	제가 **벨을 누르지** 않자 기사님이 **뒷문을 열어주지** 않아서 **엉뚱한 정류장에서 내렸**어요.
The bus broke down in the middle of the road so all the passengers had to get off and wait for another one.	**버스가 도로 한복판에서 고장 나자** 모든 승객들이 내려서 다른 버스를 기다려야 했습니다.
I didn't **scan the card on the card reader** when I got off the bus so I had to pay more **when transferring.**	버스에서 내릴 때 **단말기에 카드를 찍지** 않아서 **환승할 때** 돈을 더 내야 했어요.
I was told off by a bus driver when I tried to **run and catch the bus on the road** because he said it was dangerous.	**도로에서 버스를 잡으려고 뛰다가** 위험하다고 버스 기사한테 혼났습니다.
He's too lazy to **give his seat to someone else,** so he always **sits in the back.** I don't sit in the back anymore because I got sick when I **sat in the back** one day.	그는 **자리 양보하기** 너무 귀찮아서 항상 **뒷자리에 앉아요.** 전 일전에 **뒷자리에 앉았다**가 멀미를 해서 더 이상 뒷자리에 앉지 않죠.
I got embarrassed when my head hit someone standing in front of me **while nodding off on the bus.**	**버스에서 졸다가** 제 앞에 서 있던 사람한테 머리를 부딪혀서 창피했습니다.
I fell because **the bus made a sudden stop** when I was taking out things from my bag.	가방에서 뭘 꺼내고 있었을 때 **버스가 급정거하는** 바람에 넘어졌습니다.
I waited for the bus for more than an hour because **I was confused with the bus schedule.**	**버스 운행 시간을 착각해서** 한 시간 넘게 버스를 기다렸어요.
I commute by bus because the parking fee in my office building is too high.	우리 사무실 건물 주차비가 너무 비싸서 전 **버스로 출퇴근합니다.**

DAY 09

3분 영어 말하기 에피소드 심화

병원 & 비행기

에피소드 17 ☆ 병원 Hospitals

In 09-1.mp3

Step 1 끊어 듣기

01 I was hospitalized * but the private ward was so expensive *
전 병원에 입원했어요 하지만 개인 병실이 너무 비쌌죠
that I left the hospital * soon after.
그래서 전 퇴원했습니다 곧바로.

02 I had a severe fever * in the middle of the night * and was rushed to the hospital *
전 심한 열을 가졌어요 한밤중에 그리고 병원으로 서둘러 옮겨졌죠
by ambulance.
구급차에 의해.

03 The nurse kindly explained the procedure * so I didn't even feel any pain *
그 간호사가 친절하게 절차를 설명해 줬어요 그래서 전 심지어 어떤 아픔도 못 느꼈습니다
when I was getting a shot.
제가 주사를 맞고 있을 때도.

04 I have to go to my pre-op testing * on Saturday * but I'm scared *
전 수술 전 검사에 가야 합니다 토요일에 하지만 전 겁이 나요
that if I tell them I smoke, * they won't do the surgery.
제가 그들에게 제가 담배를 피운다고 말하면 그들이 수술을 안 해줄까 봐.

05 My father has been in the hospital * for about a month *
우리 아버지가 입원해 계신 상태예요 약 한 달 동안
and I've been in and out of there * for hours every day * on end.
그리고 전 거기를 들락날락하고 있어온 상태예요 매일 몇 시간씩 계속해서.

06 I was misdiagnosed * so I went to another hospital * and got hospitalized there.
전 오진을 받았어요 그래서 다른 병원에 갔죠 그리고 거기에 입원했어요.

07 My grandmother got so sick * that she couldn't stand up * by herself *
우리 할머니가 무척 편찮으셨어요 그래서 그녀는 일어나지도 못했어요 혼자서
and could hardly feed herself. * My mom decided to put her * in a nursing home.
그리고 혼자서 식사도 거의 못하셨죠. 우리 엄마는 그녀를 넣기로 결정했어요 요양원에.

08 I am a nurse * and I drop my son off * at daycare in the hospital * every morning, *
저는 간호사입니다 그리고 전 아들을 맡기죠 병원 내에 있는 놀이방에 매일 아침
but I am worried * about my 10-month-old son * being at the hospital *
그러나 전 걱정됩니다 저의 10개월 된 아들에 대해 병원에 있는 것이
with all of the different illnesses * from many patients.
여러 다른 질병들을 다 갖고 있는 많은 환자들로부터 비롯되는.

09 The nurse kept failing * to give me injections. * So I asked them *
그 간호사가 자꾸 실패했어요 제게 주사 놓는 것을. 그래서 저는 그들에게 요청했어요
to change the nurse.
그 간호사를 바꿔달라고.

10 Hospital stay is tough * and it depresses me * and I feel blue. *
병원에 머무는 건 힘듭니다 그리고 그것은 저를 우울하게 하죠 그리고 기분이 다운됩니다.
So I left the hospital early.
그래서 전 일찍 퇴원했어요.

강의 및 훈련 MP3

훈련한 날짜 . .

소요시간 분

제한시간 2분 (문장당 10초 내외)

Step 2 따라 말하기	Step 3 혼자 말하기
I was **hospitalized** but **the private ward** was so expensive that I **left the hospital** soon after.	**병원에 입원했는데 개인 병실**이 너무 비싸서 바로 **퇴원했습니다.**
I had **a severe fever** in the middle of the night and **was rushed to the hospital by ambulance.**	한밤중에 **열이 너무 심하게 나서 구급차로 병원에 실려 갔어요.**
The nurse kindly explained the procedure so I didn't even feel any pain when I was **getting a shot.**	간호사가 친절하게 절차를 설명해 줘서 **주사를 맞을** 때 심지어 아무런 아픔도 못 느꼈습니다.
I have to **go to my pre-op testing** on Saturday but I'm scared that if I tell them I smoke, they **won't do the surgery.**	토요일에 **수술 전 검사를 받으러 가**야 하는데 내가 담배 피운다고 이야기하면 **수술을 안 해줄까** 봐 겁이 나요.
My father **has been in the hospital for about a month** and I've been in and out of there for hours every day on end.	아버지가 **약 한 달째 입원 중이시고** 저는 계속 매일 병원에 몇 시간씩 들락날락하고 있어요.
I was misdiagnosed so I went to another hospital and **got hospitalized** there.	병원에서 **내 병에 오진을 해서** 저는 다른 병원에 가 **입원했어요.**
My grandmother got so sick that she **couldn't stand up by herself and could hardly feed herself.** My mom decided to **put her in a nursing home.**	할머니가 많이 편찮으셔서 **혼자서 일어나지도 식사도 거의 못하셨죠.** 엄마는 할머니를 **요양원에 보내**기로 하셨어요.
I am a nurse and I **drop my son off at daycare in the hospital** every morning, but I am worried about my 10-month-old son being at **the hospital with all of the different illnesses from many patients.**	저는 간호사라 매일 아침 **병원에 있는 놀이방에 아들을 맡기는데 다양한 질병의 많은 환자들이 있는 병원**에서 10개월 된 아들이 지내는 게 걱정됩니다.
The nurse kept failing to **give me injections.** So I asked them to change the nurse.	간호사가 **내게 주사를 놓는 데** 자꾸 실패해서 간호사를 바꿔달라고 했어요.
Hospital stay is tough and it depresses me and I feel blue. So I **left the hospital early.**	**병원에 있으면 힘들고** 우울하고 기분도 다운됩니다. 그래서 **조기 퇴원했어요.**

에피소드 18 ☆ 비행기 Airplanes

In 09-2.mp3

Step 1 끊어 듣기

01 The flight attendant was my ideal type, * but I failed to work up the nerve * to talk to her.
그 승무원은 제 이상형이었죠 하지만 전 용기를 내지 못 했어요 그녀에게 말을 걸.

02 The in-flight meal was so small. * That's why I asked for instant cup noodles.
그 기내식이 너무 적었어요. 그래서 전 컵라면을 부탁했어요.

03 Economy seats on an airplane * are uncomfortable, * so I try to fall asleep * to forget about the discomfort.
비행기 위의 이코노미석들은 불편합니다 그래서 전 잠들려고 하죠 그 불편함을 잊기 위해서.

04 The guy who was seated next to me * on the airplane * was so fat. * I was standing in the back * the whole time.
제 옆에 앉아 있었던 남자가 비행기 위에서 너무 뚱뚱했어요. 전 뒤에 서 있었습니다 (비행하는) 그 시간 내내.

05 I get sick on planes. * I have to take sleeping pills * and stay asleep * the whole time.
전 비행기들 위에서 멀미를 해요. 전 수면제들을 먹어야 하죠 그리고 잠을 자야 해요 (비행하는) 그 시간 내내.

06 I once left my book * on the plane * so I had to reboard it * and take a look around.
전 한번은 제 책을 두었어요 비행기 위에 그래서 전 그것에 다시 탑승해야 했죠 그리고 둘러봐야 했어요.

07 There was severe turbulence. * The airplane was shaking * for two hours.
심한 난기류가 있었어요 그 비행기는 흔들리고 있었습니다 두 시간 동안.

08 Long flights are so tiring. * I always ask for wine and beer * and fall asleep * after drinking them.
장거리 비행은 너무나 (피곤해서) 힘들어요. 전 항상 와인과 맥주를 요청해요 그리고 잠이 듭니다 그것들을 마시고 난 후.

09 The seatbelt sign turned on, * but the passenger next to me * didn't strap it on. * The plane once shook badly * and he bounced out of his seat.
안전벨트 표시등이 켜졌어요 하지만 제 옆에 승객은 그것을 매지 않았죠. 비행기가 한 번 심하게 흔들렸어요 그러자 그는 자기 자리에서 튕겨져 나갔어요.

10 I missed my meal * because I was sleeping. * I asked for it * a while later * but there was no food left. * I couldn't eat.
전 제 식사(기내식)를 놓쳤어요 왜냐면 전 자고 있었거든요. 전 그것을 요청했어요 나중에 하지만 남은 음식이 없었죠. 전 먹지 못했어요.

Step 2 따라 말하기	Step 3 혼자 말하기
The flight attendant was my ideal type, but I **failed to work up the nerve** to talk to her.	**그 승무원은 제 이상형이었지**만, 전 그녀에게 말을 걸 **용기를 내지 못 했어요.**
The in-flight meal was so small. That's why I asked for instant cup noodles.	**기내식이 너무 적어서** 컵라면을 달라고 부탁했어요.
Economy seats on an airplane are uncomfortable, so I try to fall asleep to forget about the discomfort.	**기내 이코노미석**은 불편해서 그 불편함을 잊으려고 잠을 청합니다.
The guy who was seated next to me on the airplane was so fat. **I was standing in the back the whole time.**	비행기에서 **내 옆에 앉은 남자**가 너무 뚱뚱했어요. 그래서 전 **비행 내내 뒤에 서 있었습니다.**
I **get sick on planes.** I have to **take sleeping pills** and stay asleep the whole time.	전 비행기 **멀미를 해서 수면제를 먹고** 비행 내내 잠을 자야 해요.
I once left my book on the plane so I had to **reboard it** and take a look around.	한번은 비행기에 책을 두고 내려서 **다시 비행기에 타서** 둘러봐야 했어요.
There was severe turbulence. The airplane was **shaking** for two hours.	**난기류가 심해서** 비행기가 두 시간 동안 **흔들렸습니다.**
Long flights are so tiring. I always **ask for wine and beer** and fall asleep after drinking them.	**장거리 비행**은 너무나 힘들어요. 전 항상 **와인과 맥주를 달라고 해서** 마시고 잠이 듭니다.
The seatbelt sign turned on, but the passenger next to me **didn't strap it on.** The plane once **shook badly** and he **bounced out of his seat.**	**안전벨트 표시등이 켜졌**으나 제 옆 승객은 **벨트를 매지 않았죠.** 비행기가 한번 **심하게** 흔들리자 그 사람은 **자리에서 튕겨져 나갔**어요.
I **missed my meal** because I was sleeping. I asked for it a while later but there was no food left. I couldn't eat.	자고 있어서 **기내식을 못 받았어요.** 나중에 달라고 했지만 남은 게 없어서 먹지 못했죠.

DAY 10

3분 영어 말하기 에피소드 심화

사진 & 서점

에피소드 19 ☆ 사진 Photos

In 10-1.mp3

Step 1 끊어 듣기

01 I don't need * to go develop pictures * anymore *
전 필요가 없습니다 사진들을 인화하러 갈 더 이상
because I don't use a regular camera * any longer.
왜냐면 전 일반 카메라들을 사용하지 않거든요 더 이상.

02 I take a lot of pictures * with my digital camera. * But the thing is *
전 많은 사진을 찍어요 제 디지털 카메라를 가지고. 그런데 문제는 있습니다
I can't make a photo album * because I am too lazy *
전 사진 앨범을 만들지 못한다는 것이죠 왜냐면 전 너무 게을러요
to get the picture files developed.
그 사진 파일들을 인화하도록 맡기기에는.

03 I forgot * where I saved my pictures * on my computer *
전 까먹었어요 어디에 제가 제 사진들을 저장해 뒀는지 제 컴퓨터상에
and I accidentally deleted them.
그리고 실수로 그것들을 지워 버렸어요.

04 I went to see * my favorite artist's concert. * I tried to take pictures of him *
전 보러 갔어요 저의 가장 좋아하는 아티스트의 콘서트를. 전 그 사람 사진들을 찍으려고 했죠
but my camera flash was broken * and I couldn't take any.
그런데 제 카메라 플래시가 고장이 났어요 그래서 전 하나도 못 찍었죠.

05 We are a family of three, * myself and my parents. * My mom wants to take *
우리는 세 명의 가족이 있어요 저 그리고 우리 부모님. 우리 엄마는 찍고 싶어 하시죠
a Christmas family picture * wearing the same color tops * but I think *
크리스마스 가족 사진을 같은 색의 윗옷을 입고서 하지만 전 생각해요
that is too cheesy.
그건 너무 유치하다고.

06 My nephew cried * the whole time * while taking his first birthday pictures. *
제 조카가 울었어요 그 시간 내내 돌사진을 찍고 있는 동안.
The photographer got annoyed.
그 사진사가 짜증을 냈죠.

07 I need to retouch my pictures * with Photoshop * before I post them *
전 제 사진들을 보정할 필요가 있어요 포토샵을 가지고 제가 그것들을 게시하기 전에
as a profile picture * on my social media links.
프로필 사진으로 제 SNS에.

08 I borrowed my friend's camera * for my trip * but I dropped it in the toilet. *
전 제 친구의 카메라를 빌렸어요 제 여행을 위해 그러나 전 그것을 변기에 빠뜨렸어요.
I had to buy him * a new one.
전 그에게 사줘야 했죠 새 것을.

09 I paid a lot of money * for a camera * but it was so hard * to use. *
전 많은 돈을 지불했어요 하나의 카메라에 대해 그러나 그것은 너무 어려웠어요 사용하기에.
So I just gave it * to my brother.
그래서 전 그냥 그것을 줬습니다 제 남동생에게.

10 I love to be in pictures. * When I travel, * I end up taking pictures of myself *
전 사진들 안에 있는 것을 정말 좋아해요. 전 여행을 할 때 결국 독사진을 찍게 되죠
or me with others. * So I only have selfies.
아니면 다른 사람들과 함께 있는 저를. 그래서 전 셀카 사진만 갖고 있어요.

훈련한 날짜 . .

소요시간 분

강의 및 훈련 MP3

제한시간 2분 (문장당 10초 내외)

Step 2 따라 말하기	Step 3 혼자 말하기
I don't need to go **develop pictures** anymore because I don't use **a regular camera** any longer.	더 이상 **일반 카메라**를 쓰지 않아서 **사진 인화하**러 갈 필요가 없습니다.
I **take a lot of pictures** with my digital camera. But the thing is I can't make a photo album because I am too lazy to **get the picture files developed.**	전 디지털 카메라로 **사진을 많이 찍어요.** 그런데 문제는 너무 게을러서 **사진 파일을 인화하지** 않다 보니 사진 앨범을 만들지 못한다는 것이죠.
I forgot **where I saved my pictures on my computer** and I accidentally deleted them.	**사진들을 컴퓨터 어디에다 저장해 뒀는지** 까먹었는데 실수로 사진들을 다 지워 버렸어요.
I went to see my favorite artist's concert. I tried to **take pictures of him** but **my camera flash was broken and I couldn't take any.**	제가 가장 좋아하는 아티스트의 콘서트를 보러 갔어요. **그 사람 사진을 찍으려고** 했는데 **카메라 플래시가 고장 나서 하나도 못 찍었죠.**
We are a family of three, myself and my parents. My mom wants to **take a Christmas family picture** wearing the same color tops but I think that is too cheesy.	우리 가족은 저랑 부모님 이렇게 세 명인데 엄마는 똑같은 색의 윗옷을 입고 **크리스마스 가족 사진을 찍고** 싶어 하시죠. 하지만 그건 너무 유치한 것 같아요.
My nephew cried the whole time while **taking his first birthday pictures.** The photographer got annoyed.	**돌 사진을 찍는** 내내 조카가 울어댔어요. 사진사가 짜증을 냈죠.
I need to **retouch my pictures with Photoshop** before **I post them as a profile picture on my social media links.**	**제 SNS에 프로필 사진으로 사진을 올리기** 전에 **포토샵으로 보정을** 해야 해요.
I borrowed my friend's camera **for my trip** but **I dropped it in the toilet.** I had to buy him a new one.	**여행갈 때** 친구 카메라를 빌렸는데 **변기에 빠뜨렸어요.** 친구에게 새 카메라를 사줘야 했죠.
I paid a lot of money for a camera but it was so hard to use. So I just gave it to my brother.	**비싼 돈을 주고 카메라를 샀는데** 사용하기가 너무 어려웠어요. 그래서 그냥 남동생에게 줬습니다.
I love to be in pictures. When I travel, I end up **taking pictures of myself or me with others.** So I only have **selfies.**	**제가 사진에 나오는 게 정말 좋아요.** 여행을 가면 결국 **독사진을 찍거나 다른 사람들이랑 함께 있는 저를 찍게** 되죠. 그래서 **셀카 사진**밖에 없어요.

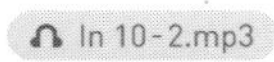

Step 1 끊어 듣기

01 I love spending * a lazy Sunday afternoon * perusing at my local bookstore.
전 보내는 것을 좋아해요 게으른 일요일 오후를 우리 동네 서점에서 정독하면서.

02 I no longer go to the bookstore * because I buy books online, *
전 더 이상 서점에 가지 않아요 왜냐면 전 인터넷으로 책들을 사기 때문이죠
but my friend asked me * to go with him, * so I went.
하지만 제 친구가 제게 부탁했어요 자기와 함께 가자고 그래서 전 갔어요.

03 I found the book * I had been looking for so long, * so I sat down * on the floor *
전 그 책을 찾았어요 제가 무척 오랫동안 찾고 있었던 그래서 전 앉았어요 바닥에
and finished it.
그리고 그것을 다 읽었습니다.

04 I love to go into a bookstore * and just look around and browse, *
서점에 들어가는 것을 무지 좋아해요 그리고 그냥 책 제목도 훑어보고 내용도 스윽 한번 보는 것을
but I buy books online * because they are cheaper * that way.
하지만 전 인터넷으로 책들을 구입합니다 왜냐면 그것들이 더 싸기 때문이죠 그런 식으로 하는 게.

05 When you want rare reads, * it is much easier * to buy hard-to-find books *
당신이 희귀한 책들을 원할 때에는 그것이 훨씬 쉽습니다 (그것이 뭐냐면) 찾기 어려운 책들을 구입하는 것
on websites * like BookFinder.com.
웹사이트들상에서 BookFinder.com과 같은.

06 I used to spend hours * in bookstores * browsing the books.
전 예전에는 시간들을 보내곤 했죠 서점들에서 책을 찾으며.

07 I took a couple of hours * and wandered around the store * adding books *
전 두세 시간 정도 걸렸죠 그리고 그 서점을 돌아다녔어요 책들을 쌓으면서
that caught my interest * to the pile.
제 관심을 붙드는 그 더미에.

08 I picked up a book * with a torn cover. * It was the last copy left *
전 책을 하나 골랐어요 찢어진 표지를 가진. 그것은 남아 있는 마지막 권이었어요
so I had no choice * but to buy it.
그래서 전 선택의 여지가 없었습니다 그것을 사는 것 외에는.

09 The bookstore's members can receive * up to 50% off * on Sundays.
그 서점의 회원들은 받을 수 있습니다 최대 50%까지 할인을 일요일마다.

10 I was having a hard time * looking for a book * on the kiosk, *
전 어려움을 겪고 있었어요 책을 하나 찾느라 검색대에서
but a person standing behind me * took me * to where the book was.
하지만 제 뒤에 서 있던 사람이 저를 데려가 줬어요 그 책이 있는 곳으로.

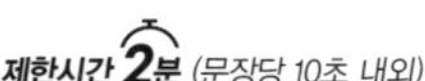

Step 2 따라 말하기	Step 3 혼자 말하기
I love spending a lazy Sunday afternoon **perusing at my local bookstore.**	전 **동네 서점에** 가서 **책을 찬찬히 읽으며** 일요일 오후를 느긋하게 보내는 것을 아주 좋아해요.
I no longer go to the bookstore because **I buy books online**, but my friend asked me to go with him, so I went.	전 **인터넷으로 책을** 사기 때문에 **더 이상 서점에 가지 않지**만 친구가 자기랑 같이 가자고 해서 갔어요.
I found the book I had been looking for so long, so I **sat down on the floor and finished it.**	무척 오랫동안 찾고 있었던 책을 찾아서 **바닥에 앉아 그 책을 다 읽었습니다.**
I love to **go into a bookstore and just look around and browse**, but I buy books online because they are cheaper that way.	**서점에 들어가서 그냥 책 제목도 훑어보고 내용도 스윽 한번 보는** 것은 무지 좋아하지만 인터넷으로 사는 것이 더 저렴하므로 책은 인터넷에서 구입합니다.
When you want rare reads, it is much easier to buy hard-to-find books on websites like BookFinder.com.	**희귀한 책들을 원할 때에는** BookFinder.com 같은 웹사이트에서 찾기 어려운 책들을 훨씬 쉽게 구입할 수 있습니다.
I used to spend hours in bookstores **browsing the books.**	예전에는 서점에 가서 **책을 찾으며** 몇 시간씩 있곤 했죠.
I took a couple of hours and **wandered around the store** adding **books that caught my interest** to the pile.	**제 관심을 끄는 책들**을 책 더미에 쌓으면서 두세 시간 정도 **서점을 돌아다녔어요.**
I picked up a book with a torn cover. It was **the last copy left** so I had no choice but to buy it.	**표지가 찢어진 책을 골랐어요.** 남아 있는 **마지막 권**이라서 그것을 살 수밖에 없었습니다.
The bookstore's members can **receive up to 50% off** on Sundays.	서점 회원들은 일요일마다 **최대 50%까지 할인받**을 수 있습니다.
I was having a hard time **looking for a book on the kiosk,** but a person standing behind me **took me to where the book was.**	**검색대에서 책을 찾느라** 쩔쩔 매고 있었지만 뒤에 서 있던 사람이 **저를 책 있는 곳까지 데려다 줬어요.**

3분 영어 말하기 에피소드 심화

선물 & 쇼핑

에피소드 21 ☆ 선물 Gifts

In 11-1.mp3

Step 1 끊어 듣기

01
I was going to give my parents * a gift card * but they told me *
전 우리 부모님께 드리려고 했어요 / 상품권 하나를 / 그러나 그들은 제게 말씀하셨죠
not to make them work * for their gift. * In the end * I just gave them cash.
자신들을 일하게 하지 말라고 / 그들의 선물 때문에 / 결국 / 저는 그들에게 그냥 현금을 드렸어요.

02
I asked for a receipt * just in case * my friend wanted to exchange it *
전 영수증을 요청했어요 / 만일의 경우 / 제 친구가 그것을 교환하고 싶어 할 경우에 대비해
because it didn't fit.
그게 사이즈가 맞지 않아서.

03
I got a designer bag * from my boyfriend * but it turned out * it was a used one. *
전 명품 가방을 하나 받았어요 / 제 남자친구한테서 / 그러나 그것은 판명이 났죠 / 그것은 중고였다고.
I was disappointed.
전 실망했어요.

04
I got a label * from a person I don't really know, * which actually made me *
전 명품을 하나 받았어요 / 제가 잘 알지 못하는 사람으로부터 / 그게 실은 저를 만들어요
feel uncomfortable.
마음이 불편하게.

05
I got a birthday gift * but did not like it. * So I went to return it * the next day.
전 생일 선물을 하나 받았어요 / 하지만 그것을 좋아하지 않았죠 / 그래서 저는 그것을 반품하러 갔습니다 / 그 다음 날.

06
I didn't like * the present my girlfriend got me * but did not say anything *
전 좋아하지 않았어요 / 제 여자친구가 제게 준 선물을 / 그러나 아무 말도 하지 않았어요
because it could cause an argument.
왜냐면 그것이 말다툼을 야기시킬 수도 있어서요.

07
I was excited * that the box was really big. * But when I opened it, *
전 신이 났어요 / 그 상자가 엄청 커서요. / 하지만 제가 그것을 열어 봤을 때
the gift inside was an item * which I already had, * so I was very disappointed.
안에 있던 선물은 하나의 물건이었어요 / 이미 제가 갖고 있었던 / 그래서 전 무척 실망했습니다.

08
I bought dinner * for my family * with my first paycheck.
전 저녁을 샀어요 / 제 가족들을 위해 / 저의 첫 월급을 가지고.

09
I got a present * with a price tag on it. * I think * it is good manners *
전 선물을 하나 받았어요 / 그것에 가격표가 붙어 있는. / 전 생각해요 / 그게 좋은 매너라고
to first remove the tag * when giving a present to someone.
(그게 뭐냐면) 먼저 가격표를 떼는 것 / 누군가에게 선물을 줄 때는.

10
I ordered a special gift * for our anniversary, * but it wasn't delivered * on time. *
전 특별한 선물을 하나 주문했어요 / 우리의 기념일을 맞아서 / 하지만 그것은 배달되지 않았어요 / 제때.
So I felt terrible.
그래서 전 기분이 완전 안 좋았어요.

훈련한 날짜	. .
소요시간	분

강의 및 훈련 MP3

제한시간 2분 (문장당 10초 내외)

Step 2 따라 말하기	Step 3 혼자 말하기
I was going to give my parents **a gift card** but they told me not to make them work for their gift. In the end I just **gave them cash.**	부모님께 **상품권**을 드리려고 했는데 선물 때문에 귀찮게 하지 말라고 하셔서 결국에는 그냥 **현금을 드렸어요.**
I **asked for a receipt** just in case my friend wanted to **exchange it because it didn't fit.**	**사이즈가 맞지 않아서 친구가 교환하고 싶**어 할 수도 있으니까 **영수증을 달라고 했습니다.**
I **got a designer bag from my boyfriend** but it turned out it was a used one. I was disappointed.	**남자친구한테 명품 가방을 선물 받았는데** 알고 보니 **중고**여서 실망했어요.
I **got a label** from a person I don't really know, which actually made me feel uncomfortable.	잘 모르는 사람한테 **명품을 선물로 받았는데** 실은 그것 때문에 마음이 불편했어요.
I **got a birthday gift** but did not like it. So I went to **return it** the next day.	**생일 선물을 받았지만** 맘에 들지 않아서 다음 날 가서 **반품했습니다.**
I **didn't like the present** my girlfriend got me but did not say anything because **it could cause an argument.**	여자친구가 준 **선물이 맘에 들지 않았지만 그 때문에 말다툼하게 될 수도 있어서** 아무 말도 하지 않았어요.
I was excited that the box was really big. But when I opened it, **the gift inside was an item which I already had,** so I was very disappointed.	선물 상자가 엄청 커서 신이 났지만 상자를 열어 보니 **안에 있던 선물이 제가 이미 갖고 있던 물건**이라서 무척 실망했습니다.
I bought dinner for my family **with my first paycheck.**	**첫 월급을 타서** 가족들에게 저녁을 샀어요.
I got **a present with a price tag on it.** I think it is good manners to first **remove the tag** when giving a present to someone.	**가격표가 붙어 있는 선물**을 받았어요. 다른 사람에게 선물을 줄 때는 먼저 **가격표를 떼**는 게 예의라고 생각합니다.
I **ordered a special gift for our anniversary, but it wasn't delivered on time.** So I felt terrible.	**기념일을 맞아서 특별한 선물을 주문했는데 제때 배달이 안 됐어요.** 그래서 기분이 완전 안 좋았어요.

In 11-2.mp3

Step 1 끊어 듣기

01 I don't like going shopping * with my girlfriend * because it takes forever. *
전 쇼핑하러 가는 걸 좋아하지 않습니다 제 여자친구와 함께. 왜냐면 그것은 끝도 없이 오래 걸리기 때문이죠.
So * I usually take a nap * in the car * instead.
그래서 전 주로 낮잠을 자죠 차 안에서 대신.

02 I like trying samples * at the market. * I usually try a lot of them * and get full *
전 시식해 보는 것을 좋아해요 마트에서. 전 보통 그것들을 많이 해봐요 그리고 배가 부르죠
by the time I finish grocery shopping.
제가 장을 다 볼 때즘이면.

03 I just wanted to look around * but the salesclerk kept asking me *
전 그냥 둘러보고만 싶었어요 그런데 그 점원이 계속 제게 물어봤어요
if I needed any help. * I will never go back * to that store * again.
제가 어떤 도움이 필요한지를. 전 절대 또 안 갈 거예요 그 가게에 다시.

04 I bought a no name product * and of course it broke down * in no time.
전 메이커 없는 제품을 샀어요 그리고 물론 그것은 고장 났어요 금방.

05 It was very crowded * and I got so carried away * that I took the item *
그것은 사람들로 너무 북적였어요 그리고 전 너무 정신이 없었죠 그래서 전 그 물건을 가지고 왔어요
without paying * unintentionally.
계산 없이 본의 아니게.

06 I forgot to get the receipts * after shopping, * so I couldn't return it.
전 영수증 받는 걸 깜빡했어요 쇼핑 후에 그래서 전 그것을 반품할 수가 없었습니다.

07 At the cashier, * I noticed * that I had forgotten my wallet, *
계산대에서 전 깨달았어요 제가 제 지갑을 안 갖고 왔다는 것을
so I borrowed some money * from my friend.
그래서 전 돈을 좀 빌렸어요 제 친구한테서.

08 When I got back from shopping, * the shirt was too big on me *
제가 쇼핑으로부터 돌아왔을 때 그 셔츠가 제게 너무 컸어요
so I wanted to exchange it. * But I didn't have the receipt * so I couldn't.
그래서 전 그것을 교환하고 싶었어요. 하지만 전 영수증을 갖고 있지 않았어요 그래서 할 수 없었죠.

09 I went to a small street store * and they didn't accept credit cards, *
전 작은 노점에 갔어요 그리고 그들은 신용카드들을 받지 않았죠
so I just walked out.
그래서 전 그냥 나왔습니다.

10 I forgot * to check the expiration dates * when buying groceries, *
전 잊었어요 유통기한을 확인하는 것을 식료품을 살 때
so they went bad.
그래서 그것들이 상했어요.

11 The salesclerk was so rude * that I told her * to call the manager out *
점원이 너무 무례했어요 그래서 전 그녀에게 말했습니다 매니저를 불러오라고
in the middle of shopping.
한창 쇼핑 중에.

Step 2 따라 말하기	Step 3 혼자 말하기
I don't like going shopping with my girlfriend **because it takes forever.** So I usually take a nap in the car instead.	**끝도 없이 오래 걸리기 때문에** 여자친구랑 쇼핑하러 가는 걸 좋아하지 않습니다. 그래서 전 대신 차 안에서 주로 낮잠을 자죠.
I like **trying samples at the market.** I usually try a lot of them and get full **by the time I finish grocery shopping.**	**마트에서 시식하는 것을** 좋아해요. 보통 이것저것 많이 먹어보는데 **장을 다 볼 때쯤이면** 배가 부르죠.
I just wanted to look around but the salesclerk kept asking me if I needed any help. I will never go back to that store again.	**그냥 둘러보고만 싶었는**데 점원이 도움이 필요하냐고 계속 물어봤어요. 다시는 그 가게에 안 갈 거예요.
I bought **a no name product** and of course it broke down in no time.	**메이커 없는 제품**을 샀더니 역시나 금방 고장 났어요.
It was very crowded and **I got so carried away** that I **took the item without paying** unintentionally.	사람들로 너무 북적이고 저도 쇼핑하느라 **정신이 없어서** 본의 아니게 **계산도 안 하고 물건을 가지고 왔어요.**
I forgot to get the receipts after shopping, so I couldn't return it.	쇼핑 후 **영수증 받는다는 걸 깜박해**서 반품할 수가 없었습니다.
At the cashier, I noticed that I had forgotten my wallet, so I borrowed some money from my friend.	**계산대에서** 지갑을 안 가져왔다는 걸 깨닫고 친구에게 돈을 빌렸어요.
When **I got back from shopping, the shirt was too big on me** so I wanted to **exchange it. But I didn't** have the receipt so I couldn't.	**쇼핑을 하고 돌아와 보니 셔츠가 저한테 너무 커서 교환하고** 싶었어요. 하지만 영수증이 없어서 교환할 수가 없었죠.
I went to a **small street store** and they **didn't accept credit cards,** so I just **walked out.**	**작은 노점**에 갔는데 **신용카드를 받지 않아**서 그냥 **나왔습니다.**
I forgot to **check the expiration dates** when buying groceries, so they **went bad.**	식료품을 살 때 **유통기한 확인하는** 걸 잊어서 식료품들이 **상했어요.**
The salesclerk was so rude that **I told her to call the manager out** in the middle of shopping.	점원이 너무 무례하게 굴어서 전 쇼핑하다가 **그 점원에게 매니저를 불러 오라고 했습니다.**

DAY 12

3분 영어 말하기 에피소드 심화

수면 & 술

에피소드 23 ☆ 수면 Sleeping

In 12-1.mp3

Step 1 끊어 듣기

01 I always leave the door open * when going to sleep * because I cannot sleep * in the dark.
전 항상 방문을 열어놓은 상태로 둡니다 / 잠자리에 들 때 / 왜냐면 전 잠을 못 자거든요 / 어둠 속에서는.

02 I don't wear anything * except for underwear * when sleeping, * so no one in my family comes * to wake me up.
전 아무것도 입지 않아요 / 속옷을 제외하고는 / 잘 때 / 그래서 우리 식구 중에 아무도 오지 않아요 / 절 깨우러.

03 I suffer from insomnia really badly, * so I need to go to see a doctor * to get prescribed sleeping pills.
전 불면증으로 무척 심하게 고생하고 있어요 / 그래서 전 의사를 보러 갈 필요가 있습니다 / 수면제를 처방 받기 위해서.

04 I always have a hard time * waking up * once I fall asleep, * so I need someone * to wake me up * instead of an alarm clock.
전 늘 어려움을 겪고 있어요 / 일어나는 데 / 한 번 제가 잠들면 / 그래서 전 누군가를 필요로 해요 / 저를 깨워줄 / 자명종 대신.

05 When I was young, * I used to toss and turn a lot * while sleeping * and would often roll off the bed.
전 어렸을 때 / 많이 뒤척거리곤 했죠 / 자는 동안 / 그리고 자주 침대에서 굴러 떨어지곤 했어요.

06 I always woke up crying * and would turn on the light * after having a nightmare.
전 항상 울면서 깨어났어요 / 그리고 불을 켜곤 했죠 / 악몽을 꾼 후에.

07 I used to wet my bed * on the days I got really tired.
전 예전에는 제 침대에 오줌을 쌌어요 / 정말 피곤한 날이면.

08 I once snored so loudly * that my younger brother woke up * and went out to the living room * to sleep there.
한번은 제가 너무 크게 코를 골았어요 / 그래서 제 남동생이 깨어났죠 / 그리고 거실로 나갔어요 / 거기서 자기 위해.

09 I once had a nightmare * when I was in high school * and ever since then * I've gone to bed * with the music turned on.
전 한번 악몽을 꿨어요 / 제가 고등학교에 다녔을 때 / 그리고 그때 이후로 / 전 잠자리에 들어요 / 음악을 틀어놓은 채로.

10 I'm a heavy sleeper * so it doesn't bother me * when someone else tosses and turns * next to me in bed.
전 굉장히 숙면을 취하는 사람입니다 / 그래서 그것이 저를 괴롭히지 않아요 / 누가 뒤척일 때 / 침대에서 제 옆에서.

훈련한 날짜 . .

소요시간 분

강의 및 훈련 MP3

제한시간 2분 (문장당 10초 내외)

Step 2 따라 말하기	Step 3 혼자 말하기
I always leave the door open when going to sleep because I **cannot sleep in the dark.**	전 **어두운 곳에서는 잠을 못 자**서 잠자리에 들 때 항상 방문을 열어 놓습니다.
I don't wear anything except for underwear when sleeping, so no one in my family comes to wake me up.	잘 때 **속옷만 입**으니까 우리 집 식구 중 아무도 절 깨우러 오지 않아요.
I **suffer from insomnia really badly,** so I need to go to see a doctor to **get prescribed sleeping pills.**	**불면증으로 무척 심하게 고생하고 있습니다.** 그래서 병원에 가서 **수면제를 처방 받아**야 해요.
I always have a hard time waking up **once I fall asleep,** so I **need someone to wake me up instead of an alarm clock.**	저는 늘 **한 번 잠들면** 일어나기 힘들어서 **자명종 대신 누가 와서 깨워줘야 해요.**
When I was young, I used to **toss and turn a lot** while sleeping and would often **roll off the bed.**	어렸을 때는 자는 동안 **몸을 심하게 뒤척여**서 **침대에서** 자주 **굴러 떨어지**곤 했어요.
I always **woke up crying** and would turn on the light **after having a nightmare.**	**악몽을 꾼 후에** 항상 **울면서 깨어나** 불을 켜곤 했어요.
I used to **wet my bed** on the days I got really tired.	정말 피곤한 날에는 **자다가 오줌을 싸**곤 했어요.
I once **snored so loudly** that my younger brother woke up and went out to the living room to sleep there.	한번은 제가 **너무 크게 코를 골아**서 남동생이 자다가 깨어 거실로 나가서 잤죠.
I once **had a nightmare** when I was in high school and ever since then I've gone to bed **with the music turned on.**	고등학교 때 한번 **악몽을 꾼** 이후로 **음악을 틀어놓고** 잠자리에 들어요.
I'm a heavy sleeper so it doesn't bother me when **someone else tosses and turns next to me in bed.**	**전 굉장히 숙면을 취하**기 때문에 **침대에서 누가 옆에서 뒤척여**도 전혀 아무렇지 않아요.

In 12-2.mp3

Step 1 끊어 듣기

01 I have a low alcohol tolerance. * I can easily get drunk *
전 알코올을 잘 못 견뎌요. 전 쉽게 취할 수 있죠
off only two shot glasses of soju.
소주 단 두 잔만 비워도.

02 I get the munchies * when blacking out * and I always regret it * the next morning.
전 출출해져요 술 마시고 필름이 끊길 때 그리고 전 항상 그것을 후회하죠 다음 날 아침에.

03 My friend told me * that I threw up in the street * after drinking too much *
제 친구가 제게 말했죠 제가 길에서 토했다고 술을 너무 많이 마시고 난 후
but I don't remember a thing.
하지만 전 기억이 하나도 안 나요.

04 I'm legally old enough * to drink * but I easily get drunk * off two drinks. *
전 합법적으로 충분한 나이예요 술을 마실 수 있는 하지만 전 쉽게 취해요 두 잔을 비우면.
My body just doesn't * metabolize alcohol * very well.
제 몸은 그냥 하지 않아요 알코올을 분해한다는 동작을 매우 잘.

05 I slept * in front of my house * once * because I was too drunk *
전 잠들었어요 우리 집 앞에서 한번은 왜냐면 제가 너무 취했거든요
after having many mixed drinks.
많은 폭탄주를 마신 후에.

06 I've tried to limit myself * to a bottle of soju * in order not to get sick *
전 제 자신을 제한하려고 해왔어요 소주 한 병으로 몸이 아프지 않게 하기 위해서
but I crossed that line * last night * and got sick.
하지만 전 그 선을 넘었죠 어젯밤에 그리고 몸이 아팠어요.

07 Two beers can easily * get me drunk * but my dad can down *
맥주 두 잔이 쉽게 할 수 있어요 저를 취하게 하는 것을 하지만 우리 아빠는 다 비울 수 있어요
an entire case of beer * and remain totally unfazed.
맥주 한 박스를 전부 그리고 얼굴빛 하나 변하지 않은 채 완전 그대로 남아 있죠.

08 After having a wild night, * I take medication * but time is the only sure cure *
광란의 밤을 가진 후에는 전 약을 먹어요 하지만 시간이 유일하게 확실한 치료법이죠
for a hangover.
숙취에 대해서는.

09 One of my friends * gets very aggressive * and starts a fight *
제 친구들 중 하나가 매우 공격적이 돼요 그리고 싸움을 시작해요
when he gets drunk * so we tend not to call him * anymore.
그가 술에 취할 때 그래서 우리는 그를 부르지 않는 경향이 있어요 더 이상.

10 It's embarrassing * that whenever I drink * any alcohol, *
그것은 당혹스러워요 (그게 뭐냐면) 제가 술을 마실 때마다 어떤 알코올이든
my face gets red easily. * It spreads down * to my neck and chest.
제 얼굴이 쉽게 빨개지는 게. 그것은 좌악 퍼지죠 제 목과 가슴까지.

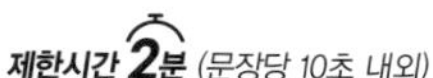

Step 2 따라 말하기	Step 3 혼자 말하기
I have a low alcohol tolerance. I can easily get drunk off only two shot glasses of soju.	전 **술을 잘 못 마셔요.** 소주 두 잔만 마셔도 쉽게 취해요.
I **get the munchies when blacking out** and I always regret it the next morning.	**술 마시고 필름이 끊기면 출출해지고** 다음 날 아침에 항상 후회해요.
My friend told me that I **threw up in the street after drinking too much** but **I don't remember a thing.**	제가 **술을 너무 많이** 먹고 **길에다 토했다**고 친구가 그러는데 **기억이 하나도 안 나요.**
I'm legally **old enough to drink** but **I easily get drunk off two drinks.** My body just doesn't metabolize alcohol very well.	합법적으로 **술을 먹을 수 있는 나이**이지만 **두 잔만 마시면 쉽게 취해요.** 그냥 제 몸에서 알코올 분해가 잘 안 되는 거죠.
I slept in front of my house once because I was too drunk **after having many mixed drinks.**	**폭탄주를 많이 마신 후** 너무 취해서 한번은 우리 집 앞에서 잠들었어요.
I've tried to **limit myself to a bottle of soju in order not to get sick** but I crossed that line last night and got sick.	**몸이 축나지 않게 소주 한 병으로 절제해서 마시려**고 하지만 어젯밤에 그 선을 넘어서 몸이 아팠어요.
Two beers can easily get me drunk but my dad can **down an entire case of beer** and **remain totally unfazed.**	저는 맥주 두 잔에도 쉽게 취하는데 우리 아빠는 **맥주 한 박스를 비워도 얼굴빛 하나 안 변하고 완전 그대로예요.**
After having a wild night, I take medication but time is the only sure cure for a **hangover.**	**광란의 밤을 보낸 후에는** 약을 먹는데 **숙취**는 시간이 지나야만 나아요.
One of my friends **gets very aggressive and starts a fight** when he gets drunk so we tend not to call him anymore.	친구 중 하나가 술에 취하면 **아주 공격적이 돼서 싸움을 시작해요.** 그래서 더 이상 그 친구를 부르지 않아요.
It's embarrassing that whenever I drink any alcohol, **my face gets red easily. It spreads down to my neck and chest.**	뭐든 술만 마셨다 하면 **얼굴이 금세 빨개져**서 당혹스러워요. **빨간 기운이 목과 가슴까지 좌악 퍼지죠.**

DAY 13

3분 영어 말하기 에피소드 심화

스마트폰 & 스포츠

에피소드 25 ☆ 스마트폰 Smartphones

In 13-1.mp3

Step 1 끊어 듣기

01
I used too much data * for the Internet * on my phone *
전 너무 많은 데이터를 사용했어요 인터넷에 대해 제 휴대폰상에서
and I changed the data plan * into a more expensive one.
그리고 전 데이터 요금제를 바꿨죠 더 비싼 걸로.

02
I think * I wasted money * buying a digital camera *
전 생각해요 전 돈을 낭비했다고 디지털 카메라를 하나 사는 것에
because I could just use my smartphone * as a camera.
왜냐면 전 그냥 스마트폰을 사용할 수도 있었기 때문이죠 카메라로.

03
I bumped into a person * when I was walking * while texting my friend *
전 어떤 사람과 부딪혔어요 제가 걷고 있을 때 제 친구에게 문자 메시지를 보내는 동안
on my smartphone.
제 스마트폰상에서.

04
My eyes get easily tired * when reading books * with small letters *
제 눈은 쉽게 피로해져요 책들을 읽을 때 작은 글자들을 가진
on my smartphone.
제 스마트폰상에서.

05
I left my phone * in a cab. * I called * but nobody answered. * I guess *
전 제 폰을 두고 왔어요 택시 안에. 전 전화를 걸었죠 그러나 아무도 받지를 않았어요. 전 생각해요
it's gone forever.
그것은 영영 사라져 버렸다고.

06
I forgot to switch my phone * to vibrate mode * and it rang * during a class. *
전 제 폰을 바꾸는 걸 잊어버렸어요 진동 모드로 그리고 그것은 울렸죠 수업 도중에.
Everyone looked at me * and I felt embarrassed.
모두가 절 쳐다봤죠 그리고 전 창피했어요.

07
I left my phone * on silent mode * and fell asleep. *
전 제 폰을 해뒀어요 무음 모드 상태로 그리고 잠들어 버렸죠.
I slept in * because I couldn't answer * my friend's call.
전 늦게까지 잤어요 왜냐면 전 응답을 못했거든요 제 친구의 전화에.

08
My dad is not good * at texting * so I always teach him * how to text people.
우리 아빠는 못하세요 콕 집어 문자 메시지를 보내는 것을 그래서 전 항상 그에게 알려 드려요 사람들에게 문자 메시지를 보내는 방법을.

09
I used my phone * while driving * and I had a close call.
전 제 폰을 사용했어요 운전하는 동안 그리고 전 아슬아슬하게 사고를 비켜갔습니다.

10
I always have to charge my battery * at a convenience store *
전 항상 제 배터리를 충전해야 합니다 편의점에서
because I use my smartphone very often * and the battery dies so quickly.
왜냐면 전 제 스마트폰을 매우 자주 사용하거든요 그래서 그 배터리가 진짜 빨리 닳아요.

훈련한 날짜 . .

소요시간 분

강의 및 훈련 MP3

제한시간 2분 (문장당 10초 내외)

Step 2 따라 말하기	Step 3 혼자 말하기
I used too much **data for the Internet** on my phone and I **changed the data plan into a more expensive one.**	휴대전화로 **인터넷 데이터**를 너무 많이 써서 **데이터 요금제를 더 비싼 걸로 바꿨어요.**
I think I wasted money buying a digital camera because I could just **use my smartphone as a camera.**	**스마트폰을 카메라로 쓸** 수 있기 때문에 디지털 카메라를 샀다니 돈을 낭비한 것 같네요.
I bumped into a person when I **was walking while texting my friend** on my smartphone.	스마트폰으로 **친구에게 문자 메시지를 보내면서 걷다**가 어떤 사람과 부딪혔어요.
My eyes get easily tired when **reading books with small letters** on my smartphone.	스마트폰에서 **작은 글씨로 책을 읽을** 때 눈이 쉽게 피로해져요.
I **left my phone in a cab.** I called but nobody answered. I guess it's gone forever.	**휴대전화를 택시에 두고 내렸어요.** 전화를 걸었지만 받지를 않았어요. 완전히 없어진 것 같아요.
I forgot to **switch my phone to vibrate mode** and it **rang during a class.** Everyone looked at me and I felt embarrassed.	**휴대전화를 진동 모드로 바꾸는** 걸 잊어버려서 **수업 도중 전화가 울렸어요.** 모두가 저를 쳐다봐서 창피했어요.
I **left my phone on silent mode** and fell asleep. I slept in because I couldn't **answer my friend's call.**	**휴대전화를 무음 모드로** 해놓고 잠들어 버렸어요. **친구 전화를 받지** 못해서 늦게까지 잤어요.
My dad is not good at texting so I always teach him **how to text people.**	아빠는 문자 메시지를 잘 못 보내셔서 제가 항상 아빠께 **사람들한테 문자 메시지 보내는 법**을 알려 드려요.
I **used my phone while driving** and I had a close call.	**운전 중에 휴대전화를 사용하다** 사고가 날 뻔했습니다.
I always have to **charge my battery** at a convenience store because I use my smartphone very often and **the battery dies so quickly.**	스마트폰을 매우 자주 사용해서 **배터리가 금방 닳기** 때문에 항상 편의점에서 **배터리 충전을 해**야 해요.

In 13-2.mp3

Step 1 끊어 듣기

01
I wanted to be a soccer player * but since I badly injured my left knee, *
전 축구선수가 되고 싶었어요 / 하지만 전 제 왼쪽 무릎에 심하게 부상을 입었기 때문에
I have had to give up * on that dream.
전 포기해야만 했습니다 / 그 꿈에 대해.

02
I wanted to be tall * when I was young * so I joined a basketball club *
전 키가 크고 싶었어요 / 제가 어렸을 때 / 그래서 농구부에 들었죠
once I heard * that it can accelerate a person's growth.
한번은 들었거든요 / 그것이 사람의 성장을 촉진시킨다는 것을.

03
I like playing team sports * such as soccer or basketball * but I get injured a lot. *
전 팀 스포츠를 하는 것을 좋아해요 / 축구나 농구처럼 / 하지만 전 부상을 많이 당하죠.
That's why * I always go to see a doctor * to get examined.
그래서 / 전 항상 의사를 보러 가요(병원에 가요) / 검사를 받으러.

04
I wanted to do exercise * with meditation * so I learned to do yoga and Pilates.
전 운동을 하고 싶었어요 / 명상과 함께 / 그래서 전 요가와 필라테스를 하는 것을 배웠습니다.

05
I have swum * for a long time * ever since I was little, * so I feel unwell *
전 수영을 해왔어요 / 오랫동안 / 어렸을 때부터 / 그래서 전 몸이 찌뿌드드해요
if I skip swimming.
제가 수영을 빼먹으면.

06
I'm a good runner * and I like running, * so I always run marathons.
전 달리기를 잘해요 / 그리고 달리는 것을 좋아하고요 / 그래서 항상 마라톤을 달려요.

07
I learned to play golf * but there's no one * who can go out to a field * with me *
전 골프 치는 것을 배웠어요 / 하지만 사람이 아무도 없어요 / 필드에 나갈 수 있는 / 저랑 같이
early in the morning. * So I go to an indoor golf range only.
아침에 일찍. / 그래서 전 실내 골프 연습장에만 가요.

08
I go hiking * every weekend * and my final goal is to hike *
전 산에 가요 / 주말마다 / 그리고 제 최종 목표는 산에 가는 거예요
to the peak of all the mountains * in Korea.
모든 산들의 정상까지 / 한국에 있는.

09
I used to be shy * when I was in high school. * I wanted to overcome that, *
전 예전에는 수줍음이 많았죠 / 고등학교에 있었을 때. / 전 그것을 극복하고 싶었어요
so I joined a basketball club. * Now I'm a sociable person.
그래서 전 농구부에 가입했어요. / 지금 저는 사교적인 사람이에요.

10
I am a big fan of baseball. * Whenever there is a big game, *
전 야구의 광팬이에요. / 큰 경기가 있을 때마다
I always go to the stadium * and watch it live there.
전 항상 경기장에 가죠 / 그리고 거기서 그것을 라이브로 관람하죠.

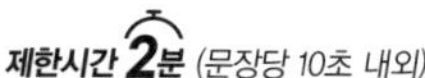

Step 2 따라 말하기	Step 3 혼자 말하기
I wanted to be a soccer player but since I badly injured my left knee, I have had to **give up on that dream.**	**축구 선수가 되고 싶었지**만 왼쪽 무릎에 심한 부상을 입어서 **그 꿈을 접어**야 했습니다.
I wanted to be tall when I was young so **I joined a basketball club** once I heard that it can accelerate a person's growth.	어렸을 때 키가 크고 싶어서 한번은 농구가 성장을 촉진시킨다는 말을 듣고 **농구부에 들었죠.**
I like **playing team sports** such as soccer or basketball but **I get injured a lot.** That's why I always go to see a doctor to get examined.	축구나 농구처럼 **팀으로 하는 운동**을 좋아하지만 **부상을 많이 당하죠.** 그래서 항상 병원에 가서 진찰을 받는 거예요.
I wanted to **do exercise with meditation** so I learned to do yoga and Pilates.	**명상을 하면서 운동을 하고** 싶어서 요가와 필라테스를 배웠습니다.
I have swum for a long time ever since I was little, so **I feel unwell if I skip swimming.**	어렸을 때부터 수영을 오래 해왔더니 **수영을 빼먹으면 몸이 찌뿌드드해요.**
I'm a good runner and I like running, so I always **run marathons.**	전 달리기도 잘하고 좋아해서 항상 **마라톤을 해요.**
I learned to play golf but there's no one who can **go out to a field** with me early in the morning. So I go to **an indoor golf range** only.	**골프를 배웠지만** 이른 아침에 저랑 같이 **필드에 나갈** 사람이 아무도 없어요. 그래서 **실내 골프 연습장**에만 가요.
I go hiking every weekend and my final goal is to **hike to the peak of all the mountains** in Korea.	전 주말마다 **산에 가는데** 저의 최종 목표는 우리나라 **모든 산의 정상에 올라가는** 거예요.
I used to be shy when I was in high school. **I wanted to overcome that, so I joined a basketball club.** Now I'm a sociable person.	고등학교 때는 참 수줍음이 많았죠. **그걸 극복하고 싶어서 농구부에 가입했어요.** 지금은 사교적인 사람이에요.
I am a big fan of baseball. Whenever there is a big game, I always **go to the stadium and watch it live there.**	전 야구 광팬이에요. 큰 경기가 있을 때마다 항상 **경기장에 가서 실제 경기를 관람하죠.**

DAY 14

3분 영어 말하기 에피소드 심화

시험 & 식사

에피소드 27 ☆ 시험 Exams

In 14-1.mp3

Step 1 끊어 듣기

01 I got confused * with the exam time and location. * I was late for the exam * and failed it.
전 혼동했어요 시험 시간과 장소를 가지고. 전 시험에 늦었죠 그리고 그것을 망쳤어요.

02 I was taking * a listening comprehension test. * The speaker had poor sound quality * so I could barely understand it.
저는 치르고 있었어요 청취력 테스트를. 그 스피커는 어설픈 음질을 갖고 있었죠 그래서 전 거의 그것을 알아들을 수가 없었습니다.

03 I was taking a test * and this kid sitting next to me * totally ruined it. * He kept sniffing * the whole time * and I couldn't really focus.
전 시험을 치르고 있었어요 그런데 제 옆에 앉은 이 아이가 완전히 그것을 망쳤어요. 그는 계속 코를 훌쩍거렸어요 그 시간 내내 그리고 전 도무지 집중할 수가 없었어요.

04 I made a mistake * while filling out the OMR answer sheet. * I was running out of time * because I had to mark them * all over again.
전 실수를 했어요 OMR 답안지를 작성하다가. 전 시간이 (바닥나서) 부족해지고 있었습니다 왜냐면 전 그것들을 마킹해야 했거든요 전부 다시.

05 I went to take a test * but forgot to bring a pen. * I asked for one * from a supervisor.
전 시험을 치러 갔어요 그러나 펜을 가져오는 것을 잊어버렸죠. 전 하나 달라고 요청했어요 감독관으로부터.

06 I was sitting * by the window * while taking a test. * It was freezing cold. * I couldn't really focus * so I changed seats.
전 앉아 있었어요 창가에 시험 치는 동안. 날씨가 무지 추웠어요. 전 도저히 집중할 수가 없었죠 그래서 자리를 바꿨습니다.

07 My chair and desk kept creaking * and a person sitting next to me * kept staring at me.
제 의자와 책상이 계속 삐걱삐걱 소리가 났어요 그리고 제 옆에 앉은 사람은 계속 저를 쳐다봤어요.

08 It took so long * to solve one question * that I was running out of time * while taking the test. * I couldn't solve the last few questions, * so I just guessed them * and handed it in.
그것은 너무 오래 걸렸어요 (그것이 뭐냐면) 한 문제를 푸는 것 그래서 전 시간이 (바닥나서) 부족해지고 있었어요 시험을 치는 동안. 전 마지막 몇 문제를 풀 수 없었죠 그래서 전 그것들을 그냥 찍었어요 그리고 그것을 제출했습니다.

09 I look very different * from the picture * on my ID card. * The instructor told me * to change the ID picture * as a joke.
전 무척 달라 보여요 그 사진으로부터 제 신분증에 있는. 감독관이 제게 말했죠 신분증 사진을 바꾸라고 농담으로.

10 I forgot * to turn off my phone * and it rang * during the exam. * I got a warning * from an instructor.
전 깜빡했습니다 제 폰을 끄는 것을 그리고 그것은 울렸어요 시험 중에. 전 경고를 받았죠 감독관으로부터.

훈련한 날짜 . .

소요시간 분

강의 및 훈련 MP3

제한시간 2분 (문장당 10초 내외)

Step 2 따라 말하기	Step 3 혼자 말하기
I got confused with the exam time and location. I was late for the exam and **failed it.**	시험 시간과 장소를 혼동해서 시험에 늦었고 **시험을 망쳤어요.**
I was taking a listening comprehension test. The speaker had poor sound quality so I could barely understand it.	**청취 시험을 보는데 스피커 음질이 안 좋아**서 거의 알아들을 수가 없었습니다.
I was taking a test and this kid sitting next to me **totally ruined it.** He kept sniffing the whole time and I couldn't really focus.	**시험을 보고 있었는데** 제 옆에 앉은 애가 **제 시험을 완전히 망쳤어요.** 그 애가 시험 시간 내내 코를 훌쩍거려서 전 도무지 집중할 수가 없었어요.
I made a mistake while **filling out the OMR answer sheet.** I was running out of time because I had to **mark them** all over again.	**OMR 답안지를 작성하다**가 실수를 했어요. 다시 다 **마킹해**야 해서 시간이 모자랐습니다.
I went to take a test but **forgot to bring a pen.** I asked for one from **a supervisor.**	시험 보러 갔는데 **펜을 가져온다는 것을 잊어버렸죠.** 그래서 **감독관**에게 하나 달라고 부탁했어요.
I was sitting by the window while taking a test. It was freezing cold. I couldn't really focus so **I changed seats.**	시험 칠 때 창가에 앉아 있었는데 무지 추운 날이었어요. 도저히 집중이 안 돼서 **자리를 바꿨습니다.**
My chair and desk kept creaking and a person sitting next to me kept staring at me.	**제가 앉은 의자랑 책상에서는 계속 삐걱삐걱 소리가 났고** 제 옆에 앉은 사람은 계속 절 쳐다봤어요.
It took so long to **solve one question** that **I was running out of time** while taking the test. I couldn't solve the last few questions, so I just **guessed them and handed it in.**	**한 문제 푸는** 데 시간이 너무 오래 걸려서 시험 치는 동안 **시간이 모자랐어요.** 마지막 몇 문제는 못 풀고 그냥 **찍어서 제출했습니다.**
I **look very different from the picture on my ID card.** The instructor told me to change the ID picture as a joke.	저는 **신분증에 있는 사진이랑 완전 달라 보여요.** 감독관이 농담으로 신분증 사진을 바꾸라고 했죠.
I forgot to turn off my phone and **it rang during the exam.** I got a warning from an instructor.	휴대전화 전원 끄는 것을 깜박해서 **시험 중간에 휴대전화가 울렸어요.** 전 감독관에게 경고를 받았죠.

에피소드 28 ☆ 식사 Eating

In 14-2.mp3

Step 1 끊어 듣기

01
When I was young, * I was left-handed. * So I would use my right hand *
제가 어렸을 때 전 왼손잡이였어요. 그래서 전 제 오른손을 쓰곤 했습니다
while having a meal with others.
다른 사람들과 밥 먹을 동안에는.

02
I hate eating alone. * So if there is no one * to eat with, *
전 혼자 밥 먹는 걸 싫어해요. 그래서 사람이 아무도 없으면 같이 먹을
I just have instant cup noodles * at a convenience store.
전 그냥 컵라면을 먹어요 편의점에서.

03
My parents told me * not to make a sound * when I eat *
우리 부모님은 제게 말했죠 소리를 내지 말라고 제가 밥 먹을 때
because it's bad manners.
왜냐면 그것은 예의가 없는 거니까.

04
I always cook myself * because I don't like * eating out.
전 항상 직접 요리해요 왜냐면 전 좋아하지 않거든요 외식하는 것을.

05
When I was young, * I couldn't use chopsticks very well. *
어렸을 때는 전 젓가락을 그다지 잘 사용하지 못했어요.
So, * I just used a fork instead.
그래서 전 그냥 대신 포크를 사용했어요.

06
I like eating * while watching TV. * So * I always turn on the TV * at dinner time.
전 밥 먹는 것을 좋아해요 TV를 보면서. 그래서 전 항상 TV를 켜요 저녁식사 시간에.

07
My family always gets together * in the evening *
우리 가족은 항상 모입니다 저녁에
and we share the events of the day * with one another * over dinner.
그리고 우리는 그날의 일들을 공유합니다 서로와 함께 저녁밥을 먹으면서.

08
My dad got food poisoning * from eating * seafood that went bad * for dinner *
우리 아빠는 식중독에 걸리셨어요 먹은 것으로부터 상한 해산물을 저녁식사를 위해
last time.
지난번에.

09
Every member in my family * is so busy * that we only have time *
우리 가족 안에 모든 멤버는 너무 바빠요 그래서 우리는 시간만을 가집니다
for Sunday dinner * together.
일요일 저녁식사를 위한 함께.

10
When I was young, * I used to eat * only what I liked * but there's nothing *
제가 어렸을 때는 전 먹곤 했어요 오로지 제가 좋아하는 것만 하지만 없습니다
I can't eat * now.
제가 못 먹는 건 지금은.

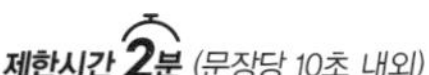

Step 2 따라 말하기	Step 3 혼자 말하기
When I was young, I was left-handed. So I would use my right hand **while having a meal with others.**	어렸을 때 왼손잡이라서 **다른 사람들과 밥 먹을 때는** 오른손을 쓰곤 했습니다.
I hate eating alone. So if there is no one to eat with, I just have instant cup noodles at a convenience store.	**혼자 밥 먹는걸 싫어해서 같이 먹을 사람이 없으면** 그냥 편의점에서 컵라면을 사 먹어요.
My parents told me **not to make a sound when I eat** because it's bad manners.	예의 없는 거니까 부모님이 **밥 먹을 때는 소리 내지 말라고** 하셨습니다.
I **always cook myself** because I don't like **eating out.**	외식을 좋아하지 않아서 전 **항상 직접 요리해서 먹어요.**
When I was young, I **couldn't use chopsticks very well.** So, I just used a fork instead.	어렸을 때는 **젓가락질을 그다지 잘 못해서** 대신 포크를 사용했어요.
I like **eating while watching TV.** So I always turn on the TV **at dinner time.**	전 TV **보면서 밥 먹는 것을** 좋아해서 **저녁 식사 시간에** 항상 TV를 켜요.
My family always gets together in the evening and we share the events of the day with one another **over dinner.**	우리 가족은 항상 저녁에 모여 **저녁밥을 먹으면서** 그날 있었던 일들을 서로 공유합니다.
My dad **got food poisoning from eating seafood** that went bad for dinner last time.	아빠가 지난번 저녁식사로 상한 **해산물을 드셔서 식중독에 걸리셨어요.**
Every member in my family is so busy that **we only have time for Sunday dinner together.**	우리 식구 모두 너무 바빠서 **일요일 저녁식사만 같이 할 시간이 생깁니다.**
When I was young, I **used to eat only what I liked** but there's nothing I can't eat now.	어렸을 때는 **편식을 했지**만 지금은 못 먹는 게 없습니다.

DAY 15

3분 영어 말하기 에피소드 심화

애완동물 & 약점

에피소드 29 ☆ 애완동물 Pets

In 15-1.mp3

Step 1 끊어 듣기

01 My dog just gave birth * to two puppies. * I couldn't give them away.
우리 집 개가 그저 낳았어요 두 마리의 강아지들까지만. 전 그들을 남에게 줄 수가 없었어요.

02 My dog ran away * from home. * I never found him.
우리 개가 멀리 달아났어요 집으로부터. 전 그를 찾지 못했어요.

03 I cannot eat dog meat * because I've been raising two dogs *
전 개고기를 먹을 수가 없네요 왜냐면 전 두 마리의 개들을 키워오고 있거든요
for more than ten years.
10년이 넘는 동안.

04 It is so expensive * to have my pet groomed. * So my dog has *
그것은 너무 비싸요 (그것이 뭐냐면) 우리 애완견을 미용시키는 것. 그래서 우리 개는 가지고 있어요
really long hair * now.
정말로 긴 털을 지금.

05 My friend asked me * to look after her dog * for a couple of days. *
제 친구가 제게 부탁했어요 자기 개를 돌봐달라고 이삼일만.
The dog was so quiet and lovely * that I wanted to raise it * for good.
그 개는 너무 조용하고 사랑스러웠어요 그래서 저는 그것을 키우고 싶었어요 영영.

06 I raised a chick * for a while. * It died * so I couldn't see it * becoming a hen.
전 병아리를 키웠어요 잠깐. 그것은 죽어버렸어요 그래서 전 그것을 못 봤어요 닭이 되는 것을.

07 I left my bird cage open * for a sec * while feeding my bird, * and it flew away. *
전 제 새장을 열어뒀어요 잠시 제 새에게 먹이를 주는 동안 그러자 그것은 날아가 버렸어요.
I had a hard time * catching it.
전 어려움을 겪었죠 그것을 잡느라.

08 I gave my dog * some of my food. * He threw up * and I took him * to the vet.
전 우리 개에게 줬어요 저의 음식을 조금. 그는 토했어요 그래서 전 그를 데려갔어요 그 수의사에게.

09 I am raising a hamster. * It is so noisy * when he's running * on the wheel *
전 햄스터를 하나 키우고 있어요. 그것은 너무 시끄러워요 그가 달릴 때 쳇바퀴 위에서
that I had to put the cage * in the living room.
그래서 전 그 우리를 놓아야만 했죠 거실에다.

10 I ran into a dog * that looks just like my old dog * and it depressed me *
전 개 한 마리를 우연히 마주쳤어요 우리 예전 개와 똑 닮은 그리고 그것이 저를 우울하게 했죠
for the whole day. * My pet had died recently.
온종일. 우리 개는 최근에 죽었습니다.

훈련한 날짜 . .

소요시간 분

강의 및 훈련 MP3

제한시간 2분 (문장당 10초 내외)

Step 2 따라 말하기	Step 3 혼자 말하기
My dog **just gave birth to two puppies.** I **couldn't give them away.**	우리 집 개가 **새끼를 두 마리밖에 낳지 않아 분양할 수가 없었어요.**
My dog **ran away from home.** I never found him.	우리 개가 **집을 나갔어요.** 못 찾았습니다.
I cannot eat dog meat because **I've been raising two dogs for more than ten years.**	**개 두 마리를 십 년 넘게 키우고 있다** 보니 개고기를 먹을 수가 없네요.
It is so expensive to **have my pet groomed.** So **my dog has really long hair** now.	**개 미용 시키는** 게 너무 비싸서 지금 **우리 집 개는 털이 아주 길어요.**
My friend asked me to **look after her dog** for a couple of days. The dog was so quiet and lovely that I wanted to **raise it for good.**	친구가 이삼일만 **자기 개를 돌봐달라고** 부탁했어요. 개가 너무 조용하고 사랑스러워서 **계속 키우고** 싶었어요.
I **raised a chick** for a while. It died so I couldn't see it **becoming a hen.**	**병아리를** 잠깐 **키웠는데** 죽어버려서 **닭이 되는 모습을** 못 봤어요.
I **left my bird cage open for a sec** while **feeding my bird,** and it **flew away.** I had a hard time catching it.	**새에게 먹이를 주는** 동안 **새장을 잠시 열어 놨는데** 새가 새장 밖으로 **날아가 버렸어요.** 그 새를 잡느라 고생했죠.
I gave my dog some of my food. He threw up and I **took him to the vet.**	우리 개한테 제가 먹는 걸 조금 줬는데 다 토해서 **동물병원에 데려갔어요.**
I am raising a hamster. It is so noisy when he's **running on the wheel** that I **had to put the cage in the living room.**	햄스터를 한 마리 키우는데 **쳇바퀴 위를 달리는** 소리가 너무 시끄러워서 **햄스터 우리를 거실에다 놓아야 했습니다.**
I ran into a dog that looks just like my old dog and it depressed me for the whole day. **My pet had died recently.**	예전 우리 개랑 똑 닮은 개를 우연히 봤는데 온종일 기분이 우울했어요. **우리 개는 최근에 죽었습니다.**

에피소드 30 ☆ 약점 Weaknesses

In 15-2.mp3

Step 1 끊어 듣기

01 I don't go to the beach * because I have * a fear of drowning.
전 바닷가에 가지 않아요 / 왜냐면 전 가지고 있거든요 / 익사하는 것의 두려움을.

02 I have serious allergies. * You have no idea * how irritating it is *
전 심한 알러지들을 갖고 있어요. / 당신은 몰라요 / 그것이 얼마나 짜증 나는지
to take medicine * all the time in spring.
(그것이 뭐냐면) 약을 먹는 것 / 봄이면 늘.

03 I take medicine * for depression * but I don't like * being dependent on it.
전 약을 먹어요 / 우울증을 위한 / 그러나 전 좋아하지 않아요 / 그것에 의존하게 되는 것을.

04 I have a fear of heights * so when I am * in a high-rise building, *
전 고소공포증이 있어요 / 그래서 제가 있을 때는 / 높이 솟은 건물 안에
my palms get sweaty.
제 손들이 땀에 젖어요.

05 My family saw me * sleepwalking * in the house * and I felt embarrassed *
우리 가족들이 저를 봤어요 / 몽유병으로 돌아다니는 것을 / 집안에서 / 그리고 전 창피한 기분이 들었어요
the next morning.
다음 날 아침.

06 I am such a neat freak * that if my house gets messy * or an item is placed *
전 완전 결벽증 환자예요 / 그래서 우리 집이 지저분해지면 / 또는 물건이 놓여 있으면
in the wrong spot, * it really bothers me.
잘못된 곳 안에 / 그것이 저를 정말 신경 쓰이고 불안하게 합니다.

07 I have weak intestines * so I tend to go * to a place where a restroom is nearby.
전 약한 장들을 가지고 있어요 / 그래서 전 가는 편이에요 / 화장실이 가까운 곳으로.

08 I wanted to study further * in the field of art, * but I had a bad feeling, *
전 더 공부하고 싶었어요 / 미술 분야에서 / 그러나 느낌이 안 좋았죠
so I gave up on art.
그래서 미술에 대해서는 포기했습니다.

09 I forget things very easily, * so I always take pictures * and record my voice *
전 아주 쉽게 잘 잊어버려요 / 그래서 항상 사진들을 찍어요 / 그리고 제 목소리를 녹음합니다
on my phone * so as not to forget things.
제 폰상에 / 잊어버리지 않으려고요.

10 I am so afraid of ghosts * that I always talk on the phone * while walking alone *
전 귀신들을 너무 무서워해요 / 그래서 전 항상 통화를 해요 / 혼자 걸을 동안
at night.
밤에.

11 I was bitten * by a dog * when I was young. * So * I still don't go * near dogs.
전 물렸어요 / 개에 의해 / 제가 어렸을 때. / 그래서 / 전 아직까지도 가지 않아요 / 개들 근처에는.

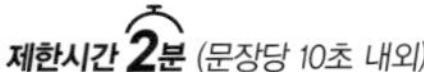

Step 2 따라 말하기	Step 3 혼자 말하기
I don't **go to the beach** because I have a fear of **drowning.**	익사할까 두려워서 **바닷가에 가지** 않아요.
I have serious allergies. You have no idea how irritating it is to take medicine all the time in spring.	전 **알러지가 아주 심해요.** 봄이면 늘 약을 먹는 것이 얼마나 짜증스런 일인지 모를 겁니다.
I **take medicine for depression** but I don't like being dependent on it.	**우울증 약을 먹지**만 약에 의존하게 되는 것이 싫습니다.
I **have a fear of heights** so when I am in a high-rise building, **my palms get sweaty.**	**고소공포증이 있어서** 고층 건물에 가면 **손에서 땀이 나요.**
My family saw me **sleepwalking in the house** and I felt embarrassed the next morning.	제가 **몽유병으로 집안을 돌아다니는 것을** 우리 가족들이 봤어요. 다음 날 아침 전 창피했어요.
I am such a neat freak that if my house gets messy or an item is placed in the wrong spot, it really bothers me.	**전 굉장히 결벽증 환자라서** 집안이 지저분하거나 물건이 제자리에 놓여 있지 않으면 아주 신경이 쓰이고 불안합니다.
I have weak intestines so I tend to go to a place where a restroom is nearby.	**장이 좋지 않아**서 화장실이 가까이 있는 곳에 가는 편이에요.
I wanted to study further in the field of art, but **I had a bad feeling,** so I gave up on art.	미술 쪽으로 더 공부하고 싶었지만 **예감이 안 좋아서** 미술 쪽을 포기했습니다.
I forget things very easily, so I always take pictures and record my voice on my phone so as not to forget things.	**건망증이 심해서** 잊어버리지 않으려고 항상 휴대전화로 사진을 찍고 제 목소리를 녹음합니다.
I am so afraid of ghosts that I always talk on the phone while walking alone at night.	**귀신을 무척 무서워해서** 밤에 혼자 걸을 때는 항상 누구와 통화를 해요.
I was bitten by a dog when I was young. So I still **don't go near dogs.**	어렸을 때 **개한테 물렸어요.** 그래서 아직까지도 **개 근처에는 가지 않아요.**

DAY 16

3분 영어 말하기 에피소드 심화

연애 & 영화

에피소드 31 ☆ 연애 Dates

In 16-1.mp3

Step 1 끊어 듣기

01 I've never had a girlfriend * in my life. * So * I don't know * what to do * on a blind date.
전 한 번도 여자친구가 있던 적이 없었어요 / 제 인생 안에서. / 그래서 / 전 모르겠어요 / 어떻게 해야 할지 / 소개팅상에서.

02 I have never seriously fallen * for someone. * So I have had * lots of casual dates.
전 한 번도 진지하게 빠져본 적이 없었어요 / 누군가에 대해. / 그래서 전 가졌어요 / 많은 가벼운 데이트들을.

03 I ended a 3-year relationship * with my girlfriend/boyfriend * and I spent * the next few months * drinking. * She/He dumped me * by email.
전 3년의 관계를 끝냈어요 / 제 여자친구/남자친구와 / 그리고 전 보냈습니다 / 그 다음 몇 달들을 / 술을 마시면서. / 그녀는/그는 저를 찼죠 / 이메일로.

04 Paying on dates every time * really puts the pressure on me * so I broke up with him/her * because of it.
매번 데이트에 대한 비용을 지불하는 것이 / 진짜 제 위에 부담을 두었어요 / 그래서 저는 그 애랑 헤어졌습니다 / 그 때문에.

05 At first, * it was good * that he/she was younger than me, * but the way we think * was way too different.
처음에는 / 그게 좋았어요 / 그 애가 저보다 어렸던 게 / 하지만 우리가 생각하는 방식이 / 너무나 달랐어요.

06 I dated * a guy/lady who was much older than me. * We broke up * because my parents didn't like him/her.
전 사귀었어요 / 저보다 훨씬 나이가 많은 남자/여자를. / 우리는 헤어졌습니다 / 왜냐면 우리 부모님이 그 사람을 좋아하지 않으셨거든요.

07 We have been friends * and I have been holding * in my feelings * for the last 7 months. * Now I just want to tell her.
우리는 친구들로 지내오고 있었습니다 / 그리고 전 숨겨두고 있었죠 / 제 감정을 / 지난 7개월 동안. / 이제는 전 그냥 그녀에게 말하고 싶어요.

08 I found out * that my boyfriend/girlfriend cheated on me. * I was shocked * and have been single since.
전 알았습니다 / 제 남자친구/여자친구가 저 몰래 바람을 피웠다는 것을. / 전 충격을 받았죠 / 그리고 이후 솔로로 지내고 있어요.

09 I was waiting for my boyfriend * to be discharged from military service, * but then I got tired * and began to date other guys * at the same time.
전 제 남자친구를 기다리고 있었어요 / 군복무에서 제대하기를 / 그러나 그때 전 지쳤죠 / 그래서 다른 남자들을 만나기 시작했어요 / 동시에.

10 My long distance relationship * did not work out * and we fought every day. * We broke up * after all.
저의 장거리 관계는 / 잘 풀리지 않았어요 / 그래서 우리는 매일 싸웠죠. / 우리는 헤어졌습니다 / 결국.

훈련한 날짜 . .

소요시간 분

강의 및 훈련 MP3

제한시간 2분 (문장당 10초 내외)

Step 2 따라 말하기	Step 3 혼자 말하기
I've never had a girlfriend in my life. So I don't know what to do **on a blind date.**	**한 번도 제 인생에 여자친구가 있던 적이 없**어서 **소개팅에서** 어떻게 해야 할지 모르겠어요.
I have never seriously fallen for someone. So I have had lots of casual dates.	**누군가에게 진지하게 빠져 들었던 적은 한 번도 없었어요.** 그래서 가벼운 데이트를 많이 했죠.
I ended a 3-year relationship with my girlfriend/boyfriend and I spent the next few months drinking. She/He **dumped me by email.**	**3년 사귄 애인과 관계를 정리했고** 그 후 몇 달을 술로 보냈습니다. 그 사람은 **이메일로 저를 찼죠.**
Paying on dates every time really puts the pressure on me so I **broke up with him/her** because of it.	**데이트 비용을 매번 내는 것**이 진짜 부담스러워서 그것 때문에 **그 애랑 헤어졌습니다.**
At first, it was good that he/she **was younger than me**, but **the way we think** was way too different.	처음에는 상대가 **연하라서** 좋았지만 **사고방식**이 너무나 달랐어요.
I dated a guy/lady who **was much older than me.** We broke up because my parents didn't like him/her.	**저보다 훨씬 연상인** 남자/여자를 사귀었는데 부모님이 싫어하셔서 헤어졌습니다.
We have been friends and I **have been holding in my feelings for the last 7 months.** Now I just want to tell her.	우리는 친구로 지내고 있는데 저는 **지난 7개월 동안 마음을 숨기고 있었습니다.** 이제는 그냥 그녀에게 말하고 싶어요.
I found out that my boyfriend/girlfriend **cheated on me.** I was shocked and **have been single since.**	애인이 **바람을 피웠다**는 것을 알고 충격을 받아서 전 **그 이후로 죽 솔로로 지내고 있어요.**
I was waiting for my boyfriend to be discharged from military service, but then I got tired and **began to date other guys** at the same time.	**남자친구가 제대하기를 기다렸지**만 그때 지쳐서 **다른 사람들을** 동시에 **만나기 시작했어요.**
My long distance relationship did not work out and we fought every day. We broke up after all.	**장거리 연애가 답이 안 나와서** 우리는 매일 싸웠는데 결국에는 헤어졌습니다.

In 16-2.mp3

Step 1 끊어 듣기

01 I turned off the movie * because there were * too many nasty scenes.
전 그 영화를 꺼버렸습니다 왜냐면 있었거든요 너무 많은 징그러운 장면들이.

02 The movie was so sad * that I cried my eyes out. * And it lasted * till the next day.
그 영화는 너무 슬펐어요 그래서 전 울어서 눈이 퉁퉁 부었죠. 그리고 그것은 지속됐어요 그 다음 날까지.

03 I can't focus on a movie * if I read subtitles. * So I watch movies * with no subtitles.
전 영화에 집중을 못해요 제가 자막들을 읽는다면. 그래서 저는 영화들을 봅니다 자막들이 없는.

04 I picked a movie * which won many awards, * and it was better * than I thought * it would be.
전 영화를 하나 골랐어요 그것은 많은 상들을 탄 거였죠 그리고 그것은 더 괜찮았어요 제가 생각했던 것보다 그럴 거라고.

05 I really liked the soundtrack * for the movie, * so I downloaded it * onto my phone.
전 그 사운드트랙(영화 OST)을 정말 좋아했어요 그 영화에 대한 그래서 그것을 다운 받았어요 제 폰상에다가.

06 I download * movies I like * and watch them * before going to bed.
전 다운 받아요 제가 좋아하는 영화들을 그리고 그것들을 봐요 자기 전에.

07 The movie was so scary * that I slept in my sister's room.
그 영화가 너무 무서웠어요 그래서 전 제 여동생 방에서 잤어요.

08 I downloaded a movie * but there were no subtitles. * I just watched it * anyway * but it was bad.
전 영화를 하나 다운 받았어요 그러나 자막들이 없었어요. 전 그냥 그것을 봤어요 어쨌든 하지만 그것은 재미가 없었죠.

09 I picked a movie * with great reviews * but it was very disappointing. * I don't trust reviews * anymore.
전 영화를 하나 골랐어요 좋은 평들을 가진 그러나 그것은 무척 실망스러웠어요. 전 영화평들을 믿지 않아요 더 이상.

10 There were too many cruel scenes * in that movie, * and I keep seeing them * in my dreams.
너무 많은 잔인한 장면들이 있었어요 그 영화 속에 그리고 전 그것들을 계속 봐요 제 꿈들 속에서.

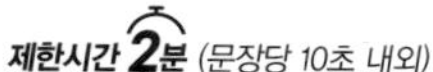

Step 2 따라 말하기	Step 3 혼자 말하기
I turned off the movie because **there were too many nasty scenes.**	**징그러운 장면이 너무 많이 나와서** 영화를 보다가 꺼버렸습니다.
The movie was so sad that I **cried my eyes out.** And it lasted till the next day.	영화가 너무 슬퍼서 **울다 눈이 퉁퉁 부었죠.** 그게 다음 날까지 계속됐어요.
I can't focus on a movie **if I read subtitles.** So I watch **movies with no subtitles.**	**자막을 보면** 영화에 집중을 못해서 **자막이 없는 영화를** 봅니다.
I picked **a movie which won many awards,** and it was better than I thought it would be.	**상을 많이 탔다는 영화를** 골랐는데 생각보다 괜찮았어요.
I **really liked the soundtrack for the movie,** so I downloaded it onto my phone.	**영화 OST가 너무 맘에 들어서** 제 휴대전화에 다운을 받았어요.
I download movies I like and watch them before going to bed.	**전 마음에 드는 영화를 다운 받아서** 자기 전에 봐요.
The movie **was so scary** that I slept in my sister's room.	영화가 **너무 무서워서** 전 여동생 방에 가서 잤어요.
I downloaded a movie but **there were no subtitles.** I just watched it anyway but it was bad.	영화를 다운 받았는데 **자막이 없었어요.** 어쨌든 그냥 봤지만 재미가 없었죠.
I picked **a movie with great reviews** but it was very disappointing. I don't trust reviews anymore.	**영화평이 좋은 영화를** 골랐는데 무척 실망스러웠어요. 더 이상 영화평을 믿지 않아요.
There were too many cruel scenes in that movie, and I keep seeing them in my dreams.	**영화에 잔인한 장면이 너무 많이 나왔는데** 꿈에서도 계속 봐요.

DAY 17

3분 영어 말하기 에피소드 심화

영화관 & 온라인 게임

에피소드 33 ☆ 영화관 Movie Theaters

In 17-1.mp3

Step 1 끊어 듣기

01 I disturbed some people * in the theater * because I got in * late.
전 몇몇 사람들을 방해했어요 그 극장 안에서 왜냐면 전 들어갔거든요 늦게.

02 I was seated * in the very front row. * My neck hurt * the whole time *
전 앉았어요 맨 앞좌석에. 제 목이 아팠어요 그 시간 내내
while watching the movie.
그 영화를 보는 동안.

03 The man in front of me * had a huge head *
제 앞에 있는 남자가 엄청 큰 머리를 갖고 있었죠
and I couldn't see the screen very well.
그래서 전 그 화면을 그다지 잘 볼 수가 없었습니다.

04 I went to see a midnight movie, * and I got scared * on the way back home.
전 심야 영화(저예산 B급 영화)를 보러 갔죠 그리고 전 무서웠어요 집으로 돌아오는 길 위에서.

05 I had to go to the restroom * during the movie * because I had a stomachache.
전 화장실에 가야 했습니다 영화 보는 중에 왜냐면 배가 아팠거든요.

06 I dropped my popcorn and drink * while watching the movie.
전 제 팝콘과 음료수를 떨어뜨렸어요 영화를 보는 중에.

07 I forgot * to bring my glasses. * The entire screen looked blurry * to me.
전 잊어버렸죠 제 안경을 가져간다는 것을. 전체 화면이 흐릿하게 보였어요 제게.

08 I turned on the flashlight * on my cell phone * to find my seat * in the theater *
전 플래쉬를 켰어요 제 휴대전화상에 있는 제 좌석을 찾으려고 그 극장 안에서
because it was too dark * inside.
왜냐면 그것은 너무 어두웠거든요 안이.

09 A kid was crying * during the movie * and her mother took her * out of the theater.
한 아이가 울고 있었어요 그 영화 중에 그리고 그녀의 엄마가 그녀를 데려갔습니다 극장 밖으로.

10 It was exciting * while watching a movie * with the 3-D glasses on. *
그것은 신나는 일이었죠 영화를 보는 동안 3D 안경을 쓴 채로.
I felt * like I stepped inside the movie.
전 느꼈어요 그 영화 안으로 걸어 들어가는 것 같이.

11 The movie wasn't able to be played * because there was a problem *
그 영화는 상영되어질 수가 없었습니다 왜냐면 문제가 하나 있었거든요
with the facility. * So I got a refund * and a discount coupon * for a future movie.
그 설비에. 그래서 저는 환불을 받았어요 그리고 할인권을 하나 추후의 영화 한 편에 대한.

훈련한 날짜 . .

소요시간 분

강의 및 훈련 MP3

제한시간 2분 (문장당 10초 내외)

Step 2 따라 말하기	Step 3 혼자 말하기
I disturbed some people in the theater because **I got in late.**	영화관에 **늦게 들어가**서 거기 있던 사람들을 제가 방해했어요.
I was seated in the very front row. My neck hurt the whole time while watching the movie.	**제일 앞좌석에 앉아서** 영화 보는 내내 목이 아팠어요.
The man in front of me **had a huge head** and I couldn't see the screen very well.	제 앞에 앉은 남자 **머리가 너무 커**서 화면을 그다지 잘 볼 수가 없었습니다.
I went to see a midnight movie, and I got scared on the way back home.	**심야 영화(저예산 B급 영화)를 보러 갔다가** 집으로 돌아가는데 무서웠어요.
I had to **go to the restroom during the movie** because I had a stomachache.	배가 아파서 **영화 보다 중간에 화장실에 가**야 했습니다.
I dropped my popcorn and drink while watching the movie.	영화를 보다가 **팝콘이랑 음료수를 바닥에 떨어뜨렸어요.**
I forgot to bring my glasses. **The entire screen looked blurry to me.**	안경을 갖고 간다는 걸 잊어버렸죠. **전체 화면이 흐릿하게 보였어요.**
I turned on the flashlight on my cell phone to **find my seat in the theater** because **it was too dark inside.**	**영화관 안이 너무 어두워서** 전 휴대전화 플래쉬를 켜고 **제 자리를 찾았습니다.**
A kid was crying during the movie and her mother **took her out of the theater.**	영화를 보는데 한 아이가 울자 아이 엄마가 **극장 밖으로 아이를 데리고 나갔습니다.**
It was exciting while **watching a movie with the 3-D glasses on.** I felt like I stepped inside the movie.	**3D 영화용 안경을 쓰고 영화를 보는데** 완전 신났죠. 마치 영화 안으로 걸어 들어가는 것 같았어요.
The movie wasn't able to be played because there was a problem with the facility. So I got a refund and a discount coupon for a future movie.	영화관 설비에 문제가 생겨서 **영화가 상영될 수가 없었습니다.** 그래서 환불받고 영화 할인권을 받았어요.

에피소드 34 ☆ 온라인 게임 Online Games

In 17-2.mp3

Step 1 끊어 듣기

01 **I set a timer * to limit playing games * because I am so addicted * to online games.**
전 타이머를 맞춥니다 / 게임하는 것을 제한하기 위해 / 왜냐면 전 너무 중독되어 있거든요 / 온라인 게임들에.

02 **My Internet at home * is so slow * that I play online games * at an Internet café.**
집에 있는 우리 인터넷이 / 너무 느려요 / 그래서 전 온라인 게임들을 합니다 / 인터넷 카페(PC방)에서.

03 **I bought my girlfriend * a present * by selling my online game items.**
전 제 여자친구에게 사줬어요 / 선물 하나를 / 제 온라인 게임 아이템들을 파는 것으로써.

04 **I missed my class * playing online games.**
전 제 수업을 놓쳤어요 / 온라인 게임들을 하다가.

05 **I was so * into playing online games * that I didn't even sleep.**
전 너무 있었어요 / 온라인 게임들을 하는 것 속에 빠진 상태로 / 그래서 심지어 잠도 안 잤어요.

06 **I wanted to become a pro-gamer * because there is a pro-gamer * I admire.**
전 프로게이머가 되고 싶었죠 / 왜냐면 프로게이머가 하나 있거든요 / 제가 진짜 동경하는.

07 **I have paid * with a credit card * to play online games * since they started to charge me.**
전 결제해 왔어요 / 하나의 신용카드로 / 온라인 게임들을 하기 위해서 / 그들이 제게 요금을 부과하기 시작하고부터는.

08 **I bought a new keyboard * to play online games.**
전 새 키보드를 하나 샀습니다 / 온라인 게임들을 하기 위해서.

09 **I couldn't make it * to my family dinner * because I was going crazy * playing this online game.**
전 가지 못했어요 / 우리 가족 저녁식사에 / 왜냐면 전 미치고 있었거든요 / 이 온라인 게임을 하는 데.

10 **I got addicted * to online games * during the exam period * and I got an F * on the test.**
전 중독됐어요 / 온라인 게임들에 / 시험 기간 동안 / 그래서 전 F를 받았어요 / 그 시험에서.

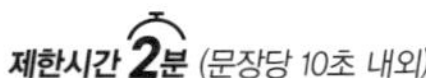

Step 2 따라 말하기	Step 3 혼자 말하기
I set a timer to **limit playing games** because **I am so addicted to online games.**	온라인 게임에 너무 중독이 되어서 전 타이머를 맞추고 게임하는 시간을 제한합니다.
My Internet at home is so slow that I play online games **at an Internet café.**	우리 집 인터넷이 너무 느려서 PC방에서 온라인 게임을 해요.
I bought my girlfriend a present by **selling my online game items.**	온라인 게임 아이템을 팔아서 여자친구에게 선물을 사줬어요.
I missed my class playing online games.	온라인 게임을 하다가 수업을 놓쳤어요.
I was so into playing online games that I didn't even sleep.	온라인 게임 하는 것에 너무 빠져 들어서 심지어 잠도 안 잤어요.
I wanted to become a pro-gamer because there is a pro-gamer I admire.	제가 진짜 좋아하는 프로게이머가 있어서 프로게이머가 되고 싶었죠.
I have paid with a credit card to play online games since **they started to charge me.**	온라인 게임이 유료로 바뀌고부터는 신용카드로 결제하고 온라인 게임을 하고 있어요.
I bought a new keyboard to play online games.	온라인 게임을 하려고 새 키보드를 샀습니다.
I couldn't make it to my family dinner because **I was going crazy playing this online game.**	온라인 게임에 완전 열중해 있느라 가족 저녁식사 자리에도 가지 못했어요.
I got addicted to online games during the exam period and **I got an F on the test.**	시험 기간에 온라인 게임에 중독돼서 시험에서 F를 받았어요.

DAY 18

3분 영어 말하기 에피소드 심화

온라인 학습 & 온라인 쇼핑

에피소드 35 ☆ 온라인 학습 Online Learning

In 18-1.mp3

Step 1 끊어 듣기

01 I wanted to study English * but I was too lazy * to go to an academy *
전 영어를 공부하고 싶었어요 그러나 전 너무 게을렀죠 학원에 다니기에는
to learn, * so I signed up for online courses.
배우기 위해 그래서 전 온라인 강좌를 신청했습니다.

02 I studied hard at first, * but soon I got lazy * and ended up wasting money *
전 처음에는 열심히 공부했어요 하지만 곧 전 게을러졌죠 그리고 결국 돈을 낭비하고 말았습니다
on some online courses.
몇몇 온라인 강좌들에.

03 I chat * through a webcam * with a native speaker * every morning *
전 채팅을 해요 웹캠(인터넷 화상)을 통해서 원어민 하나와 매일 아침마다
and I always get really nervous.
그런데 전 항상 정말 긴장돼요.

04 I can study * anytime of the day * and I can plan anything * on my own. *
전 공부할 수 있어요 하루 중 아무 때나 그리고 전 아무거나 계획을 짤 수 있어요 제가 알아서.
However, * it only made me lazier.
하지만 그것이 저를 더 게으르게 만들었을 뿐이죠.

05 Online classes don't suit me * because I like hearing *
온라인 강의들은 저한테 안 맞아요 왜냐면 전 듣는 걸 좋아하거든요
the opinions of other students * and I like discussing the topics *
다른 학생들의 의견들을 그리고 전 주제들을 토론하는 것을 좋아해요
with other people * instead of studying on my own.
다른 사람들과 저 혼자서 공부하는 것 말고.

06 The online teacher is * helpful and encouraging. *
그 인터넷 강사는 있습니다 도움이 되고 격려를 해주는 상태에.
She uploads a lot of useful files * for us * but they are not free.
그녀는 많은 유용한 파일들을 올려주죠 우리를 위해서 그러나 그것들이 공짜는 아니에요.

07 My company subsidizes * online English lessons, *
우리 회사는 지원해 줍니다 온라인 영어 강좌들을
but only if I complete the course * successfully.
그러나 제가 그 과정을 완료했을 때에만입니다 성공적으로.

08 I watched * a free sample online course * of this famous instructor *
전 봤어요 무료 샘플 온라인 강의를 하나 이 유명한 강사의
and I really liked it. * So I signed up for the class.
그리고 전 정말로 그것을 좋아했죠. 그래서 전 그 수업을 신청했어요.

09 I took this popular online class * but the instructor was not * professional at all. *
전 이 인기 있는 온라인 강좌를 들었어요 그러나 그 강사는 있지 않았어요 전혀 전문가다운 상태에.
I was very disappointed.
전 매우 실망했죠.

10 I really liked this online class * so I went to sign up * for its offline class.
전 이 온라인 강의가 정말 좋았어요 그래서 전 등록하러 갔습니다 그것의 오프라인 강의에 대해.

훈련한 날짜 . .

소요시간 분

강의 및 훈련 MP3

제한시간 2분 (문장당 10초 내외)

Step 2 따라 말하기	Step 3 혼자 말하기
I wanted to study English but I was too lazy to go to an academy to learn, so **I signed up for online courses.**	영어 공부를 하고 싶었지만 학원에 배우러 다니기에는 제가 너무 게을렀죠. 그래서 **온라인 강좌를 신청했습니다.**
I studied hard at first, but soon I got lazy and **ended up wasting money on some online courses.**	처음에는 열심히 공부했지만 곧 게을러져서 **온라인 강좌에 돈을 날리고 말았습니다.**
I chat through a webcam with a native speaker every morning and I always get really nervous.	매일 아침 **인터넷 화상 채팅으로 원어민과 이야기를 하는데** 항상 너무 긴장돼요.
I can study anytime of the day and **I can plan anything on my own.** However, it only made me lazier.	**하루 중 아무 때나 공부할 수 있고 제가 알아서 스케줄을 짤 수 있죠.** 하지만 그 때문에 전 더 게을러졌을 뿐이죠.
Online classes don't suit me because I like hearing the opinions of other students and I like discussing the topics with other people instead of studying on my own.	저 혼자 공부하는 게 아니라 수업 중에 다른 학생들의 의견을 듣고 다른 사람들과 어떤 주제로 토론하는 것을 좋아하기 때문에 **온라인 강의는 저한테 맞지 않아요.**
The online teacher is helpful and encouraging. She **uploads a lot of useful files for us** but they are not free.	**그 인터넷 강사는** 공부에 도움이 되고 잘하라고 격려도 해 줍니다. **우리에게 유용한 자료들을 인터넷으로 많이 올려주는데** 무료는 아니에요.
My company **subsidizes online English lessons**, but **only if I complete the course** successfully.	회사에서 **온라인 영어 강좌 비용을 보조해** 주는데 성공적으로 **과정을 끝낼 때에만입니다.**
I watched a free sample online course of this famous instructor and I really liked it. So I signed up for the class.	**유명 강사의 무료 온라인 강의 샘플을 봤는데** 참 마음에 들었어요. 그래서 그 수업을 신청했어요.
I took this popular online class but the instructor was not professional at all. I was very disappointed.	**인기 온라인 강좌를 들었는데** 강사가 전혀 전문가다운 맛이 없었어요. 정말 실망했죠.
I really liked this online class so I **went to sign up for its offline class.**	온라인 강의가 정말 좋아서 **실제 학원 강의에 등록을 했습니다.**

에피소드 36 ☆ 온라인 쇼핑 Online Shopping

In 18-2.mp3

Step 1 끊어 듣기

01 I ordered clothes online * but a different colored item was delivered * so I exchanged it.
전 인터넷으로 옷을 주문했어요 / 하지만 다른 색상의 물건이 배달되었죠 / 그래서 전 그것을 교환했어요.

02 The clothes on the model * looked so nice * that I ordered them, * but they were too small * for me * to wear.
그 모델이 걸친 옷들이 / 참 예뻐 보였어요 / 그래서 전 그것들을 주문했죠 / 그러나 그것들은 너무 작았습니다 / 저한테는 / 입기에는.

03 I listed the wrong shipping address, * which meant * I had to go there myself * to get the item.
전 잘못된 배송 주소를 기재했어요 / 이것은 의미했죠 / 제가 직접 거기에 가야 한다는 것을 / 그 물품을 받기 위해.

04 I ordered an item * but it hasn't arrived yet * and the website has closed down.
전 물건을 하나 주문했어요 / 그러나 그것은 아직 도착하지 않았습니다 / 그리고 그 웹사이트는 폐쇄됐고요.

05 The delivery took forever * so I complained * over the phone.
그 배송이 너무 오래 걸렸어요 / 그래서 전 항의했습니다 / 전화 너머로.

06 No one was home, * so the delivery guy put the package * in front of my house.
아무도 집에 없었어요 / 그래서 그 택배기사는 그 배송물을 두었어요 / 우리 집 앞에.

07 My online shopping has not been very positive * over the years, * so now I only shop * at select websites.
제 온라인 쇼핑은 별로 긍정적이지 않았어요 / 수년에 걸쳐 / 그래서 지금은 전 쇼핑할 뿐입니다 / 선별한 사이트들에서.

08 My friend runs * an online shopping site, * and I often help her.
제 친구는 운영합니다 / 온라인 쇼핑 사이트를 하나 / 그리고 전 자주 그녀를 도와줍니다.

09 I shop * only at this one site * because the model fits * into all the clothing she wears.
전 쇼핑합니다 / 이 한 사이트에서만 / 왜냐면 그 모델이 딱 맞거든요 / 그녀가 입는 모든 옷 속에.

10 I always compare prices * from different sites * and think very carefully * about whether I should buy something or not.
전 항상 가격들을 비교해봐요 / 다른 사이트들로부터 / 그리고 매우 신중하게 생각하죠 / 제가 뭔가를 사야 하는지 말아야 하는지에 대해서.

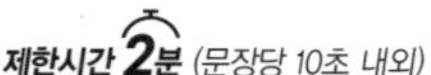

Step 2 따라 말하기	Step 3 혼자 말하기
I **ordered clothes online** but a different colored item was delivered so I exchanged it.	**인터넷으로 옷을 주문했지**만 색상이 다른 옷이 배달돼서 교환했어요.
The clothes on the model looked so nice that I ordered them, but **they were too small for me to wear.**	**모델이 입은 옷**이 참 예뻐 보여서 주문했지만 **제가 입기에는 너무 작았습니다.**
I **listed the wrong shipping address**, which meant I had to go there myself to get the item.	**배송 주소를 잘못 적어서** 제가 직접 거기에 가서 물품을 받아와야 했어요.
I ordered an item but **it hasn't arrived yet and the website has closed down.**	물건을 주문했지만 **아직까지 도착도 안 했고 웹사이트도 폐쇄됐어요.**
The delivery took forever so I **complained over the phone.**	배송이 너무 오래 걸려서 **전화로 항의했습니다.**
No one was home, so **the delivery guy put the package in front of my house.**	집에 사람이 없어서 **택배기사가 물품을 집 앞에 놓고 갔어요.**
My online shopping has not been very positive over the years, so now **I only shop at select websites.**	온라인 쇼핑이 몇 년째 그다지 결과가 좋지 않아서 지금은 **선별한 사이트에서만 쇼핑해요.**
My friend **runs an online shopping site**, and I often help her.	친구가 **온라인 쇼핑몰을 운영하는데**, 전 자주 도와줍니다.
I shop only at this one site because **the model fits into all the clothing she wears.**	**모델이 입는 옷마다 잘 소화시켜**서 전 이 한 사이트에서만 쇼핑을 합니다.
I always **compare prices from different sites** and think very carefully about whether I should buy something or not.	전 항상 **다른 사이트에 나온 가격을 비교하**고서 정말 사야 하는 것인지를 매우 신중하게 생각해봐요.

DAY 19

3분 영어 말하기 에피소드 심화

이메일 & 온라인 커뮤니티

에피소드 37 ☆ 이메일 Email

In 19-1.mp3

Step 1 끊어 듣기

01 My friend didn't get * any of my emails * because I typed in * the wrong email address.
제 친구는 받지 못했어요 / 제 이메일들 중 어떤 것도 / 왜냐면 전 타이핑해 넣었거든요 / 잘못된 이메일 주소를.

02 I accidentally opened a spam mail * and pop-up screens kept appearing.
전 무심코 스팸 메일 하나를 열었어요 / 그러자 팝업창들이 계속 떴어요.

03 I thought * the email I got from my friend * was from a person I don't know * so I deleted it.
전 생각했어요 / 제 친구한테서 받은 이메일이 / 제가 모르는 사람한테서 온 거라고 / 그래서 그것을 지워버렸어요.

04 I removed my email account * from my phone * because I was receiving * too many spam mails.
전 제 이메일 계정을 지워버렸어요 / 제 폰으로부터 / 왜냐면 전 받고 있었거든요 / 너무 많은 스팸 메일들을.

05 I blocked spam mail * from adult websites.
전 스팸 메일을 차단했습니다 / 성인 사이트들로부터 오는.

06 I sent an email * without attaching * an important file. * So I had to resend it.
전 이메일을 하나 보냈어요 / 첨부하지 않고 / 중요한 파일을 하나. / 그래서 전 그것을 다시 보내야 했죠.

07 I forgot my email password. * So I had to reset it * online.
전 제 이메일 패스워드를 잊어버렸어요. / 그래서 전 그것을 재설정해야 했죠 / 인터넷에서.

08 I haven't visited a post office * since I started to use email.
전 우체국에 방문하지 않아왔어요 / 제가 이메일을 이용하기 시작하면서부터.

09 I get all my bills online * because I can see them all * at once.
전 모든 저의 청구서들을 이메일로 받아요 / 왜냐면 전 그것들을 모두 볼 수 있기 때문입니다 / 한 번에.

10 I use email * to contact my clients * in foreign countries.
전 이메일을 사용합니다 / 제 고객들과 연락하기 위해 / 외국들에 있는.

훈련한 날짜 . .

소요시간 분

강의 및 훈련 MP3

제한시간 2분 (문장당 10초 내외)

Step 2 따라 말하기	Step 3 혼자 말하기
My friend didn't get any of my emails because **I typed in the wrong email address.**	제가 **이메일 주소를 잘못 입력해**서 친구가 제 메일을 하나도 못 받았어요.
I accidentally **opened a spam mail and pop-up screens kept appearing.**	무심코 **스팸 메일을 열었는데 팝업 창이 계속 떴어요.**
I thought **the email I got from my friend** was from a person I don't know so **I deleted it.**	**친구한테서 받은 메일**을 모르는 사람한테 받은 걸로 생각해서 **지워버렸어요.**
I removed my email account from my phone because I was receiving too many spam mails.	스팸 메일을 너무 많이 받아서 **휴대전화에 연동된 이메일 계정을 지워버렸어요.**
I **blocked spam mail** from adult websites.	성인 사이트에서 오는 **스팸 메일을 차단했습니다.**
I sent an email **without attaching** an important file. So I had to **resend it.**	중요한 파일을 **첨부하지 않고** 이메일을 보내서 **다시 보내**야 했죠.
I **forgot my email password.** So I had to reset it online.	**이메일 패스워드를 잊어버려서** 인터넷에서 재설정해야 했어요.
I haven't visited a post office **since I started to use email.**	**이메일을 이용하고부터는** 우체국에 가지 않았어요.
I get all my bills online because I can see them all at once.	**각종 청구서를 이메일로 받는데** 한 번에 다 볼 수 있기 때문입니다.
I use email to **contact my clients in foreign countries.**	**외국에 있는 고객들과 연락하**기 위해 이메일을 사용합니다.

에피소드 38 ☆ 온라인 커뮤니티 Online Communities

In 19-2.mp3

Step 1 끊어 듣기

01
I met up * with the online book club members * for the first time, *
전 만났어요 그 온라인 독서모임 회원들과 처음으로
and I was happy * because many of us had * a lot in common.
그리고 전 좋았어요 왜냐면 우리들 중 많은 이들이 있었거든요 공통점 안에 많이.

02
I tend not to get together * with people whom I met online * in person *
전 만나려고 하지 않는 편입니다 제가 온라인에서 만난 사람들과 직접
because I have never met * anyone I met online * in real life.
왜냐면 전 만나 본 적이 없거든요 제가 온라인에서 만난 사람 아무도 실제 생활 속에서.

03
I lost weight * because I was afraid * he wouldn't like * the way I looked *
전 살을 뺐어요 왜냐면 전 두려웠거든요 그가 좋아하지 않을까 봐요 제가 생긴 모습을
even though he had seen my pictures.
비록 그가 제 사진들을 보기는 했지만.

04
My online club members want * to meet offline * but I have no desire *
제 온라인 동호회 멤버들은 원합니다 오프라인에서 만나기를 하지만 전 욕구가 없어요
to meet anyone * off the Internet * because I'm lazy.
누군가를 만날 인터넷을 벗어나 왜냐면 전 게으르거든요.

05
My online boyfriend hasn't been online * in a while * and whenever he is, *
제 온라인 남자친구가 온라인에 있지 않아왔어요 한동안 그리고 그가 있을 때마다
we just don't really talk * about anything nice * like we used to. *
우리는 그다지 이야기하지 않아요 어떤 좋은 것에 대해서도 우리가 예전에 그랬던 것처럼.
I want to break up with him.
전 그와 헤어지고 싶어요.

06
I am curious * about meeting my online friend * offline * because I think *
전 궁금해요 제 온라인 친구들을 만나는 것에 대해 오프라인에서 왜냐면 전 생각하거든요
I know him pretty well.
제가 그를 정말 잘 안다고.

07
There are a lot of fakers * on the online world * and I don't consider *
많은 가짜들이 있어요 온라인 세계상에는 그리고 전 생각하지 않아요
any of my online friends * my real friends * unless I have met them * in person.
제 온라인 친구들 중 누구도 저의 진짜 친구들이라고 제가 그들을 만나 보지 않았다면 직접.

08
For me, * what happened online * stays online * and that's the way *
제게는 온라인상에서 벌어진 일은 온라인에서 머뭅니다 그리고 그것은 그런 식인 거죠
it should be.
그것이 원래 있어야 되는.

09
I argued * with this online club member * over a political issue *
전 말싸움이 붙었어요 이 온라인 동호회 회원과 정치 문제 하나로
but we made peace.
그러나 우리는 화해했습니다.

10
People left many comments * on one of my posts, * and it became popular. *
사람들이 많은 댓글들을 남겼어요 제 게시물들 중 하나에 그리고 그것은 인기가 있게 됐죠.
I feel * like I am a different person.
전 느껴져요 제가 다른 사람이 된 것처럼.

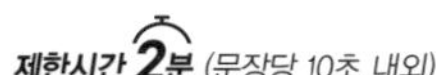

Step 2 따라 말하기	Step 3 혼자 말하기
I **met up with the online book club members** for the first time, and I was happy because many of us had a lot in common.	**온라인 독서모임 회원들을** 처음 만났는데 우리들한테 공통점이 많아서 좋았어요.
I tend not to **get together with people whom I met online in person** because I have never met anyone I met online in real life.	온라인에서 만난 사람을 실제로 만나 본 적이 없어서 그렇게 만난(**온라인에서 만난**) **사람들을 직접 만나려고**는 하지 않게 됩니다.
I lost weight because I was afraid he wouldn't like **the way I looked** even though he had seen my pictures.	그 사람이 제 사진을 보기는 했지만 **실제 제 모습**이 마음에 안 들까 봐 전 살을 뺐어요.
My online club members want to **meet offline** but I have no desire to meet anyone **off the Internet** because I'm lazy.	온라인 동호회 사람들이 **오프라인에서 만나고** 싶어 하지만 전 게을러서 **인터넷 밖에서** 누군가를 만나고 싶은 마음이 없습니다.
My online boyfriend **hasn't been online** in a while and whenever he is, we just don't really talk about anything nice like we used to. I want to break up with him.	온라인 남자친구가 한동안 **접속도 안 하고** 접속할 때마다 예전처럼 좋은 얘기들을 나누지도 않아요. 그와 헤어지고 싶네요.
I am curious about **meeting my online friend offline** because I think I know him pretty well.	충분히 잘 안다고 생각하기 때문에 **실제 오프라인에서 온라인 친구를 만나는** 것이 어떤지 궁금합니다.
There are a lot of fakers on the online world and I **don't consider any of my online friends my real friends** unless I have met them in person.	온라인 세계에서는 가짜들이 많아서 전 실제로 만나 보지 않았으면 **온라인 친구 그 누구도 진짜 친구라고 생각하지 않아요.**
For me, **what happened online stays online** and that's the way it should be.	제게 **온라인상에서 벌어진 일은 온라인상에서만 존재하는 일입니다.** 그리고 원래가 그런 거죠.
I **argued** with this online club member **over a political issue** but we **made peace**.	온라인 동호회 회원과 **정치 문제로 말싸움이 붙었지만 화해했습니다.**
People left many comments on one of my posts, and it became popular. I feel like I am a different person.	**제 게시물 하나에 사람들이 댓글을 많이 달아주고** 반응이 좋았어요. 제가 다른 사람이 된 것 같은 기분이 들어요.

3분 영어 말하기 에피소드 심화

하드웨어/소프트웨어 & 옷가게

에피소드 39 ☆ 하드웨어/소프트웨어 Hardware/Software

In 20-1.mp3

Step 1 끊어 듣기

01 I bought a laptop * online * at a cheaper price, * but I was supposed *
전 노트북을 샀어요 온라인으로 싼 값에 그러나 전 하기로 되어 있었어요
to purchase Windows * and install it myself. * I ended up deciding *
윈도우를 사는 것을 그리고 그것을 제가 직접 까는 것을. 전 결국 결정해 버렸죠
on getting a refund.
환불을 받는 것에 대해.

02 For an unknown reason, * my laptop keyboard stopped working * completely *
알 수 없는 이유로 제 노트북 키보드가 일하는 것을 멈췄습니다 완전히
out of the blue. * I had to use * my onscreen keyboard * instead.
난데없이. 전 써야 했죠 제 화면상 키보드를 대신.

03 I didn't know * how to format a computer * so I called up *
전 몰랐어요 컴퓨터를 포맷하는 방법을 그래서 전 전화했죠
the customer service center * and a technician came * to do it * for me.
고객 서비스 센터에 그리고 기사 한 명이 왔습니다 그것을 하기 위해 저를 위해.

04 I spilled coffee * on my computer * and it stopped all of my programs *
전 커피를 쏟았어요 제 컴퓨터 위에 그리고 그것은 제 프로그램들 모두를 막았어요
from opening. * I had to take my computer * to a customer service center *
열리는 것으로부터. 전 제 컴퓨터를 가져가야 했어요 고객 서비스 센터로
and have it fixed.
그리고 그것을 수리되게 맡겨야 했죠.

05 The touchpad on my laptop * gets in the way * while I type, *
제 노트북의 터치패드가 방해가 돼요 제가 타이핑하는 동안
so I use a wireless mouse * now.
그래서 전 무선 마우스를 사용합니다 지금은.

06 I hate * when the cables of the keyboard and the mouse * get tangled, *
전 싫어해요 언제냐면 키보드랑 마우스의 케이블 선들이 뒤얽힐 때를
so I taped all the wires * together.
그래서 전 모든 선들을 테이핑했습니다 함께 묶어.

07 My computer got a virus * and it wouldn't function properly. * I had to call *
제 컴퓨터가 바이러스에 걸렸어요 그래서 그것은 제대로 작동하지 않게 됐죠. 전 전화해야 했어요
the customer service center * and they were able * to fix my computer remotely *
그 고객 서비스 센터에 그리고 그들은 할 수 있었습니다 제 컴퓨터를 원격으로 수리하는 것을
from the service center.
그 서비스 센터로부터.

08 When I open a work-related document * at home, * the words are in code, *
제가 업무 관련 문서를 열면 집에서 그 단어들은 암호 속에 있습니다
so I can't work on it.
그래서 전 그것에 관해 일을 할 수가 없습니다.

09 There are stricter laws * for computers now, * so if you don't buy a brand-new one, *
더 엄격한 법들이 있어요 지금은 컴퓨터에 관해 그래서 당신이 신제품을 사지 않으면
you don't get * additional software like Word * installed.
당신은 시킬 수가 없습니다 워드 같은 추가 소프트웨어를 설치하게.

훈련한 날짜 . .

소요시간 분

강의 및 훈련 MP3

제한시간 2분 (문장당 10초 내외)

Step 2 따라 말하기	Step 3 혼자 말하기
I bought a laptop online at a cheaper price, but I was supposed to **purchase Windows and install it** myself. I ended up deciding on getting a refund.	인터넷으로 노트북을 싸게 샀는데 **윈도우를 제가 사고 설치해**야 하는 거였어요. 결국 환불을 받는 걸로 결정을 보았죠.
For an unknown reason, **my laptop keyboard stopped working completely out of the blue.** I had to use my **onscreen keyboard instead.**	알 수 없는 이유로 **노트북 키보드가 난데없이 완전 먹통이 됐습니다. 대신에 화면상 키보드를** 써야 했죠.
I didn't know **how to format a computer** so I called up the customer service center and **a technician came to do it for me.**	**컴퓨터 포맷하는 법**을 몰라서 고객 서비스 센터에 전화했더니 **기사가 와서 해줬습니다.**
I spilled coffee on my computer and it **stopped all of my programs from opening.** I had to **take my computer to a customer service center and have it fixed.**	컴퓨터에 커피를 쏟아서 **모든 프로그램이 열리지를 않았어요. 컴퓨터를 고객 서비스 센터로 가져가서 수리를 받아**야 했죠.
The touchpad on my laptop gets in the way while I type, so I use **a wireless mouse** now.	**노트북 터치패드**가 타이핑할 때 방해가 돼서 지금은 **무선 마우스**를 사용합니다.
I hate when **the cables of the keyboard and the mouse get tangled,** so **I taped all the wires together.**	**키보드랑 마우스 케이블 선이 뒤얽히는** 게 싫어서 **테이프로 모든 선을 하나로 묶어 버렸습니다.**
My computer got a virus and it wouldn't function properly. I had to call the customer service center and they were able to **fix my computer remotely from the service center.**	**컴퓨터가 바이러스에 걸려** 제대로 작동하지 않았어요. 고객 서비스 센터에 전화를 해야 했고 **거기서 원격으로 제 컴퓨터를 수리해** 줄 수 있었습니다.
When I open a work-related document at home, **the words are in code, so I can't work on it.**	업무 관련 문서를 집에 와서 열면 **암호화가 되어 작업을 할 수가 없습니다.**
There are stricter laws for computers now, so if you don't buy **a brand-new one,** you don't **get additional software** like Word **installed.**	요즘은 **컴퓨터 관련법이 더 엄격해져**서 **신제품**을 사지 않으면 워드 같은 **추가 소프트웨어를 설치할** 수가 없습니다.

에피소드 40 ☆ 옷 가게 Clothing Stores

In 20-2.mp3

Step 1 끊어 듣기

01
I was shopping * at the clothing store, * but there was no size * that fit me *
전 쇼핑을 하고 있었죠 옷 가게에서 그러나 사이즈가 없었어요 제게 맞는
so I ordered something * online.
그래서 전 뭘 좀 주문했어요 인터넷으로.

02
I was changing * in the fitting room * and someone just opened the door. *
전 옷을 갈아입고 있었어요 탈의실에서 그런데 누가 그냥 문을 열었어요.
She didn't even say sorry. * She was so rude.
그녀는 심지어 미안하다는 말도 안 했죠. 그녀는 아주 예의가 없었어요.

03
I just wanted * to look around alone, * but the store clerk kept asking me *
전 그냥 원했어요 혼자서 둘러보는 것을 그러나 그 가게 점원은 계속 제게 물었죠
if I needed anything. * It was annoying, * so I told her *
제가 뭔가 필요한지를. 그것은 짜증스러웠어요 그래서 전 그녀에게 말했죠
that I was just browsing.
전 그냥 둘러보는 거라고.

04
I bought an item * and came back home * but didn't like it * anymore. *
전 물건을 하나 구입했어요 그리고 집에 돌아왔죠 그러나 그것을 좋아하지 않았어요 더 이상.
So I decided to return it, * but I threw away * the receipt *
그래서 전 그것을 반품하기로 결정했죠 하지만 전 버려버렸어요 그 영수증을
so I couldn't get a refund.
그래서 전 환불을 받을 수가 없었죠.

05
I stepped on a shirt * while trying it on * and it got dirty, * so I paid for it.
전 셔츠를 밟았어요 그것을 입어 보려던 와중에 그리고 그것은 더러워졌어요 그래서 전 그것에 대해 값을 지불했어요.

06
The store didn't have * the size I wanted, * so I went to another store * to see *
그 가게는 갖고 있지 않았어요 제가 원했던 사이즈를 그래서 전 다른 가게로 갔습니다 보려고
if they had it.
그들은 그것을 갖고 있는지.

07
The jeans I bought * were too long, * so I had them * altered and delivered *
제가 산 청바지가 너무 길었어요 그래서 전 그것을 맡겼어요 수선해서 배송해 달라고
to my place.
우리 집으로.

08
I went to the store * and saw the clothes * I got a few days ago *
전 그 가게에 갔어요 그리고 옷을 봤죠 제가 며칠 전에 구입한
with a much lower price * and it ruined my day.
훨씬 싼 가격으로 그리고 그것이 저의 날을 망쳤어요.

09
The clothes I liked * were in the window * and they were the only ones * left. *
제 마음에 드는 옷이 윈도우 안에 있었어요 그리고 그것은 유일한 것이었어요 남아 있는.
I suddenly changed my mind * and didn't buy them.
저는 갑자기 마음이 바뀌었죠 그리고 그것을 사지 않았어요.

10
My favorite designer's clothes * are too pricy, * so I usually wait *
저의 가장 좋아하는 명품 옷은 너무 비싸요 그래서 전 대개 기다립니다
till they are on sale.
그것들이 할인 위에 있을 때까지.

제한시간 **2분** (문장당 10초 내외)

Step 2 **따라 말하기**	Step 3 **혼자 말하기**
I was shopping **at the clothing store**, but **there was no size that fit me** so I ordered something online.	옷 가게에서 쇼핑을 하는데 **제게 맞는 사이즈가 없어서** 인터넷으로 주문했어요.
I was changing in the fitting room and someone just opened the door. She didn't even say sorry. She was so rude.	**탈의실에서 옷을 갈아입고 있는데** 누가 그냥 문을 열었어요. 그 사람은 미안하다는 말도 안 했죠. 아주 예의가 없는 여자였어요.
I just wanted to look around alone, but **the store clerk kept asking me if I needed anything**. It was annoying, so I told her that I was just browsing.	**그냥 혼자서 둘러보고 싶었는데 점원이 필요한 게 있냐고 계속 물어봐서** 짜증스러웠어요. 그래서 점원에게 그냥 둘러만 보는 거라고 말했죠.
I bought an item and came back home but didn't like it anymore. So I **decided to return it, but I threw away the receipt so I couldn't get a refund.**	물건을 구입하고 집에 왔는데 더 이상 맘에 들지가 않는 거예요. 그래서 **반품하려고 했는데 영수증을 버려서 환불을 못했죠.**
I stepped on a shirt **while trying it on** and it got dirty, so I **paid for it.**	**셔츠를 입어 보려다가** 밟아서 더러워졌어요. 그래서 제가 **돈을 내고 샀어요.**
The store didn't have the size I wanted, so I went to another store to see if they had it.	**그 가게에 제가 원하는 사이즈가 없어서** 다른 가게에 있나 보러 갔습니다.
The jeans I bought were too long, so **I had them altered and delivered to my place.**	구입한 청바지가 너무 길어서 **수선을 해 집으로 배송해 달라고 했어요.**
I went to the store and saw **the clothes I got a few days ago** with a much lower price and it ruined my day.	옷 가게에 갔는데 **며칠 전에 구입한 옷**이 훨씬 더 싼 가격인 것을 보고 종일 기분이 잡쳤어요.
The clothes I liked were in the window and they were the only ones left. I suddenly changed my mind and didn't buy them.	**마음에 드는 옷이 윈도우에 걸려 있었는데** 그게 유일하게 남은 거였어요. 전 갑자기 마음이 바뀌어 사지 않았어요.
My favorite designer's clothes are too pricy, so I usually **wait till they are on sale.**	**제가 가장 좋아하는 명품 옷**은 너무 비싸서 대개 **할인할 때까지 기다립니다.**

DAY 21

3분 영어 말하기 에피소드 심화

외국어 & 요리

에피소드 41 ☆ 외국어 Foreign Languages

In 21-1.mp3

Step 1 끊어 듣기

01 Even though * I got a score of over 900 * on TOEIC, * my English speaking skills *
어쨌는데도 그렇냐면 제가 900점 넘는 점수를 받았는데도 토익에서 제 영어 말하기 실력은
haven't improved.
늘지 않았어요.

02 I've been studying English * for a year * to go study abroad * next year.
전 영어 공부를 해오고 있는 중입니다 일 년 동안 해외로 공부하러 가기 위해 내년에.

03 I've made some foreign friends * because I wanted to speak English * with them.
전 몇몇 외국인 친구들을 사귀어 왔어요 왜냐면 전 영어로 말하고 싶었거든요 그들과.

04 I had studied French * when I was in high school, * but I studied Spanish *
전 프랑스어를 공부했었어요 고등학교에 다닐 때는 하지만 전 스페인어를 공부했어요
after graduation.
졸업 후에는.

05 I signed up * for an OPIc prep class * to take the OPIc test.
전 등록했습니다 오픽 대비 강좌에 대해 오픽 시험을 보기 위해서.

06 I saved up some money * and went to a language school * in Canada *
전 돈을 좀 모았어요 그리고 어학원에 갔죠 캐나다에 있는
to study English * for a year.
영어를 공부하기 위해 일 년 동안.

07 I went to a language school * in the States, * but I only hung out *
전 어학원에 갔어요 미국에 있는 그러나 전 어울려 다니기만 했죠
with my Korean friends. * It was a waste of money.
제 한국 친구들과. 그것은 돈 낭비였습니다.

08 A foreigner asked me * for directions * on the street, *
외국인 하나가 제게 물어봤어요 길에 대해 거리에서
but I couldn't say anything * but a few words. * I got embarrassed *
그러나 저는 아무 말도 할 수가 없었어요 몇 마디 외에는. 전 창피했습니다
and signed up * for an English conversation class * the next day.
그리고 등록했죠 영어 회화 교실에 대해 그 다음 날.

09 I gave up * on English grammar * because it is totally different *
전 포기했습니다 영어 문법에 대해서는 왜냐면 그것은 완전히 다르거든요
from Korean grammar.
한국 문법과는.

10 I tried to watch * American soap operas and movies *
저는 보려고 노력했습니다 미국 드라마들과 영화들을
with and without Korean subtitles * repeatedly * in order to study English.
한글 자막을 가졌다 안 가졌다 반복적으로 영어를 공부하기 위해서.

훈련한 날짜 . .

소요시간 분

강의 및 훈련 MP3

제한시간 2분 (문장당 10초 내외)

Step 2 따라 말하기	Step 3 혼자 말하기
Even though I **got a score of over 900 on TOEIC**, my English speaking skills haven't improved.	**토익에서 900점 넘게 받았는데**도 영어 말하기 실력은 늘지 않았어요.
I've been studying English for a year to go study abroad next year.	내년에 유학을 가려고 **일 년째 영어 공부를 하고 있습니다.**
I've made some foreign friends because I wanted to speak English with them.	영어로 말하고 싶어서 **외국인 친구를 몇 명 사귀었어요.**
I **had studied French** when I was in high school, but I **studied Spanish** after graduation.	고등학교 때 **프랑스어를 공부했었는데** 졸업 후에는 **스페인어를 공부했어요.**
I signed up for an OPIc prep class **to take the OPIc test.**	**오픽 시험을 보려고** 오픽 대비 강좌에 등록했습니다.
I saved up some money and **went to a language school in Canada** to study English for a year.	돈을 모아서 일 년 동안 영어 공부하러 **캐나다에 있는 어학원에 다녔습니다.**
I **went to a language school in the States**, but I only hung out with my Korean friends. **It was a waste of money.**	**미국에서 어학원을 다녔지**만 한국 친구들하고만 어울려 다녀서 **돈만 날렸습니다.**
A foreigner asked me for directions on the street, but I couldn't say anything but a few words. I got embarrassed and **signed up for an English conversation class** the next day.	**외국인이 길을 물어봤지**만 전 몇 마디 외에는 아무 말도 못했어요. 창피해서 그 다음 날 **영어회화 강좌에 등록했죠.**
I gave up on English grammar because it is totally different from Korean grammar.	우리나라 문법이랑 완전히 달라서 **영어 문법은 포기했습니다.**
I tried to watch American soap operas and movies **with and without Korean subtitles repeatedly** in order to study English.	영어 공부를 위해서 미국 드라마와 영화를 **한글 자막을 켜고 봤다 안 켜고 봤다를 반복**했습니다.

에피소드 42 ☆ 요리 Cooking

In 21-2.mp3

Step 1 끊어 듣기

01 I prepared everything * for a full meal * but I realized * I forgot to cook any rice.
전 다 준비했어요 제대로 된 한 끼 식사를 위해 하지만 전 깨달았죠 어떤 밥도 하는 걸 깜빡했다는 것을.

02 I was running out of soy sauce * while cooking, * so I called my sister *
간장이 바닥나고 있었어요 요리를 하는 동안 그래서 전 제 여동생에게 전화했죠
to buy some * on the way home.
좀 사오라고 집에 오는 길 위에서.

03 I caught the flu * and couldn't taste the food * at all. * So I had my sister * do it.
전 독감에 걸렸어요 그래서 음식을 맛을 볼 수가 없었어요 전혀. 그래서 전 제 여동생에게 시켰죠 그것을 하게.

04 I got my family sick * for a couple of days * by using an ingredient *
전 제 가족들을 아프게 했어요 며칠 동안 재료를 씀으로써
which had passed its expiration date.
그것의 유통기한을 지나쳐버렸던.

05 I got a new recipe * but failed * to make it taste the same * as it was described.
전 새 조리법을 하나 얻었죠 하지만 실패했어요 그것을 똑같은 맛을 내도록 하는 것을 그것이 기술되어 있는 대로.

06 I cooked for my friend * and she really loved it. * I was glad.
전 제 친구를 위해 음식을 해주었죠 그리고 그녀는 그것을 아주 좋아했어요. 전 기분이 좋았죠.

07 I grabbed a steaming pan * with my bare hands. * I dropped it * and it spilled *
전 김이 나는 냄비를 잡았어요 맨손으로. 전 그것을 떨어뜨렸죠 그리고 그것은 쏟아졌어요
all over the floor.
바닥에 전부.

08 The oil spattered on my face * while I was stir frying, * so I began to stir it *
그 기름이 제 얼굴 위에 튀었어요 제가 볶음 요리를 하고 있었던 동안 그래서 전 그것을 젓기 시작했죠
from a distance.
멀리 떨어진 거리로부터.

09 My brother talked to me * when I was slicing carrots, * and I cut my finger *
제 남동생이 제게 말을 걸었어요 제가 당근을 썰고 있었을 때 그리고 저는 제 손가락을 베였죠
with the knife.
그 칼을 가지고.

10 I made curry dishes * but failed * to make an adequate amount. *
전 카레 요리를 했어요 하지만 실패했죠 적당한 양을 만드는 것을.
So * after my family ate it, * there was nothing left * for me.
그래서 제 가족들이 그것을 먹은 이후 남은 게 하나도 없었어요 저를 위해.

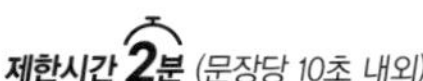

Step 2 따라 말하기	Step 3 혼자 말하기
I prepared everything **for a full meal** but I realized I forgot to **cook any rice.**	**식사를 제대로 하려고** 다 준비했는데 **밥 하는 걸** 깜박한 걸 깨달았어요.
I was running out of soy sauce while cooking, so I called my sister to buy some on the way home.	**음식을 하는데 간장이 떨어졌어요.** 그래서 여동생한테 전화해서 집에 오는 길에 사오라고 했죠.
I caught the flu and **couldn't taste the food at all.** So I had my sister do it.	독감에 걸려서 **음식 간을 전혀 볼 수가 없었어요.** 그래서 여동생 보고 하라고 시켰죠.
I got my family sick for a couple of days by using **an ingredient which had passed its expiration date.**	**유통기한이 지난 재료**를 써서 우리 가족들을 며칠 간 아프게 했습니다.
I got a new recipe but failed to **make it taste the same** as it was described.	**새로운 조리법을 얻었지**만 적혀 있는 대로 **똑같은 맛을 내는** 데 실패했어요.
I cooked for my friend and she really loved it. I was glad.	**친구에게 음식을 해주었는데** 친구가 아주 좋아했어요. 기분이 좋았죠.
I grabbed a steaming pan with my bare hands. I dropped it and it spilled all over the floor.	**김이 나는 냄비를 맨손으로 잡다**가 냄비를 떨어뜨렸고 바닥 전체에 다 쏟아졌어요.
The oil spattered on my face while I was stir frying, so I began to stir it from a distance.	**볶음 요리를 하는데 기름이 얼굴에 튀어서** 멀리 떨어져서 볶기 시작했어요.
My brother talked to me **when I was slicing carrots,** and **I cut my finger with the knife.**	**당근을 썰고 있을 때** 남동생이 말을 걸어 **칼에 손을 베였어요.**
I made curry dishes but failed to **make an adequate amount.** So after my family ate it, there was nothing left for me.	**카레 요리를 했는데 양을 맞추는** 데 실패했어요. 그래서 가족들이 먹고 나자 제가 먹을 게 안 남았어요.

DAY 22

3분 영어 말하기 에피소드 심화

운동 & 운전

에피소드 43 ☆ 운동 Exercising

In 22-1.mp3

Step 1 끊어 듣기

01 When I was young, * I was very small and weak. * So my mom signed me up * for Tae-Kwon-Do lessons.
전 어렸을 때 / 전 무척 작고 약했어요. / 그래서 우리 엄마는 저를 등록시켰죠 / 태권도 레슨들에.

02 I don't enjoy static exercises * like yoga or Pilates. * I would rather work out * at the gym * or go running on a treadmill * for an hour.
전 정적인 운동을 즐기지 않아요 / 요가나 필라테스처럼. / 차라리 운동하는 편이 더 낫죠 / 헬스장에서 / 또는 러닝머신 위를 뛰러 가거나 / 한 시간 동안.

03 I would like to plan my workout time, * but I am so busy * with work * during the weekdays * and I am too tired * to exercise * after work.
전 제 운동 시간을 계획하고 싶어요 / 그러나 전 너무 바빠요 / 일과 함께 / 주중에는 / 그리고 전 너무 피곤해요 / 운동을 하기에는 / 퇴근 후에.

04 I usually don't like * working out * but in spring, * I walk a lot * to lose weight.
전 보통 좋아하지 않아요 / 운동하는 것을 / 그러나 봄에는 / 전 많이 걷습니다 / 살을 빼기 위해.

05 I don't normally exercise * because I don't eat much.
전 보통 운동을 하지 않아요 / 왜냐면 전 많이 먹지 않으니까요.

06 I love working out * so I take a walk * in the park * even if it rains or snows.
전 운동하는 걸 아주 좋아해요 / 그래서 전 걷기를 가집니다 / 공원에서 / 심지어 비가 오거나 눈이 와도.

07 My legs are getting larger * as I work out, * but my upper body is * in very good shape, * almost as if I have * two completely different body types.
제 다리들은 더 커지고 있어요 / 제가 운동을 하면서 / 그러나 제 상체는 있습니다 / 매우 좋은 형태 안에 / 거의 마치 저는 가지고 있는 것 같아요 / 두 개의 서로 다른 체형을.

08 I started working out * to lose weight, * but now * I am actually * addicted to exercising.
전 운동을 하기 시작했어요 / 살을 빼기 위해 / 그러나 지금은 / 전 실제로 있습니다 / 운동하는 것에 중독된 상태에.

09 I feel good * after doing a workout * but recently * I have just skipped working out. * I need to motivate myself * to work out again * and fight the flab.
전 기분이 좋아요 / 운동을 하고 난 후에는 / 하지만 최근에는 / 전 운동하는 것을 빼먹었어요. / 저는 제 자신에게 동기부여를 할 필요가 있습니다 / 다시 운동하기 위해 / 그래서 군살과 맞설수 있도록.

10 I find * that I always have a harder time * getting to the gym * during the fall and winter months.
전 알아요 / 제가 항상 더 힘들어 한다는 것을 / 헬스장에 가는 것을 / 가을과 겨울 달들 동안에.

훈련한 날짜 . .

소요시간 분

강의 및 훈련 MP3

제한시간 2분 (문장당 10초 내외)

Step 2 따라 말하기	Step 3 혼자 말하기
When I was young, I was very small and weak. So my mom **signed me up for Tae-Kwon-Do lessons.**	어렸을 때 키가 무척 작고 약해서 어머니가 **저를 태권도 학원에 등록시켰어요.**
I don't enjoy **static exercises** like yoga or Pilates. I would rather **work out at the gym** or go **running on a treadmill for an hour.**	요가나 필라테스처럼 **정적인 운동**은 즐기지 않는 편이에요. 차라리 **헬스장에서 운동을** 하거나 **러닝머신 위를 한 시간 뛰는 것**이 더 낫죠.
I would like to **plan my workout time,** but I am so busy with work during the weekdays and I am too tired to exercise after work.	**운동 시간을 잡고** 싶지만 주중에는 일 때문에 너무 바쁘고 퇴근 후에는 운동하기에 너무 피곤해요.
I usually don't like working out but in spring, **I walk a lot to lose weight.**	보통은 운동하는 걸 싫어하지만 봄에는 **살을 빼려고 많이 걷습니다.**
I don't normally exercise because I don't eat much.	많이 먹지 않아서 **운동은 보통 하지 않아요.**
I love working out so **I take a walk in the park even if it rains or snows.**	운동하는 걸 아주 좋아해서 **비가 오거나 눈이 와도 공원에서 산책을 합니다.**
My legs are getting larger as I work out, but **my upper body is in very good shape,** almost as if I have two completely different body types.	운동을 하면서 **다리는 더 두꺼워지는데 상체는 아주 좋아서** 거의 마치 다른 체형이 두 개 있는 것 같아요.
I started working out to lose weight, but now **I am** actually **addicted to exercising.**	살을 빼려고 운동을 시작했지만 지금은 실제로 **운동 중독이 되었습니다.**
I feel good after doing a workout but recently **I have just skipped working out.** I need to motivate myself to work out again and **fight the flab.**	운동을 하고 난 후에는 기분이 좋은데 최근에는 **빼먹었어요.** 다시 운동을 하고 **군살을 뺄** 수 있도록 제 자신에게 동기부여가 필요합니다.
I find that I always have a harder time **getting to the gym during the fall and winter months.**	제가 알게 된 바로는 제가 **가을과 겨울에 헬스장에 가는 것**을 항상 더 힘들어 한다는 것이죠.

In 22-2.mp3

Step 1 끊어 듣기

01 I take public transportation * on rainy days * after having been in a car accident * in the rain.
전 대중교통을 이용합니다 비가 오는 날들이면 차 사고 안에 있었던 이후로 빗속에서.

02 I didn't notice * that my license had expired * and I had to get it reissued.
전 인지하지 못하고 있었어요 제 면허증이 기한 만료되었다는 것을 그래서 전 그것을 재발급받게 해야 했어요.

03 I got fined * for running a red light.
전 벌금을 떼였어요 빨간 불일 때 달렸던 것에 대해.

04 I was driving * with a flat tire * and I didn't realize it. * A cab driver next to me * told me.
전 차를 몰고 가고 있었어요 펑크 난 타이어를 하나 가진 채 그리고 그것을 깨닫지 못했죠. 제 옆에 있던 택시기사가 제게 말해 줬어요.

05 I crashed into a telephone pole, * and though I wasn't seriously injured, * I had some small bruises * because I was wearing a seatbelt.
전 전봇대 속으로 들이받았어요 그리고 전 심각하게 다치지는 않았지만 전 작은 멍들을 좀 가졌죠 왜냐면 전 안전벨트를 매고 있었기 때문에.

06 I got lost * and it took me an hour * to find my way * because the GPS in my car * didn't work.
전 길을 잃었어요 그리고 그것은 제게 한 시간 걸렸죠 (그것이 뭐냐면) 제 길을 찾는 것 왜냐면 제 자동차 안의 내비게이션이 작동을 안 했거든요.

07 When I tried to fill up my car * for the first time, * I was embarrassed * because I didn't know * how to open the fuel cap * on the car.
제가 제 차를 주유하려고 했을 때 처음으로 전 당황했습니다 왜냐면 전 몰랐거든요 연료통 뚜껑을 어떻게 여는지 차에 붙어 있는.

08 The car parked in front of my car * had no contact information, * so I had to push the car * to move it.
제 차 앞에 주차된 차가 연락처를 갖고 있지 않았어요 그래서 전 그 차를 밀어야 했죠 그것을 움직이기 위해.

09 When I was a novice, * I had my friend * park my car * for me * because reverse parking was so difficult.
제가 초보였을 때 전 제 친구에게 시켰어요 제 차를 주차하게 저를 위해 왜냐면 후진 주차가 너무 어려웠거든요.

10 My car was towed * because I parked * in a no parking area.
제 차는 견인됐습니다 왜냐면 전 주차를 했거든요 주차 금지 구역 안에.

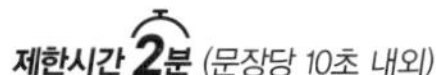

Step 2 따라 말하기	Step 3 혼자 말하기
I take public transportation on rainy days **after having been in a car accident in the rain.**	**비 오는 날 차 사고가 난 후로** 비가 오면 전 대중교통을 이용합니다.
I didn't notice that **my license had expired** and I had to **get it reissued.**	**면허증 유효기간이 만료된** 줄 모르고 있다가 **재발급받아**야 했어요.
I got fined for running a red light.	**신호 위반으로 벌금을 냈어요.**
I was driving with a flat tire and I didn't realize it. A cab driver next to me told me.	**펑크 난 차를 몰고 다녔는데** 저는 몰랐어요. 제 옆에 있던 택시기사가 말해 줬죠.
I **crashed into a telephone pole**, and though I wasn't seriously injured, I had some small bruises **because I was wearing a seatbelt.**	**전봇대에 차를 박았어요.** 심하게 다치지는 않았지만 **안전벨트를 매고 있어서** 멍이 조금 들었죠.
I got lost and it took me an hour to find my way because **the GPS in my car didn't work.**	길을 잃었는데 **자동차 내비게이션이 작동을 안 해서** 길을 찾는 데 1시간이 걸렸습니다.
When I tried to **fill up my car** for the first time, I was embarrassed because I didn't know **how to open the fuel cap** on the car.	처음으로 **제 차에 주유하**려고 했을 때 차의 **주유구를 어떻게 여는지** 몰라서 당황했습니다.
The car parked in front of my car **had no contact information,** so I had to push the car to move it.	제 차 앞에 주차된 **차에 연락처가 없어서** 그 차를 밀어 움직여야 했죠.
When I was a novice, I had my friend park my car for me because **reverse parking** was so difficult.	**초보 시절**에는 **후진 주차**가 너무 어려워서 친구에게 주차하라고 시켰어요.
My car was towed because **I parked in a no parking area.**	**주차 금지 구역에 차를 주차해 제 차가 견인됐습니다.**

DAY 23

3분 영어 말하기 에피소드 심화

은행 & 인간관계

에피소드 45 ☆ 은행 Banks

In 23-1.mp3

Step 1 끊어 듣기

01 The bank doesn't open * on Saturdays. * So I always go to the bank *
은행이 열지 않아요 토요일에는. 그래서 전 항상 은행에 갑니다
during lunch * on weekdays.
점심시간 중에 평일에.

02 I withdrew some money * from an ATM * late at night *
전 돈을 좀 인출했어요 ATM으로부터 밤에 늦게
but my card did not come out. * So I called the card company * to solve it.
하지만 제 카드가 나오지 않았어요. 그래서 전 카드 회사에 전화했죠 그것을 해결하기 위해.

03 They charge me a fee * for using an ATM * at a convenience store. *
그들은 제게 수수료를 부과해요. ATM을 사용하는 것에 대해 편의점에서.
So I need to find * where my bank is located.
그래서 저는 찾아야 합니다 제 은행이 위치해 있는 곳을.

04 The bank was too crowded. * I took a number * and went out *
은행이 너무 사람들로 붐볐어요. 전 번호를 하나 뽑았어요 그리고 밖으로 나갔죠
to talk on the phone * for a while. * I came back * after a few minutes *
전화 통화를 하기 위해 잠깐. 전 돌아왔어요 몇 분 후에
but I missed my turn.
그러나 전 제 순서를 놓쳤어요.

05 For a marriage fund, * I need to find a bank * which offers a good interest rate.
결혼 자금을 위해 전 은행을 찾아야 해요 괜찮은 이자율을 제공하는.

06 For convenience, * I opened my payroll account, * credit card account, *
편리를 위해 전 제 월급 계좌를 텄습니다 신용카드 계좌
and savings account * at the same bank.
그리고 적금 계좌를 같은 은행에서.

07 I went to the bank * to exchange coins in my piggy bank *
전 은행에 갔어요 제 저금통에 든 동전들을 바꾸기 위해
but the machine that sorts coins * was broken. * So the tellers had to count *
그러나 동전들을 분류하는 기계가 고장 났죠. 그래서 은행원들이 세어야 했어요
all of the coins * themselves.
그 동전들을 전부 직접.

08 The bank was so crowded * that I took a number * and waited. *
은행이 너무 붐볐어요 그래서 전 번호를 하나 뽑았죠 그리고 기다렸어요.
But I lost my number * and had to take another one * and waited even longer.
그러나 전 제 번호를 잃어버렸어요 그리고 또 다른 것을 뽑아야 했죠 그리고 훨씬 더 오래 기다렸습니다.

09 I lost my credit card. * I reported it * to the bank * on the phone *
전 제 신용카드를 잃어버렸어요 전 그것을 신고했죠 은행에 전화상으로
and had it reissued.
그리고 그것을 재발급하게 시켰어요.

10 My family and I do all our banking * at the bank * where my friend works *
우리 가족과 저는 모든 우리의 은행 업무를 합니다 그 은행에서 제 친구가 일하는
because she always takes good care of us.
왜냐면 그녀는 항상 우리를 잘 챙겨주거든요.

훈련한 날짜 . .

소요시간 분

강의 및 훈련 MP3

제한시간 2분 (문장당 10초 내외)

Step 2 따라 말하기	Step 3 혼자 말하기
The bank doesn't open on Saturdays. So I always go to the bank during lunch on weekdays.	**은행이 토요일에는 열지 않아** 항상 평일 점심시간에 은행에 갑니다.
I **withdrew some money from an ATM** late at night **but my card did not come out.** So I called the card company to solve it.	밤늦게 **ATM에서 돈을 인출했는데 카드가 나오지 않았어요.** 그래서 카드 회사에 전화해서 문제를 해결했죠.
They charge me a fee for using an ATM at a convenience store. So I need to find where my bank is located.	**편의점 ATM을 이용하면 수수료가 붙어서** 제 거래 은행이 있는 곳을 찾아야 합니다.
The bank was too crowded. I **took a number** and went out to talk on the phone for a while. I came back after a few minutes but I **missed my turn.**	은행에 사람이 너무 많아서 **번호표를 뽑고** 통화를 하려고 잠깐 나갔죠. 몇 분 후에 돌아왔는데 **제 순서가 지나갔어요.**
For a marriage fund, I need to find **a bank which offers a good interest rate.**	**결혼 자금 마련을 위해 이자율이 괜찮은 은행을** 찾아야 해요.
For convenience, I **opened my payroll account, credit card account, and savings account at the same bank.**	편의상 전 **월급 계좌, 신용카드 계좌, 적금 계좌를 한 은행에서 텄습니다.**
I went to the bank to **exchange coins in my piggy bank** but **the machine that sorts coins** was broken. So **the tellers** had to count all of the coins themselves.	**저금통에 든 동전을 바꾸려고** 은행에 갔는데 **동전 분류 기계**가 고장 나서 **은행원들**이 직접 동전을 세어야 했어요.
The bank was so crowded that I **took a number and waited. But I lost my number** and had to take another one and waited even longer.	은행이 너무 붐벼서 **번호표를 뽑고 기다리는데 번호표를 잃어버렸어요.** 번호표를 다시 뽑아야 했고 훨씬 더 오래 기다렸습니다.
I lost my credit card. I **reported it to the bank on the phone** and **had it reissued.**	신용카드를 잃어버려서 **전화로 은행에 신고**하고 **재발급받았어요.**
My family and I **do all our banking at the bank** where my friend works because she always takes good care of us.	친구가 우리를 늘 잘 챙겨주기 때문에 우리 가족과 저는 친구가 일하는 **은행에서 은행 업무를 봅니다.**

In 23-2.mp3

Step 1 끊어 듣기

01 I feel uneasy * around older people, * so I always hang out * with my friends, *
전 거북하게 느껴져요 연세 드신 분들 주변에서는 그래서 전 항상 어울려 다녀요 제 친구들과
all of whom are younger than me.
얘들은 모두 저보다 어려요.

02 Ever since I was betrayed * by my best friend, * I don't like * to meet new people.
전 배신을 당한 이후로 저의 제일 친한 친구에 의해서 전 좋아하지 않아요 새로운 사람들을 만나는 것을.

03 When * people that I don't really know * do things I don't like, *
언제냐면 제가 잘 알지 못하는 사람들이 제가 좋아하지 않는 행동을 할 때
I try to shrug it off.
전 그것을 가볍게 넘기려고 합니다.

04 She gives me a nasty expression * if I don't share the same views with her. *
그녀는 제게 고약한 표현을 줍니다 제가 자기와 같은 의견을 공유하지 않으면.
I don't know * what to do * whenever she does that.
전 모르겠어요 어떻게 해야 할지 그녀가 그렇게 할 때마다.

05 My best friend and I * have a lot in common. * I can share anything with her *
저의 제일 친한 친구와 저는 공통점이 많습니다 전 그녀와 어떤 것도 공유할 수 있어요
without having a second thought.
두 번의 생각을 가지는 것도 없이.

06 I don't consider * people who take advantage of friendships *
전 생각하지 않습니다 우정을 이용하는 사람들을
in borrowing money * as friends of mine.
돈을 빌리는 것 내에서 제 친구들로.

07 I always try to be a bigger person * by being extra patient *
전 항상 더 큰 사람이 되려고 노력합니다 좀 더 인내심을 가짐으로써
and understanding people * who think differently from me.
그리고 사람들을 이해함으로써 저와 다르게 생각하는.

08 I easily get shy * around people * so I hardly ever meet new people.
전 쉽게 수줍어 집니다 사람들 주변에서는 그래서 새로운 사람들을 거의 만나지 않아요.

09 Because of my easygoing and tomboyish personality, * I don't have a boyfriend, *
저의 태평하고 털털한 성격 때문에 전 남자친구가(애인이) 없어요
but I do have many male friends.
하지만 전 많은 남자사람 친구들이 있어요.

10 After having a fight with a friend * one time, * I realized * that it was my fault, *
친구와 다툰 후에 한 번 전 깨달았어요 그것이 제 잘못이라는 것을
so I apologized right away.
그래서 전 바로 사과했어요.

Step 2 따라 말하기	Step 3 혼자 말하기
I feel uneasy around older people, so I always **hang out with my friends,** all of whom are younger than me.	연세 드신 분들이 계시면 마음이 거북해서 항상 저보다 어린 **친구들하고 어울려 다녀**요.
Ever since I **was betrayed by my best friend,** I don't like to meet new people.	**제일 친한 친구한테 배신당한** 이후로 새로운 사람들을 만나는 게 싫어요.
When people that I don't really know **do things I don't like,** I try to **shrug it off.**	제가 잘 알지 못하는 사람이 **제 맘에 안 드는 행동을 하**면 그냥 **대수롭지 않게 넘기려**고 합니다.
She gives me a nasty expression if I don't share the same views with her. I don't know what to do whenever she does that.	제가 자기와 의견이 같지 않으면 **그녀는 말을 고약하게 하는데** 그녀가 그럴 때마다 어떻게 해야 할지 모르겠어요.
My best friend and I **have a lot in common.** I can share anything with her without having a second thought.	제일 친한 친구와 저는 **공통점이 많습니다.** 두 번 생각할 것도 없이 전 그 친구와 모든 것을 공유할 수 있어요.
I don't consider **people who take advantage of friendships** in borrowing money as friends of mine.	전 돈 빌릴 때 **우정을 이용하는 사람들**을 제 친구로 생각하지 않습니다.
I always try to be a bigger person by being extra patient and understanding people who think differently from me.	저는 좀 더 인내심을 갖고 저와 생각이 다른 사람들을 이해하면서 **좀 더 나은 사람이 되려고 항상 노력합니다.**
I easily get shy around people so I hardly ever meet new people.	**사람들이 있으면 쉽게 낯을 가려서** 새로운 사람들을 거의 안 만나요.
Because of my easygoing and tomboyish personality, I don't have a boyfriend, but I do have many **male friends.**	**태평하고 털털한 성격 때문에** 애인은 없고 **그냥 남자친구들**은 정말 많아요.
After having a fight with a friend **one time, I realized that it was my fault, so I apologized right away.**	친구와 한 번 다툰 후에 **제 잘못이었다는 걸 깨닫고는 바로 사과했어요.**

DAY 24

3분 영어 말하기 에피소드 심화

자전거 & 장례식

에피소드 47 ☆ 자전거 Bicycles

In 24-1.mp3

Step 1 끊어 듣기

01 **I always lock my bicycle, * which I got for my birthday, * but one day, * the wheels were stolen.**
전 항상 제 자전거를 자물쇠로 채워요 / 제 생일에 받은 / 하지만 어느 날 / 바퀴들을 도둑맞았어요.

02 **I tried to bike * to work * but the bike lanes were not built well. * So I ride it * only on weekends.**
전 자전거를 타려고 했어요 / 직장까지 / 하지만 자전거 도로가 제대로 지어져 있지 않았죠. / 그래서 전 그것을 탑니다 / 주말들에만.

03 **I like * collecting all kinds of bikes. * So I bought * a mountain bike, * a commuting bike, * and an acrobatic bike.**
전 좋아해요 / 모든 종류의 자전거들을 수집하는 것을. / 그래서 전 샀어요 / 산악용 자전거, / 출퇴근용 자전거, / 그리고 묘기용 자전거를.

04 **We rented * a bicycle for two * and my girlfriend sat * behind me. * However, * she did not pedal * and we got into a fight.**
우리는 대여했어요 / 2인을 위한 자전거를 / 그리고 제 여자친구는 앉았죠 / 제 뒤에. / 그러나 / 그녀는 페달을 밟지 않았어요 / 그리고 우리는 싸움 속으로 들어갔죠.

05 **I saw a man riding a unicycle * the other day * and I wanted to learn * so I tried. * But I fell off * and got cuts.**
전 어떤 남자가 외발자전거를 타는 것을 봤어요 / 일전에 / 그리고 전 배우고 싶었죠 / 그래서 시도해 봤어요. / 하지만 전 넘어졌죠 / 그리고 긁혔어요.

06 **I put a big bike basket * on my bicycle * and use it * to put my bag in * when commuting to and from work.**
전 큰 자전거 바구니를 놓았어요 / 제 자전거 위에 / 그리고 그것을 사용합니다 / 제 가방을 안에 두기 위해서 / 출퇴근할 때.

07 **When I was young, * it was easy * to ride a bike * with the training wheels, * but * after getting rid of them, * I was too scared * to ride it. * So my father held * the back of my bike * to help me along.**
어렸을 때 / 그것은 쉬웠어요 (그게 뭐냐면) 자전거를 타는 것 / 보조바퀴를 가진 / 그러나 / 그것들을 떼어내고 난 후 / 전 너무 무서웠어요 / 그것을 타기에는. / 그래서 우리 아빠가 잡아주셨죠 / 제 자전거의 뒤를 / 저를 도와서 진척시키기 위해.

08 **I was riding a bike * one night, * and * I forgot * to turn on the safety light * on the back of my bicycle. * It was too dark * and dangerous.**
전 자전거를 타고 있었어요 / 어느 날 밤 / 그리고 / 전 깜빡했어요 / 안전등을 켜는 것을 / 제 자전거 뒤에 있는. / 그것은 너무 어두웠어요 / 그리고 위험했죠.

09 **I was so into biking * that I went out * into the suburbs * with my friend * by bike * on the weekend.**
전 자전거 타는 것에 완전 빠졌어요 / 그래서 나갔어요 / 교외 속으로 / 제 친구와 / 자전거로 / 주말에.

10 **When I was young, * I fell off my bike * and got hurt * really bad. * Now, * I don't ride a bike.**
제가 어렸을 때 / 전 자전거에서 넘어졌어요 / 그리고 다쳤죠 / 정말 심하게. / 지금은 / 전 자전거를 타지 않아요.

훈련한 날짜 . .

소요시간 분

강의 및 훈련 MP3

제한시간 2분 (문장당 10초 내외)

Step 2 따라 말하기	Step 3 혼자 말하기
I always **lock my bicycle**, which I got for my birthday, but one day, **the wheels were stolen.**	생일에 받은 **자전거에** 항상 **자물쇠를 채우**는데 어느 날 **바퀴만 도둑맞았어요.**
I tried to **bike to work** but **the bike lanes were not built well.** So I ride it only on weekends.	**자전거로 출퇴근하려고** 했지만 **자전거 도로가 제대로 돼 있지 않았어요.** 그래서 주말에만 자전거를 탑니다.
I like collecting all kinds of bikes. So I bought a **mountain bike, a commuting bike, and an acrobatic bike.**	전 모든 종류의 자전거 수집을 좋아해요. 그래서 **산악자전거, 출퇴근 자전거, 묘기용 자전거**를 구입했죠.
We rented a bicycle for two and **my girlfriend sat** behind me. However, she **did not pedal** and we got into a fight.	2인용 **자전거를 대여해서 여자친구가** 뒤에 **앉았는데** 여자친구가 **페달을 굴리지 않아** 싸움이 났어요.
I saw a man **riding a unicycle** the other day and I wanted to learn so I tried. But I **fell off and got cuts.**	일전에 어떤 남자가 **외발자전거를 타는** 것을 보고 저도 배우고 싶어서 해봤지만 **넘어져서 긁혔어요.**
I put a big bike basket on my bicycle and use it to put my bag in when commuting to and from work.	**자전거에 큰 바구니를 달아서** 출퇴근할 때 가방을 넣는 용도로 사용합니다.
When I was young, it was easy to ride **a bike with the training wheels**, but after **getting rid of them**, I was too scared to ride it. So my father **held the back of my bike** to help me along.	어렸을 때 **보조바퀴가 달린 자전거**는 타기가 쉬웠는데 **보조바퀴를 떼고** 나서는 너무 무서워서 타지를 못했어요. 그래서 아빠가 제가 탈 수 있게 도와주려고 **제 자전거 뒤를 잡아주셨죠.**
I was riding a bike one night, and I forgot to **turn on the safety light on the back of my bicycle.** It was too dark and dangerous.	어느 날 밤에 자전거를 탔는데 **자전거 뒤의 안전등 켜는** 것을 깜빡해서 너무 어둡고 위험했죠.
I was so into biking that I went out into the suburbs with my friend by bike on the weekend.	**자전거 타는 것에 완전 빠져서** 주말마다 친구와 자전거 타고 교외로 나갔어요.
When I was young, **I fell off my bike and got hurt really bad.** Now, I don't ride a bike.	어렸을 때 **자전거 타다가 넘어져서 정말 심하게 다쳤어요.** 지금은 자전거를 타지 않아요.

에피소드 48 ☆ 장례식 Funerals

In 24-2.mp3

Step 1 끊어 듣기

01
I wanted to give flowers * so I had them delivered * to the funeral home *
전 꽃들을 주고 싶었어요 그래서 전 그것들을 배달시켰습니다 그 장례식장으로
because I once brought them myself * and nobody knew * what to do with them.
왜냐면 전 한번은 그것들을 직접 가져갔어요 그리고 아무도 몰랐거든요 그것들을 어떻게 해야 할지를.

02
My girlfriend's father * passed away. * So * I stayed with her * for three days *
제 여자친구의 아버님이 돌아가셨어요. 그래서 전 그녀와 함께 머물렀어요 3일 동안
in a row.
연속으로.

03
I went to a crematory * for the first time. * I have never seen a cremation *
전 화장터에 갔습니다 처음으로. 전 한 번도 화장을 본 적이 없어요
before * so I learned so many things.
전에는 그래서 전 아주 많은 것들을 배웠죠.

04
I did not bow * to the deceased * because of religious matters.
전 절하지 않았습니다 고인에게 왜냐면 종교적인 문제들 때문에.

05
I saw someone passing out * from weeping so hard * and it was shocking.
전 기절하는 사람을 봤어요 매우 심하게 우는 것으로부터 그리고 그것은 충격이었어요.

06
I went to a funeral * for the first time * in my life. * My mom taught me *
전 장례식장에 갔어요 처음으로 제 인생에서. 우리 엄마는 제게 가르쳐 주셨어요
to say "I am sorry for your loss" * to the immediate family members.
"삼가 고인의 명복을 빕니다"라고 말하라고 직계 가족 멤버들에게.

07
I didn't know * how much condolatory money to pay. * I asked my friends *
전 몰랐어요 내야 할 조의금이 얼마나 많은지. 전 제 친구들에게 물어봤습니다
about it.
그것에 대해.

08
I wasn't wearing a black suit * at the funeral home. * So I couldn't take off my coat *
전 검정색 정장을 입고 있지 않았어요 장례식장에서. 그래서 전 제 코트를 벗을 수 없었죠
the whole time * even though it was very uncomfortable.
그 시간 내내 심지어 그것이 아주 불편했는데도 말이죠.

09
It was a religious funeral. * The funeral service lasted * a very long time *
그것은 종교적인 장례식이었습니다. 그 장례식 예배는 계속됐어요 아주 오랜 시간
so I had to sneak out * in the middle of the ceremony.
그래서 전 살짝 나와야 했어요 그 식의 중간에.

10
There were many funeral services * going on * at the funeral home. *
많은 장례식들이 있었습니다 치러지고 있는 장례식장에서.
I accidentally * walked into a stranger's funeral service. * There was no one *
전 실수로 모르는 사람의 장례식에 걸어 들어갔어요. 사람이 아무도 없었죠
I knew of * so I got out of there.
제가 아는 그래서 전 거기서 나왔어요.

Step 2 따라 말하기	Step 3 혼자 말하기
I wanted to give flowers so I **had them delivered to the funeral home** because I once brought them myself and nobody knew what to do with them.	꽃을 보내고 싶어서 **장례식장으로 배달을 시켰습니다.** 예전에 한번 직접 가져갔다가 아무도 그걸 어떻게 해야 할지 몰랐기 때문이에요.
My girlfriend's father **passed away.** So I stayed with her for three days in a row.	여자친구 아버님이 **돌아가셔서** 3일 연속 여자친구 곁에서 있었어요.
I **went to a crematory** for the first time. I have never **seen a cremation** before so I learned so many things.	처음으로 **화장터에 갔습니다.** 전에 **화장하는 걸 본** 적이 없어서 아주 많은 걸 배웠죠.
I did not **bow to the deceased** because of religious matters.	종교적인 이유로 **고인에게 절을 하지** 않았습니다.
I saw **someone passing out from weeping so hard** and it was shocking.	**너무 심하게 오열하다 기절한 사람**을 봤는데 진짜 충격이었어요.
I went to a funeral for the first time in my life. My mom taught me to say **"I am sorry for your loss"** to the **immediate family members.**	생전 처음으로 장례식장에 갔는데 엄마가 **유족들에게 "삼가 고인의 명복을 빕니다"**라고 말하라고 가르쳐 주셨어요.
I didn't know **how much condolatory money to pay.** I asked my friends about it.	**조의금을 얼마나 해야 하는지** 몰라서 친구들에게 물어봤습니다.
I wasn't wearing a black suit at the funeral home. So I couldn't take off my coat the whole time even though it was very uncomfortable.	장례식장에서 **검정색 정장을 입고 있지 않았어요.** 그래서 아주 불편했는데도 내내 코트를 벗지 못했죠.
It was a religious funeral. The funeral service lasted a very long time so I had to sneak out in the middle of the ceremony.	**종교 장례식이었습니다. 장례식 예배**가 아주 오랫동안 계속돼서 중간에 살짝 나와야 했어요.
There were many funeral services going on at the funeral home. I accidentally **walked into a stranger's funeral service.** There was no one I knew of so I got out of there.	**장례식장에서 장례식이 많이 치러지고 있었습니다.** 전 실수로 **모르는 사람의 장례식에 들어갔다**가 제가 아는 사람이 아무도 없어서 다시 나왔어요.

DAY 25

3분 영어 말하기 에피소드 심화

조깅 & 종교

에피소드 49 ☆ 조깅 Jogging

In 25-1.mp3

Step 1 끊어 듣기

01 I went jogging * but it suddenly started to rain * and I got soaked.
전 조깅하러 갔어요 하지만 갑자기 비가 오기 시작했죠 그래서 전 쫄딱 젖었어요.

02 I always wear a cotton shirt * because I sweat a lot * when jogging.
전 항상 면 티셔츠를 입어요 왜냐면 전 땀이 많이 나거든요 조깅할 때.

03 I stopped running * and came back home * one day *
전 뛰는 것을 그만뒀어요 그리고 집으로 돌아왔죠 어느 날
because I had a stomachache * after eating and running.
왜냐면 전 배가 아팠거든요 밥 먹고 뛰고 난 뒤.

04 I hadn't stretched * before jogging * so my legs got swollen * after running.
전 스트레칭을 하지 않았어요 조깅하기 전에 그래서 제 다리들은 부었어요 뛰고 난 후.

05 I was jogging * on a sidewalk * and I almost bumped into a cyclist *
전 조깅을 하고 있었어요 인도에서 그리고 저는 자전거 타는 사람과 부딪힐 뻔했어요
coming from the opposite side.
반대편으로부터 오던.

06 I was jogging alone. * But then, * I ran like crazy * to compete against the runner *
전 혼자 조깅하고 있었어요 그런데 그때 전 미친 듯이 달렸죠 뛰던 사람과 경쟁하기 위해
next to me.
제 옆에서.

07 I decided * to join a marathon club * and ran a marathon* with some friends.
전 결정했어요 마라톤 동호회에 가입하는 것을 그리고 마라톤을 뛰었죠 몇몇 친구들과.

08 Choosing the right jogging shoes * is very important. * So I tend to buy *
제대로 된 조깅화를 고르는 것이 무척 중요합니다 그래서 저는 사는 편이죠
many different running shoes.
많은 서로 다른 운동화를.

09 I don't even listen to music * while jogging * because I don't want to get distracted.
전 심지어 음악도 안 들어요 조깅하는 동안에는 왜냐면 전 정신 산란해지고 싶지 않거든요.

10 I don't like * to jog alone. * So I always run * with my sister or my friend.
전 좋아하지 않아요 혼자 조깅하는 것을. 그래서 전 항상 뛰어요 제 여동생이나 제 친구와.

훈련한 날짜 . .

소요시간 분

강의 및 훈련 MP3

제한시간 2분 (문장당 10초 내외)

Step 2 **따라 말하기**	Step 3 **혼자 말하기**
I went jogging but **it suddenly started to rain** and I got soaked.	조깅하러 갔는데 **갑자기 비가 오기 시작해**서 쫄딱 젖었어요.
I always wear a cotton shirt because **I sweat a lot** when jogging.	조깅할 때 **땀이 많이** 나서 항상 면 티셔츠를 입어요.
I stopped running and came back home one day because I had a stomachache **after eating and running.**	**밥 먹고 뛰었더니** 배가 아파서 어느 날은 그만 뛰고 집에 왔죠.
I hadn't **stretched before jogging** so my legs got swollen after running.	**조깅 전에 스트레칭을 하지** 않아서 뛰고 나니 다리가 부었어요.
I **was jogging on a sidewalk** and I almost bumped into a cyclist coming from the opposite side.	**인도에서 조깅하다가** 반대편에서 오던 자전거 타는 사람과 부딪힐 뻔했어요.
I was jogging alone. But then, I **ran like crazy** to compete against the runner next to me.	혼자 조깅하던 중이었는데 그때, 제 옆에 뛰던 사람과 경쟁이 붙어 **미친 듯이 달렸죠.**
I decided to join a marathon club and **ran a marathon** with some friends.	마라톤 동호회에 가입하기로 했고 친구들 몇 명과 함께 **마라톤을 뛰었어요.**
Choosing the right jogging shoes is very important. So I tend to buy many different **running shoes.**	**조깅화를 제대로 고르는** 것이 무척 중요합니다. 그래서 **운동화**를 다양하게 많이 사는 편이죠.
I don't even listen to music while jogging because I don't want to **get distracted.**	**정신 산란해지는** 게 싫어서 조깅할 때는 음악도 안 들어요.
I don't like to **jog alone.** So I always run with my sister or my friend.	**혼자 조깅하는** 게 싫어서 항상 여동생이나 친구와 같이 뛰어요.

에피소드 50 ☆ 종교 Religion

In 25-2.mp3

Step 1 끊어 듣기

01
My family spends * Sunday mornings * attending a church *
우리 가족은 보냅니다 일요일 오전을 교회에 참석하면서
because we are devout Christians.
왜냐면 우리는 독실한 기독교인들이거든요.

02
When I was young, * I used to go to a temple * with my grandmother. *
어렸을 때 전 한 절에 가곤 했어요 우리 할머니와 함께.
The temple was located * in a mountain * and I didn't like it *
그 절은 위치해 있었어요 산에 그리고 전 그것을 좋아하지 않았어요
because of the bugs.
벌레들 때문에.

03
I used to go to church * with my parents, * but as I got older, * I was too tired *
전 교회에 다니곤 했어요 우리 부모님과 함께 하지만 나이가 들면서 전 너무 피곤했어요
to wake up * in the morning * and I got to be less religious, * so I don't go anymore.
일어나기에는 아침에 그리고 전 신앙심이 덜해졌어요 그래서 전 더 이상 가지 않아요.

04
I started to go to a Catholic Church * only because I thought *
전 성당에 다니기 시작했어요 오로지 전 생각했기 때문이죠
the veil was so pretty, * but now I have become a devout Catholic.
미사보가 너무 예쁘다고 그러나 지금 저는 독실한 천주교 신자가 되었습니다.

05
When I was a student, * I participated * in many church activities *
학생이었을 때 전 참여했어요 많은 교회 활동에
so most of my friends were * from church.
그래서 제 친구들 대부분은 있었어요 교회로부터.

06
My boyfriend is a Buddhist * but everyone in my family * is a devout Christian. *
제 남자친구는 불교 신자예요 하지만 우리 가족은 모두 독실한 기독교인이죠.
I had to give up my religious faith, * and my mom was very upset *
전 제 신앙을 포기해야 했어요 그리고 우리 엄마는 굉장히 화를 내셨죠
about that decision.
그 결정에 대해.

07
Although I am a Buddhist, * I went to Catholic Church services *
비록 전 불교 신자이지만 전 성당 미사들에 갔어요
because of my friend. * I even got baptized.
제 친구 때문에. 심지어 전 세례도 받았죠.

08
I went to church * in my new neighborhood. * It turned out to be a cult *
전 교회에 갔어요 우리 새 동네에 있는. 그것은 이단으로 밝혀졌죠
and I ran away from it.
그리고 전 그것으로부터 도망쳐 나왔어요.

09
My family is Christian * so if I don't pray * before meals, * I can't eat.
우리 집안은 기독교입니다 그래서 전 기도하지 않으면 식사 전에 전 밥을 못 먹습니다.

10
My school teacher doesn't believe in religion, * but he is such a nice person.
우리 학교 선생님은 종교를 믿지 않으세요 하지만 그는 아주 좋은 사람이죠

제한시간 2분 (문장당 10초 내외)

Step 2 따라 말하기	Step 3 혼자 말하기
My family spends Sunday mornings **attending a church** because we are **devout Christians.**	우리 가족은 **독실한 기독교인**들이라 **예배 참석으로** 일요일 오전 시간을 보냅니다.
When I was young, **I used to go to a temple with my grandmother.** The temple was located in a mountain and I didn't like it because of the bugs.	어렸을 때 **할머니 따라서 절에 가곤 했어요.** 절은 산에 있었고, 벌레들 때문에 전 싫었어요.
I used to **go to church with my parents**, but as I got older, I was too tired to wake up in the morning and I **got to be less religious**, so I don't go anymore.	**부모님과 함께 교회에 다니**곤 했지만 나이가 들면서 너무 피곤해서 아침에 일어나지도 못하고 **신앙심도 덜해져서** 이제는 더 이상 다니지 않아요.
I started to **go to a Catholic Church** only because I thought **the veil** was so pretty, but now I **have become a devout Catholic.**	**미사보**가 너무 예쁜 것 같아서 그것 때문에 **성당에 다니**기 시작했지만 지금은 **독실한 천주교 신자가 되었습니다.**
When I was a student, I **participated in many church activities** so **most of my friends were from church.**	학생 때는 **교회 활동에 많이 참여해**서 **친구들 대부분이 다 교회에서 만난 애들이었어요.**
My boyfriend is **a Buddhist** but everyone in my family is a devout Christian. I had to **give up my religious faith**, and my mom was very upset about that decision.	남자친구는 **불교 신자**인데 우리 가족들은 독실한 기독교인이에요. **전 신앙을 포기해야** 했고 엄마는 그것 때문에 굉장히 화를 내셨죠.
Although I am a Buddhist, I **went to Catholic Church services** because of my friend. I even **got baptized.**	전 불교 신자이기는 하지만 친구 때문에 성당 미사를 보러 다녔어요. 심지어 **세례도 받았죠.**
I went to church in my new neighborhood. **It turned out to be a cult** and I ran away from it.	새로 이사 간 동네에 있는 교회에 다녔는데 **알고 보니 이단이어**서 도망쳐 나왔어요.
My family is Christian so if I don't **pray before meals**, I can't eat.	**우리 집안은 기독교라서 식전 기도를 하지 않으면** 밥을 못 먹습니다.
My school teacher **doesn't believe in religion**, but he is such a nice person.	우리 학교 선생님은 **종교가 없지**만 아주 좋은 분이세요.

DAY 26

3분 영어 말하기 에피소드 심화

주유소 & 지하철

에피소드 51 ☆ 주유소 Gas Stations

In 26-1.mp3

Step 1 끊어 듣기

01 I usually take public transportation * because gas prices just keep going up.
전 주로 대중교통을 이용합니다 왜냐면 기름 값들이 그냥 계속 오르고 있어서요.

02 I went to a car wash * to have my car washed, *
전 세차장에 갔어요 제 차를 세차시키기 위해
and it didn't seem to be cleaned * completely.
그리고 그것은 깨끗해진 것 같지는 않았어요 완전히.

03 I only go to the same brand of gas station * so I can get a car wash * for free *
전 똑같은 브랜드의 주유소에 가기만 합니다 그래서 전 세차를 받을 수 있어요 무료로
whenever I get gas.
기름을 넣을 때마다.

04 I use a membership card * at this gas station * in my neighborhood *
전 회원권 카드를 사용해요 이 주유소에서 우리 동네에 있는
and I get a 5% discount.
그리고 전 5% 할인을 받아요.

05 I used to get * a pack of Kleenex or bottles of water * at a gas station *
전 예전엔 받곤 했어요 크리넥스 한 팩 또는 물병들을 주유소에서
for free * but they don't give them out * anymore.
무료로 하지만 그들은 그것들을 주지 않네요 이제는 더 이상.

06 I went to a self-service gas station * for the first time. * Because I didn't know *
전 셀프 주유소에 갔어요 처음으로. 전 몰랐기 때문에
how things work there, * my friend helped me out * with it.
거기서 뭐가 어떻게 돌아가는지를 제 친구가 도와줬죠 그것을 가지게.

07 I unintentionally smoked * at a gas station * and almost got kicked out.
전 저도 모르게 담배를 피웠어요 주유소에서 그리고 쫓겨날 뻔했죠.

08 I went to get gas * for the first time * with my new car. * I didn't know *
전 주유소에 갔어요 처음으로 제 새 차를 가지고. 전 몰랐어요
where the gas tank was * so I had to get out * and find it.
기름 탱크가 어디에 있는지 그래서 전 (차에서) 나가야 했죠 그리고 그것을 찾아야 했어요.

09 The gas station that I always go to * went out of business. *
제가 늘 가던 주유소가 폐업을 해버렸어요.
So I had to drive around * and find another one.
그래서 전 차로 돌아다녀야 했죠 그리고 다른 곳을 찾아야 했습니다.

10 I ran out of gas * when I was on the road. * My car stopped *
전 기름이 다 떨어졌어요 제가 도로 위에 있었을 때. 제 차는 멈춰 섰어요
in the middle of the street. * A passerby on the road * parked his car *
도로 한복판에서. 도로 위를 지나가던 사람이 자기 차를 주차시켰어요
and helped me out * by putting gas in my car.
그리고 저를 도와줬습니다 제 차에 기름을 넣는 것으로써.

훈련한 날짜 . .

소요시간 분

강의 및 훈련 MP3

제한시간 2분 (문장당 10초 내외)

Step 2 따라 말하기	Step 3 혼자 말하기
I usually **take public transportation** because **gas prices just keep going up.**	기름 값이 계속 오르고 있어서 주로 **대중교통을 이용합니다.**
I went to a car wash to have my car washed, and it didn't seem to be cleaned completely.	**세차장에 가서 세차를 했는데** 완전히 깨끗해진 것 같지는 않았어요.
I only go to the same brand of gas station so I can **get a car wash for free whenever I get gas.**	**주유할 때마다 무료 세차 서비스를 받을** 수 있게 전 한 브랜드의 주유소에만 갑니다.
I use a membership card **at this gas station in my neighborhood** and I get a 5% discount.	저는 **우리 동네에 있는 주유소에서** 회원권 카드를 사용하고 5% 할인을 받아요.
I used to **get a pack of Kleenex or bottles of water** at a gas station for free but they don't give them out anymore.	예전엔 주유소에서 공짜로 **휴지나 생수를 받곤** 했는데, 이제는 더 이상 주지 않네요.
I went to a **self-service gas station** for the first time. Because I didn't know **how things work there,** my friend helped me out with it.	**셀프 주유소**에 처음 갔어요. **뭐가 어떻게 되는지를** 몰라서 친구가 도와줬죠.
I unintentionally **smoked at a gas station** and almost got kicked out.	저도 모르게 **주유소에서 담배를 피우다** 쫓겨날 뻔했죠.
I went to **get gas** for the first time with my new car. I didn't know **where the gas tank was** so I had to get out and find it.	새 차를 타고 **기름 넣으러** 처음 주유소에 갔는데 **기름 탱크가 어디 있는지** 몰라서 내려서 찾아야 했어요.
The gas station that I always go to **went out of business.** So I had to drive around and find another one.	제가 늘 가던 주유소가 **폐업을 해버렸어요.** 그래서 돌아다니며 다른 주유소를 찾아야 했습니다.
I ran out of gas when I was on the road. My car stopped in the middle of the street. A passerby on the road parked his car and helped me out **by putting gas in my car.**	**도로에 있는데 기름이 다 떨어졌어요.** 차가 도로 한복판에서 멈춰 서자 거기 지나가던 사람 중 하나가 자기 차를 주차시키더니 **제 차에 기름 넣는 것을** 도와줬습니다.

In 26-2.mp3

Step 1 끊어 듣기

01 I was running downstairs * after seeing a subway coming in *
전 계단 아래로 뛰어 내려갔어요 지하철이 들어오는 것을 본 후
and I bumped into a person * walking upstairs.
그리고 전 어떤 사람과 부딪혔죠 계단을 걸어올라오던.

02 I had placed my umbrella * on the subway shelf * and someone stole it.
전 제 우산을 두었어요 지하철 선반 위에 그리고 누가 그것을 훔쳐갔어요.

03 I left my cell phone * on the subway, * so I called the lost and found center. *
전 제 휴대전화를 두고 왔어요 지하철에 그래서 전 분실물 센터에 전화했죠.
I found * my phone.
전 찾았습니다 제 전화를.

04 I fell asleep * on the subway * this morning * and went all the way *
전 잠이 들었어요 지하철에서 오늘 아침에 그리고 죽 가버렸어요
to the last station.
종착역까지.

05 It is so crowded * during rush hour * that I don't feel like *
그것은 너무 붐벼요 출퇴근 혼잡 시간 동안에 그래서 전 하고 싶은 기분이 안 들어요
getting on the subway * anymore.
지하철에 타는 것을 더 이상.

06 I lost my metro card/ticket * so I snuck * out of the gate * secretly.
전 제 지하철 카드/표를 잃어버렸어요 그래서 살금살금 나갔어요 개찰구 밖으로 몰래.

07 The air conditioner * in the subway * broke down * and the subway smelled awful.
그 에어컨이 지하철 내에 있는 고장 났어요 그래서 지하철은 아주 역한 냄새가 났습니다.

08 The person standing next to me * on the subway * stepped on my foot *
제 옆에 서 있던 사람이 지하철에서 제 발을 밟았어요
during rush hour * and I made a face.
출퇴근 혼잡 시간 중에 그리고 전 인상을 썼어요.

09 I was heading * in the opposite direction * and I kept going * without realizing it. *
전 가고 있었어요 반대 방향으로 그리고 전 계속 가고 있었어요 그것을 알아채지도 못하고.
I ended up getting off * at a station I had never been to * and I felt embarrassed.
전 결국 내려버렸어요 제가 한 번도 안 가본 어떤 역에서 그리고 전 당황해했죠.

10 The subway was so packed * that I missed my stop.
지하철이 너무 꽉 찼어요 그래서 전 제 정류장을 놓쳤습니다.

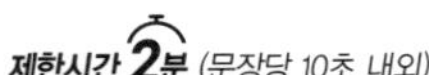

Step 2 따라 말하기	Step 3 혼자 말하기
I was running downstairs after **seeing a subway coming in** and I bumped into a person walking upstairs.	**지하철이 들어오는 것을 보고** 계단을 뛰어 내려가다가 위로 걸어오던 사람과 부딪혔어요.
I had **placed my umbrella on the subway shelf** and someone stole it.	**지하철 선반 위에 제 우산을 올려놓았는데** 누가 훔쳐갔어요.
I left my cell phone on the subway, so I **called the lost and found center.** I found my phone.	휴대전화를 지하철에 두고 내려서 **분실물 센터로 전화했고** 제 휴대전화를 찾았습니다.
I fell asleep on the subway this morning and **went all the way to the last station.**	오늘 아침에 지하철에서 잠이 들어 **종착역까지 죽 가버렸어요.**
It is so crowded during rush hour that I don't **feel like getting on the subway** anymore.	출퇴근 혼잡 시간에는 사람이 너무 많아서 더 이상 **지하철을 타고 싶은 생각**이 안 들어요.
I lost my metro card/ticket so I snuck out of the gate secretly.	**지하철 카드/표를 잃어버려서** 개찰구를 몰래 빠져 나왔습니다.
The air conditioner in the subway broke down and **the subway smelled awful.**	지하철 에어컨이 고장 나서 **지하철에서 아주 역한 냄새가 났습니다.**
The person standing next to me on the subway **stepped on my foot** during rush hour and I made a face.	혼잡 시간 대에 지하철에서 제 옆에 서 있던 사람이 **제 발을 밟아서** 전 인상을 썼어요.
I **was heading in the opposite direction** and I kept going without realizing it. I ended up **getting off at a station** I had never been to and I felt embarrassed.	**반대 방향으로 가고 있었는데** 전 그것도 모르고 계속 갔다가 결국 한 번도 안 가 본 **역에서 내려** 당황해했죠.
The subway was so packed that I **missed my stop.**	지하철에 사람이 너무 꽉 차서 **내려야 할 정류장에서 못 내리고 지나쳤습니다.**

DAY 27

3분 영어 말하기 에피소드 심화

집 & 집안일

에피소드 53 ☆ 집 Houses

In 27-1.mp3

Step 1 끊어 듣기

01
I had to share the bedroom * with my younger sister * because we moved *
전 침실을 공유해야 했습니다 제 여동생과 왜냐면 우리는 이사를 갔거든요
to a smaller house * without enough space.
더 작은 집으로 충분한 공간이 없는.

02
I live * on the fifth floor of an apartment building *
전 살고 있어요 아파트 건물의 5층에
and because of my neighbors' loud walking upstairs, *
그리고 위층에 제 이웃의 시끄러운 걸음 소리 때문에
I decided to file a complaint.
전 항의하기로 결정했습니다.

03
I live * on the first floor. * I didn't want * people outside to see me *
전 살고 있어요 1층에. 전 원하지 않았어요 밖에 있는 사람들이 저를 보는 것을
so I hung some curtains * on the windows.
그래서 전 커튼들을 좀 달았어요 창문들에.

04
I'm not sure * if it was the poor construction of the house, *
전 확신하지 못해요 그것이 집의 부실시공 때문이었는지
but my basement is leaking * after a heavy rain. * I don't know *
하지만 우리 지하실이 물이 새고 있어요 폭우 후에. 전 모르겠네요
what I am supposed to do.
(이럴 땐) 제가 뭘 하기로 되어 있는 건지.

05
My house does not face south, * so it's really cold * in winter *
우리 집은 남쪽을 면하고 있지 않아요 그래서 그것은 정말 추워요 겨울에
and I always have to wear a jacket * in the house.
그래서 전 항상 재킷을 입어야 해요 집에서.

06
I live in a high-rise apartment * and it takes forever * for the elevator *
전 고층 아파트에 살고 있어요 그리고 그것은 한참이 걸립니다 엘리베이터에 대해
to go up and come down.
올라갔다 내려왔다 하는 것에.

07
The elevator wouldn't work, * so I went to a coffee shop * to kill some time *
엘리베이터가 작동을 안 했어요 그래서 전 커피숍에 갔죠 시간을 좀 죽이기 위해
because I didn't want to take the stairs.
왜냐면 전 계단을 이용하고 싶지 않았거든요.

08
Last winter, * the pipes froze * so I couldn't take a shower * for a couple of days.
지난겨울에 배관들이 얼었어요 그래서 샤워를 못했죠 며칠 동안.

09
We had to move * to a place farther from Seoul *
우리는 이사가야 했습니다 서울에서 더 먼 곳으로
because the apartment rent went up * too high.
왜냐면 아파트 임대료가 올랐거든요 너무 높이.

10
My family is moving * to a bigger city * next week. * I am sorting through my stuff *
우리 가족은 이사 갈 거예요 더 큰 도시로 다음 주에. 전 제 물건들을 분류정리하고 있습니다
and throwing out * or giving away items * I don't need or don't use.
그래서 버리고 있죠 또는 물건들을 남에게 주고 있어요 제가 필요 없거나 안 쓰는.

훈련한 날짜	. .
소요시간	분

강의 및 훈련 MP3

제한시간 2분 (문장당 10초 내외)

Step 2 따라 말하기	Step 3 혼자 말하기
I had to **share the bedroom with my younger sister** because we moved to a smaller house without enough space.	공간이 넉넉지 않은 작은 집으로 이사를 가서 **방을 여동생과 함께 써**야 했습니다.
I live on the fifth floor of an apartment building and because of **my neighbors' loud walking upstairs**, I decided to file a complaint.	**아파트 5층에 사는데 쿵쿵 걸어 다니는 위층 사람들** 때문에 항의하기로 했습니다.
I live on the first floor. I didn't want people outside to see me so I **hung some curtains on the windows.**	**아파트 1층에 사는데** 밖에 있는 사람들이 절 보는 게 싫어서 **창문에 커튼을 달았어요.**
I'm not sure if it was **the poor construction of the house**, but **my basement is leaking** after a heavy rain. I don't know what I am supposed to do.	**집의 부실시공** 때문인지는 확신할 수 없지만 폭우가 내린 후로 **우리 집 지하실에 물이 새고 있어요.** 뭘 어떻게 해야 할지를 모르겠네요.
My house does not face south, so it's really cold in winter and I always have to wear a jacket in the house.	**우리 집은 남향이 아니라서** 겨울에 진짜 추워요. 그래서 항상 집에서 재킷을 입고 있어야 하죠.
I live in a high-rise apartment and it takes forever for the elevator to go up and come down.	**고층 아파트에 사는데** 엘리베이터가 올라왔다 내려가는 데 한참이 걸립니다.
The elevator wouldn't work, so I went to a coffee shop to kill some time because I **didn't want to take the stairs.**	엘리베이터가 작동을 안 했어요. **계단으로 가기 싫어**서 시간을 죽이러 커피숍에 갔죠.
Last winter, **the pipes froze** so I couldn't take a shower for a couple of days.	지난겨울에 **배관이 얼어서** 며칠 간 샤워를 못했어요.
We had to **move to a place farther from Seoul** because **the apartment rent went up too high.**	**아파트 전셋값이 너무 올라서 서울에서 더 먼 곳으로 이사 가**야 했습니다.
My family is moving to a bigger city next week. I am **sorting through my stuff** and **throwing out or giving away** items I don't need or don't use.	우리 가족은 다음 주에 큰 도시로 이사 갑니다. **물건들을 정리하면서** 필요 없거나 안 쓰는 것들은 **버리거나 남에게 주고** 있어요.

에피소드 54 ☆ 집안일 Housework

In 27-2.mp3

Step 1 끊어 듣기

01 My husband and I both * work full time, * so we share chores often. *
제 남편과 저는 둘 다 / 상근직으로 일을 해요 / 그래서 우리는 종종 집안일을 나눕니다.
I don't like him * doing the dishes or laundry * though *
전 그를 좋아하지 않아요 / (그 사람이) 설거지를 하거나 빨래를 하는 것을 / 그래도
because he isn't good at it.
왜냐면 그 사람은 그것을 잘 못하거든요.

02 It's unfair for me * to do all the house chores * so we make *
그것은 제게 불공평해요 / (그게 뭐냐면) 모든 집안일을 하는 것 / 그래서 우리는 만들어요
a list of housework to do * and share the tasks.
해야 할 집안일의 목록을 / 그리고 그 일들을 나눕니다.

03 I couldn't clean my house * for a few days * because I was sick. *
전 우리 집을 청소할 수 없었어요 / 며칠 동안 / 왜냐면 전 아팠거든요.
There were tons of dishes and clothes * that needed to be washed. *
산더미 같은 설거지랑 빨랫감이 있었습니다 / 씻겨져야 할 필요가 있는.
So I called a maid * to come clean my house.
그래서 전 가사도우미에게 전화했어요 / 와서 우리 집을 청소해 달라고.

04 We have * a big family * and * we share * all the house chores.
우리는 가지고 있어요 / 대가족을 / 그리고 / 우리는 나눠요 / 모든 집안일을.

05 I hated * when my mom told me * to do housework * when I was young, *
전 싫었어요 / 우리 엄마가 제게 말할 때 / 집안일을 하라고 / 제가 어렸을 때는
but as I got older, * I do most of the housework * now.
그러나 나이가 들면서 / 제가 집안일의 대부분을 하고 있습니다 / 이제는.

06 I forgot * to take out the garbage * on recycling day, * so I kept the garbage *
전 깜빡했어요 / 쓰레기를 내다놓는 것을 / 재활용품 수거하는 날에 / 그래서 전 쓰레기를 두었죠
outside the house * because it smelled bad.
집 밖에 / 왜냐면 그것은 냄새가 심했거든요.

07 I forgot * to do the laundry * and had nothing to wear. * I had to take the clothes *
전 깜빡했어요 / 빨래하는 것을 / 그래서 입을 게 아무 것도 없었어요. / 전 그 옷들을 꺼내야 했죠
out of the washer * and wear them, * which I didn't feel pleased about.
세탁기 밖으로 / 그리고 그것들을 입어야 했죠 / 저는 그러는 것에 대해 기분이 좋지 않았어요.

08 I got sick * after cleaning my place.
전 병이 났어요 / 우리 집을 청소하고 난 뒤.

09 I was supposed to water * the potted plants * but I kept forgetting to. *
저는 물을 주기로 되어 있었어요 / 그 화분들에 / 하지만 전 계속 잊어버렸죠.
So * I had to throw them away.
그래서 / 전 그것들을 버려야 했습니다.

10 My family likes a clean house, * so basically * if something needs to be done, *
우리 가족은 깨끗한 집을 좋아해요 / 그래서 기본적으로 / 어떤 일이 행해져야 할 필요가 있으면
whichever one of us is there * will do it.
그게 우리 중 누구든 거기에 있으면 / 그것을 할 것입니다.

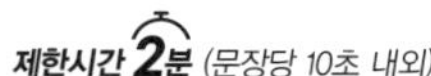

Step 2 따라 말하기	Step 3 혼자 말하기
My husband and I both work full time, so we **share chores** often. I don't like him **doing the dishes or laundry** though because he isn't good at it.	남편과 저는 둘 다 일을 하므로 종종 **집안일을 나눠서 합니다.** 그렇지만 남편이 **설거지나 빨래를 하는** 것은 싫은데 잘 못하기 때문이에요.
It's unfair for me to **do all the house chores** so we make a list of housework to do and **share the tasks.**	저 혼자 **모든 집안일을 하는** 건 불공평해서 해야 할 집안일 목록을 작성해서 **일을 나눕니다.**
I couldn't **clean my house** for a few days because I was sick. There were **tons of dishes and clothes** that needed to be washed. So I **called a maid** to come clean my house.	아파서 며칠 간 **집안 청소**를 못했더니 해치워야 할 **설거지랑 빨랫감이 산더미처럼** 쌓였어요. 그래서 **가사도우미를 불러서** 집안 청소를 시켰죠.
We have a big family and we share all the house chores.	**우리 집은 식구가 많아**서 모든 집안일을 나눠서 해요.
I hated when my mom told me to **do housework** when I was young, but as I got older, I **do most of the housework** now.	어렸을 때는 엄마가 **집안일 하라**고 하는 게 너무 싫었지만 나이가 들면서, 이제는 제가 **대부분의 집안일을 하고 있습니다.**
I forgot to take out the garbage on recycling day, so I **kept the garbage outside** the house because it smelled bad.	**재활용품 수거하는 날 깜박하고 쓰레기를 못 내놨어요.** 냄새가 심해서 집 **밖에 쓰레기를 놔뒀어요.**
I forgot to **do the laundry** and had nothing to wear. I had to **take the clothes out of the washer** and wear them, which I didn't feel pleased about.	**빨래한다**는 걸 깜박해 입을 옷이 없었어요. **세탁기에서 옷을 꺼내** 입어야 했는데 기분이 좋지 않았어요.
I got sick **after cleaning my place.**	**집 청소를 하고서** 병이 났어요.
I was supposed to **water the potted plants** but I kept forgetting to. So I had to **throw them away.**	제가 **화분에 물을 주기**로 돼 있었는데 계속 잊어버렸어요. 그래서 **화분들을 내다 버려야** 했습니다.
My family likes a clean house, so basically if something needs to be done, whichever one of us is there will do it.	우리 가족은 **집이 깨끗한 것을 좋아해서** 기본적으로 어떤 일을 해야 된다 싶으면 누가 됐든 집에 있는 누군가가 할 것입니다.

3분 영어 말하기 에피소드 심화

취업 & 택시

에피소드 55 ☆ 취업 Getting a Job

In 28-1.mp3

Step 1 끊어 듣기

01 It is so hard * to find a job. * I asked a person * to write my resume.
그것은 너무 어렵습니다 직장을 찾는 것이. 전 어떤 사람에게 부탁했어요 제 이력서를 써달라고.

02 I finally rocked my job interview * after preparing well * in advance.
전 마침내 제 취업 면접을 성공시켰어요 잘 준비한 후에 미리.

03 I joined a study group * and spent a month * preparing * for job interviews.
전 스터디 그룹에 가입했어요 그리고 한 달을 보냈어요 준비하면서 취업 면접에 대해.

04 I had to do internships * to build up my career.
전 인턴을 해야 했습니다 제 경력을 쌓기 위해서.

05 The interviewer was * someone I know, * but I still couldn't get the job.
그 면접관은 있었어요 제가 아는 사람인 지위에 그러나 전 여전히 취업을 못하고 있습니다.

06 My mom decided * to go back to school * late in life *
우리 엄마는 결정하셨어요 다시 학교에 다니는 것을 말년에
in order to boost her job skills. * I am proud of her.
자신의 직무 기술을 더 키우기 위해서. 전 그녀가 자랑스러워요.

07 I studied my butt off * and tried so hard. * So I want to get a job *
전 제 엉덩이가 빠질 정도로 공부했어요 그리고 완전 열심히 노력했죠. 그래서 전 직장을 얻고 싶어요
which offers a high yearly salary.
높은 연봉을 제공하는.

08 I rolled into the interview * with my cup of Starbucks. * The interviewer said *
전 그 면접 안으로 굴러 들어갔어요 제 스타벅스 컵을 가지고. 면접관이 말했죠
I seemed to take * a much too casual approach.
제가 취하는 것 같다고 과하게 너무 편한 접근방식을.

09 I went to get a facial * and got my hair cut * for a job interview.
전 얼굴에 마사지를 받으러 갔어요 그리고 제 머리를 깎았어요 취업 면접을 위해서.

10 I have spent most of my time * studying for a TOEIC/OPIc test * at an academy *
전 제 시간의 대부분을 보냈어요 토익/오픽 시험에 대해 공부하면서 학원에서
for about the last three months. * I did this * to get better opportunities.
지난 약 3개월 동안. 전 이것을 한 거죠 더 나은 기회들을 얻기 위해서.

훈련한 날짜 . .

소요시간 분

강의 및 훈련 MP3

제한시간 2분 (문장당 10초 내외)

Step 2 따라 말하기	Step 3 혼자 말하기
It is so hard to find a job. I asked a person to **write my resume.**	직장 잡기가 너무 어렵습니다. 다른 사람에게 **제 이력서를 써달라고** 부탁했어요.
I finally **rocked my job interview** after preparing well in advance.	미리 준비를 잘한 끝에 마침내 **취업 면접을 잘 봤어요.**
I **joined a study group** and spent a month **preparing for job interviews.**	**스터디에 가입하고** 한 달을 **취업 면접 준비를 하며** 보냈어요.
I had to **do internships** to **build up my career.**	**경력을 쌓기** 위해서 **인턴을 해야** 했습니다.
The interviewer was someone I know, but I still couldn't get the job.	지인이 **면접관**이었지만 여전히 취업을 못하고 있습니다.
My mom decided to **go back to school** late in life in order to **boost her job skills.** I am proud of her.	**직무 기술을 더 키우기** 위해 엄마는 말년에 **다시 학교에 다니기**로 하셨습니다. 전 엄마가 자랑스러워요.
I studied my butt off and tried so hard. So I want to get **a job which offers a high yearly salary.**	죽을힘을 다해서 공부하고 완전 열심히 노력했죠. 그래서 **연봉이 높은 직장**을 얻고 싶어요.
I rolled into the interview with my cup of Starbucks. The interviewer said I seemed to take a much too casual approach.	스타벅스 컵을 들고 **면접에 들어갔더니** 면접관이 제가 면접을 너무 편하게 생각하는 것 같다고 말했어요.
I went to **get a facial** and **got my hair** cut for a job interview.	취업 면접을 위해서 **얼굴에 마사지를 받고** 머리를 깎았어요.
I have spent most of my time **studying for a TOEIC/OPIc test at an academy** for about the last three months. I did this to **get better opportunities.**	**토익/오픽 시험공부를 하면서** 지난 약 3개월 간 **학원에서** 거의 살다시피 했습니다. 더 **좋은 기회를 얻으려고** 이렇게 한 거죠.

에피소드 56 ☆ 택시 Taxis

In 28-2.mp3

Step 1 끊어 듣기

01

I jumped in the back seat of a cab * and told the driver * where I was going. *
전 택시 뒷좌석에 올라탔어요 / 그리고 그 기사에게 말했죠 / 제가 어디로 갈 것인지를.

But he didn't know * the way to get there * so I just got out.
그러나 그는 몰랐어요 / 거기에 가는 길을 / 그래서 전 그냥 내렸어요.

02

After getting passed up by a taxi, *
택시에 의해 승차를 거부당한 이후

I always take a look at the license plate number * before getting in a taxi.
전 항상 차량 번호판을 봅니다 / 택시를 타기 전에.

03

I sat in the front seat of a cab. * I forgot to fasten my seatbelt, *
전 택시 앞좌석에 앉아 있었어요 / 전 제 안전벨트를 매는 것을 깜빡했죠

so the driver told me to fasten it.
그래서 그 기사가 제게 그것을 매라고 말했습니다.

04

The cab driver forgot * to turn on the meter. * So I ended up *
택시기사가 깜빡했어요 / 미터기 켜는 것을. / 그래서 저는 결국 했어요

paying the basic cab fare.
기본요금만 지불하는 것을.

05

As I was * opening the door * and getting out of the cab, * I almost got hit *
제가 있었을 때 / 문을 여는 상태에 / 그리고 택시에서 내리는 상태에 / 전 치일 뻔했어요

by a motorcycle * coming from behind.
오토바이에 의해 / 뒤에서 오고 있던.

06

A cab driver took a longer way around * so I got pissed off * and complained.
택시기사가 더 먼 길로 돌아갔어요 / 그래서 저는 화가 났죠 / 그리고 항의했습니다.

07

I left my phone in a cab. * After I realized that I left it, * I ran back to the corner *
전 제 폰을 택시 안에 두고 내렸어요. / 제가 그것을 두고 왔다는 것을 알아챈 후 / 저는 모퉁이로 다시 뛰어갔죠

where I was dropped off * and began to fish my receipt * out of a trash can.
제가 내렸던 곳인 / 그리고 제 영수증을 찾기 시작했어요 / 쓰레기통에서.

08

I was waiting for a cab * outside my office building. * I saw this taxi *
전 택시를 기다리고 있었습니다 / 우리 사무실 건물 밖에서. / 전 이 택시를 봤어요

and tried to hail it, * but it passed me by.
그리고 그것을 잡으려고 했죠 / 하지만 그것은 저를 지나쳐 갔어요.

09

I called a cab company * to get a cab home. * I got a text *
전 택시 회사에 전화했어요 / 택시로 집에 데려다 달라고. / 전 문자 메시지를 받았죠

saying a cab was on its way * but it never showed up. * I was so frustrated *
택시가 가고 있는 중이라고 적힌 / 그러나 그것은 나타나지를 않았어요. / 전 너무 짜증이 났죠

and walked to a hotel * a few blocks away, * got a taxi * and made it home.
그리고 걸어서 호텔까지 갔어요 / 몇 블록 떨어진 / 택시를 잡았죠 / 그리고 집에 왔어요.

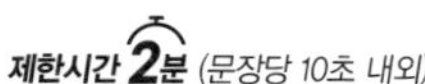

Step 2 따라 말하기	Step 3 혼자 말하기
I jumped in the back seat of a cab and **told the driver where I was going.** But he didn't know the way to get there so I **just got out.**	전 택시 뒷좌석에 타서 **택시기사에게 목적지를 말했지**만 택시기사가 거기 가는 길을 몰라서 **그냥 내렸어요.**
After getting passed up by a taxi, I always **take a look at the license plate number** before getting in a taxi.	**택시에게 승차 거부를 당하고 나서는** 택시 타기 전에 항상 **차량 번호판을 봅니다.**
I sat in the front seat of a cab. I forgot to **fasten my seatbelt,** so the driver told me to fasten it.	**택시 앞좌석에 앉아 있었는데 안전벨트 매**는 것을 깜박하자 택시기사가 매라고 했습니다.
The cab driver forgot to **turn on the meter.** So I ended up **paying the basic cab fare.**	택시기사가 **미터기 작동시키는** 걸 깜박해서 결국 **택시 기본요금만 냈어요.**
As I was opening the door and **getting out of the cab, I almost got hit by a motorcycle** coming from behind.	문을 열고 **택시에서 내리다가** 뒤에서 오던 **오토바이에 치일 뻔했어요.**
A cab driver **took a longer way around** so I got pissed off and complained.	택시기사가 **길을 멀리 돌아갔어요.** 그래서 화가 나 항의했습니다.
I left my phone in a cab. After I realized that I left it, I ran back to **the corner where I was dropped off** and began to fish my receipt out of a trash can.	**휴대전화를 택시에 두고 내렸어요.** 휴대전화를 두고 왔다는 걸 알아챈 후 **제가 내렸던 모퉁이**로 다시 뛰어가 쓰레기통에서 제가 버린 영수증을 찾기 시작했습니다.
I was waiting for a cab outside my office building. I **saw this taxi and tried to hail it,** but it passed me by.	우리 사무실 건물 밖에서 택시를 기다리고 있었습니다. **택시를 보고 잡으려고 했지**만 택시가 저를 그냥 지나쳐 갔어요.
I called a cab company to get a cab home. I got a text saying a cab was on its way but it never showed up. I was so frustrated and walked to a hotel a few blocks away, **got a taxi and made it home.**	집에 택시 타고 가려고 **콜택시를 불렀죠.** 택시가 가고 있다는 문자 메시지를 받았지만 택시는 오지 않았어요. 너무 짜증이 났고 몇 블록 떨어진 호텔까지 걸어가 **택시를 잡아서 집에 왔어요.**

DAY 29

3분 영어 말하기 에피소드 심화

패스트푸드점 & 학원

에피소드 57 ☆ 패스트푸드점 Fast Food Restaurants

In 29-1.mp3

Step 1 끊어 듣기

01 I like ABC's burgers * because you can choose * what to put on your burger, *
전 ABC 햄버거들을 좋아해요 왜냐면 당신은 고를 수 있거든요 당신의 햄버거에 무엇을 넣을지를
plus their veggie burgers are great.
게다가 그들의 채식 버거가 아주 맛있기도 하고요.

02 I have been eating hamburgers * every other day, * so I always crave them.
전 햄버거들을 먹어오고 있어요 이틀에 한 번 꼴로 그래서 늘 햄버거가 당겨요.

03 I don't like French fries. * So I switched to onion rings * instead.
전 감자튀김을 좋아하지 않아요. 그래서 전 양파링으로 바꿨어요 대신.

04 I work * at a fast food chain. * I am trying to lose weight * and exercise regularly *
전 일해요 패스트푸드점에서. 저는 살을 빼려고 하고 있는데요 그리고 규칙적으로 운동을 해요
but working at the fast food restaurant * seems to get in the way.
하지만 패스트푸드점에서 일하는 것이 방해가 되는 것 같아요.

05 When I feel like * eating hamburgers, * I usually go *
전 하고 싶은 기분이 들 때는 햄버거들을 먹는 것을 전 보통 가요
to a hand-made hamburger restaurant.
수제 햄버거 식당에.

06 They refill my Coke * so I drank it quickly * in order to get another one. *
그들은 제 콜라를 리필해줘요 그래서 전 그것을 빨리 마셨죠 또 한 잔 마시기 위해.
I ended up being too full * to finish my hamburger.
전 결국 너무 배가 불렀어요 제 햄버거를 다 먹기에는.

07 I accidentally tripped * and spilled my food * all over the place. *
전 실수로 넘어졌어요 그리고 제 음식을 쏟아 버렸죠 그곳에 전부.
I was very embarrassed * and pissed off * at the same time.
전 너무 창피했죠 그리고 화가 났어요 동시에.

08 When I go to Lotteria, * I usually order * more than usual *
전 롯데리아에 갈 때 전 보통 주문해요 평소보다 더 많이
because I can get discounts * by paying with my Lotte credit card.
왜냐면 전 할인받을 수가 있거든요 제 롯데 신용카드를 가지고 결제함으로써.

09 When I don't want to shower * and don't feel like * going out to eat, *
언제냐면 샤워하고 싶지 않을 때 그리고 하고 싶은 기분이 안 들 때 먹으러 밖에 나가는 것을
I go to the 24-hour drive-through * and get a hamburger.
전 24시간 드라이브 스루로 가요 그리고 햄버거를 삽니다.

10 I was excited * when McDonald's delivery service started, *
전 무척 신이 났죠 맥도날드 배달 서비스가 시작됐을 때
but they would often deliver the food * too late, * which was annoying.
하지만 그들은 종종 음식을 배달해요 너무 늦게 그것은 짜증스러웠어요.

훈련한 날짜 . .

소요시간 분

강의 및 훈련 MP3

제한시간 2분 (문장당 10초 내외)

Step 2 따라 말하기	Step 3 혼자 말하기
I like ABC's burgers because you can choose **what to put on your burger**, plus their veggie burgers are great.	ABC 햄버거를 좋아하는데 **햄버거에 무엇을 넣을지** 고를 수 있고 채소로 만든 버거가 아주 맛있기도 하기 때문이죠.
I have been eating hamburgers every other day, so I always **crave them.**	햄버거를 이틀에 한 번 꼴로 먹어요. 그러니까 늘 **햄버거가 당겨요.**
I don't like **French fries.** So I switched to **onion rings** instead.	**감자튀김**을 좋아하지 않아서 대신 **양파링**으로 바꿨어요.
I work at a fast food chain. I am trying to lose weight and exercise regularly but working at the fast food restaurant seems to get in the way.	**패스트푸드점에서 일하고 있어요.** 살을 빼려고 해서 운동을 규칙적으로 하지만 패스트푸드점에서 일하는 게 방해가 되는 것 같아요.
When I feel like eating hamburgers, I usually **go to a hand-made hamburger restaurant.**	햄버거가 먹고 싶을 때는 보통 **수제 햄버거 식당에 가요.**
They refill my Coke so I drank it quickly in order to get another one. I ended up being too full to finish my hamburger.	**콜라가 리필이 돼**서 또 한 잔 마시려고 급하게 마셨더니 결국 너무 배가 불러서 햄버거를 다 못 먹었습니다.
I accidentally tripped and spilled my food all over the place. I was very embarrassed and pissed off at the same time.	**실수로 넘어져서 음식을 매장에 다 쏟아 버렸죠.** 너무 창피하면서 동시에 화가 났어요.
When I go to Lotteria, I usually order more than usual because **I can get discounts by paying with my Lotte credit card.**	**롯데 신용카드로 결제하면 할인받을 수가 있어서** 롯데리아에 가면 보통 평소보다 더 많이 시키는 편이에요.
When I don't want to shower and don't feel like going out to eat, **I go to the 24-hour drive-through** and get a hamburger.	샤워하기도 싫고 밖에 나가서 먹고 싶은 생각이 안 들 때는 **24시간 드라이브 스루로 가서** 햄버거를 삽니다.
I was excited when McDonald's delivery service started, but **they would often deliver the food too late,** which was annoying.	맥도날드 배달 서비스가 시작됐을 때 무척 신이 났죠. 하지만 **종종 너무 늦게 배달을 해줘서** 짜증스러웠어요.

에피소드 58 ☆ 학원 Private Academies

In 29-2.mp3

Step 1 끊어 듣기

01 The instructor was so good * at teaching * that I didn't miss one class.
그 강사는 너무 잘했어요 콕 집어 가르치는 것에 그래서 전 한 수업도 빠지지 않았어요.

02 I registered for a class * but it was too hard * for me * when I first started. *
전 수업 하나에 대해 신청을 했어요 그러나 그것은 너무 어려웠어요 저한테는 제가 처음 시작했을 때.
So I got a refund * for the class.
그래서 전 환불을 받았죠 그 수업에 대해.

03 I have to wait * to register for the most popular class * next month *
전 기다려야 합니다 최고 인기 강좌를 등록하기 위해 다음 달에
because it gets full * so quickly.
왜냐면 그것은 (수강생이) 꽉 차니까 너무 빨리.

04 My registration card got wet * so I got it reissued * and took the course.
제 수강증이 젖어버렸어요 그래서 전 그것을 재발급받게 됐죠 그리고 그 수업을 들었어요.

05 The class was so boring * that I snuck out of it * in the middle.
그 수업이 너무 지루했어요 그래서 전 거기에서 몰래 빠져 나왔어요 (수업 시간) 도중에.

06 I decided to study hard * and registered * for an early morning class, *
전 열심히 공부하겠다고 결심했어요 그리고 등록했죠 새벽반에
but I never attended it.
그러나 한 번도 거기에 출석하지 않았습니다.

07 There were no chairs left * in the classroom *
남는 의자들이 없었어요 그 교실에
because the class was full of students. * So I had to stand *
왜냐면 그 강의가 학생들로 꽉 찼거든요. 그래서 전 서 있어야 했어요
in the back of the room * the whole time * and my legs hurt.
교실 뒤에 그 시간 내내 그리고 제 다리들이 아팠죠.

08 My class got canceled * at the last minute * so I just went out *
제 수업이 휴강됐어요 막판에 그래서 전 나갔어요
to drink with my friends.
제 친구들과 술 마시러.

09 I was sitting * in the wrong classroom * and I was late * for class.
전 앉아 있었어요 잘못된 교실에 그리고 전 늦었어요 수업에.

10 I slept the whole time * during the class * because I was too sick.
전 그 시간 내내 잤어요 그 수업 동안 왜냐면 전 너무 아팠거든요.

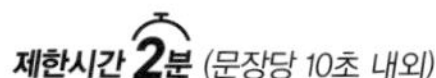

Step 2 따라 말하기	Step 3 혼자 말하기
The instructor was so good at teaching that I **didn't miss one class.**	**강사**가 너무 잘 가르쳐서 전 **한 번도 수업에 빠지지 않았어요.**
I **registered for a class** but it was too hard for me when I first started. So I **got a refund for the class.**	**수강 신청을 했지**만 처음 시작했을 때 저한테는 너무 어려웠어요. 그래서 **환불을 받았죠.**
I have to wait to register for **the most popular class** next month because **it gets full so quickly.**	**최고 인기 강좌**는 **무척 빨리 마감이 되기** 때문에 다음 달까지 기다렸다 그 강좌를 등록해야 합니다.
My registration card got wet so I got it reissued and **took the course.**	**수강증이 물에 젖어서** 재발급받고 **수업을 들었어요.**
The class was so boring that I snuck out of it in the middle.	**수업이 너무 지루해서** 전 수업 시간 도중에 몰래 빠져 나왔어요.
I decided to study hard and **registered for an early morning class**, but I **never attended it.**	열심히 공부하겠다 결심하고 **새벽반에 등록했지만 한 번도 듣지 않았습니다.**
There were no chairs left in the classroom because **the class was full of students.** So I had to stand in the back of the room the whole time and my legs hurt.	**강의에 학생들이 꽉 차**서 교실에 남는 의자가 없었어요. 그래서 강의 내내 교실 뒤에서 있어야 해서 다리가 아팠죠.
My class got canceled at the last minute so I just went out to drink with my friends.	막판에 **수업이 휴강돼**서 친구들이랑 술 마시러 나갔어요.
I **was sitting in the wrong classroom** and I was late for class.	**엉뚱한 교실에 앉아 있다**가 수업에 늦었어요.
I **slept the whole time during the class** because I was too sick.	몸이 너무 아파서 **수업 시간 내내 계속 잤어요.**

3분 영어 말하기 에피소드 심화

헬스클럽 & 화장실

에피소드 59 ☆ 헬스클럽 Fitness Centers

In 30-1.mp3

Step 1 끊어 듣기

01 After seeing a girl I like * at the gym, * the first thing I do * when I get there * is look around for her.
제가 좋아하는 여자를 본 후 / 헬스클럽에서 / 제가 제일 먼저 하는 일은 / 제가 거기에 갈 때 / 그녀를 찾기 위해 둘러보는 거예요.

02 I want * to get my sweaty gym clothes cleaned * after workout * but it is not possible * to do laundry * every day.
전 원합니다 / 제 땀에 젖은 헬스복을 깨끗하게 시키는 것을 / 운동 후에 / 하지만 그것은 불가능해요 / (그것이 뭐냐면) 빨래를 하는 것 / 매일.

03 I take a shower * at home * because I don't feel comfortable * when showering * in a public shower.
전 샤워합니다 / 집에서 / 왜냐면 불편하니까요 / 샤워할 때 / 공동 샤워장에서.

04 The TV on the treadmill * did not work, * so I listened to music * on my smartphone * instead.
러닝머신 위에 있는 TV가 / 작동하지 않았어요 / 그래서 전 음악을 들었어요 / 제 스마트폰상에서 / 대신.

05 My arms are sore * after lifting heavy barbells.
제 팔들이 아프네요 / 무거운 바벨을 들어 올리고 난 후.

06 I work out * for about 45 minutes * three days a week, * with a combination * of running, * biking, * walking and stair-stepping.
전 운동을 합니다 / 약 45분 동안 / 일주일에 3일 / 섞어서 / 달리기 / 자전거 타기 / 걷기 그리고 계단 밟기를.

07 I can't seem to lose fat * or tone up * around my thighs and butt. * So I have added * weight training * to my workout.
전 지방을 뺄 수가 없을 듯합니다 / 또는 근육을 발달시킬 수 없을 듯해요 / 제 허벅지와 엉덩이 주변에. / 그래서 전 추가했습니다 / 근력 운동을 / 제 운동에.

08 I joined the gym * but was too busy to go. * So I forwarded my membership * to the following month.
전 헬스클럽에 등록했어요 / 하지만 너무 바빠서 못 갔죠. / 그래서 저는 제 회원자격을 넘겼어요 / 그 다음 달로.

09 I joined a gym for women * only because guys smell bad * when working out.
전 여성용 헬스클럽에 등록했어요 / 단지 남자들은 냄새가 심하기 때문에 / 운동할 때.

10 I paid my full six-month membership * up front * but I hardly went there * to work out.
전 제 6개월치 회원 등록비를 냈습니다 / 선불로 / 하지만 전 거의 거기에 가지 않았어요 / 운동을 하기 위해.

훈련한 날짜 . .

소요시간 분

강의 및 훈련 MP3

제한시간 2분 (문장당 10초 내외)

Step 2 따라 말하기	Step 3 혼자 말하기
After seeing a girl I like **at the gym, the first thing I do when I get there** is look around for her.	**헬스클럽에서** 마음에 드는 여자를 본 후 **헬스클럽 가서 제일 먼저 하는 게** 그 여자를 찾는 일이에요.
I want to **get my sweaty gym clothes cleaned** after workout but it is not possible to **do laundry** every day.	운동 후에 **땀에 젖은 운동복을 빨고** 싶지만 매일 **빨래를 하는** 것은 불가능합니다.
I take a shower at home because I don't feel comfortable when **showering in a public shower.**	**공동 샤워장에서 샤워하는 게** 불편해서 전 집에서 샤워합니다.
The TV on the treadmill did not work, so I listened to music on my smartphone instead.	**러닝머신에 설치된 TV가 나오지 않아** 대신 제 스마트폰으로 음악을 들었어요.
My arms are sore after **lifting heavy barbells.**	**무거운 바벨을 들어 올리고** 났더니 팔이 아프네요.
I work out for about 45 minutes three days a week, with a combination of **running, biking, walking and stair-stepping.**	일주일에 3일 약 45분씩 **달리기, 자전거 타기, 걷기, 계단 밟기**를 섞어서 운동합니다.
I can't seem to **lose fat** or **tone up around my thighs and butt**. So I have added **weight training** to my workout.	**지방이 빠지**거나 **허벅지와 엉덩이 근육이 발달되는** 것 같지 않아서 근력 운동을 추가했습니다.
I joined the gym but was too busy to go. So I **forwarded my membership to the following month.**	**헬스클럽에 등록했지**만 너무 바빠서 못 갔죠. 그래서 **회원권 시작을 다음 달로 이월했어요.**
I joined **a gym for women only** because guys smell bad when working out.	단순히 남자들은 운동할 때 냄새가 나서 **여성 전용 헬스클럽**에 등록했어요.
I paid my full six-month membership up front but I hardly went there to work out.	**6개월치 회원 등록비를 선불로 냈지**만 운동하러 거의 가지 않았어요.

In 30-2.mp3

Step 1 끊어 듣기

01 I was in a public restroom * the other day * and heard a person grunting *
전 공중 화장실에 있었어요 일전에 그리고 어떤 사람이 끙끙거리는 소리를 들었죠
in the stall * and then I heard a plop noise.* I guess * he was pooping, *
(화장실) 칸 안에서 그리고 나서 전 퐁당 하는 소리를 들었어요 전 생각했죠 그는 큰일을 보고 있구나라고
but it was gross.
그러나 그것은 너무 더러웠어요.

02 Once I was in a terrible hurry * but couldn't find a public restroom. *
한번은 전 너무 급한 상태에 있었죠 하지만 공중 화장실을 찾을 수가 없었어요.
I eventually found one * but the door was locked.
전 겨우 하나 찾았어요 하지만 그 문이 잠겨 있었죠.

03 I was peeing * in a men's restroom * and the cleaning lady just walked in. *
전 오줌을 누고 있었어요 남자 화장실에서 그리고 청소하시는 아주머니가 막 들어오셨어요.
I ran out * in a hurry.
전 달아나듯 나갔어요 급히.

04 I don't understand * why people don't wash their hands * after using the toilet.
전 이해가 안 돼요 왜 사람들이 그들의 손들을 씻지 않는지 화장실을 사용한 후에.

05 The McDonald's bathroom * I was at * had the doors that have a handle *
그 맥도날드 화장실은 콕 집어 제가 있었던 손잡이가 하나 있는 문들이 있었어요
and no latch. * When I opened a stall, * a woman started screaming * at me *
걸쇠는 없고. 제가 화장실 칸 하나를 열었을 때 여자가 소리 지르기 시작했어요 제게
to shut the door.
문을 닫으라고.

06 I went into the restroom * right after cleaning * without noticing *
전 화장실에 들어갔어요 청소를 한 직후에 눈치도 못 챈 채
and I walked out slowly * because of the slippery floor.
그리고 전 천천히 걸어 나왔습니다 미끄러운 바닥 때문에.

07 I was sitting on the toilet * and heard a woman come into the bathroom *
전 변기에 앉아 있었어요 그리고 한 여자가 화장실로 들어오는 소리를 들었죠
with her kid. * When she went in the other stall, * the little boy was waiting *
자기 아이와 함께. 그녀가 다른 칸에 들어갔을 때 어린 남자애는 기다리고 있었죠
outside.
밖에서.

08 I tried to flush a toilet * in a public restroom * but it didn't work. *
전 변기의 물을 내리려고 했어요 공중 화장실에서 하지만 그것은 작동하지 않았어요.
So I got out of the restroom * when no one was around.
그래서 전 화장실 밖으로 나왔어요 주위에 아무도 없을 때.

09 I was in a long line * at a public restroom * and I asked *
전 긴 줄 안에 있었어요 공중 화장실에서 그리고 물었죠
the person in front of me * if I could use it first * and she allowed me to.
제 앞에 있는 사람에게 제가 그것을 먼저 사용할 수 있는지 그리고 그녀는 제게 그러라고 허락해 줬어요.

10 I was in a restroom * when an important call came in. *
전 화장실 안에 있었어요 중요한 전화가 걸려 왔을 때.
I was afraid * that the person next to me * in the restroom * might hear me *
전 신경이 쓰였어요 제 옆에 있는 사람이 화장실 안에서 제 소리를 들을까 봐
so I didn't answer it.
그래서 전 그것을 받지 않았죠.

Step 2 따라 말하기	Step 3 혼자 말하기
I was in a public restroom the other day and heard a person grunting in the stall and then I heard a plop noise. I guess he **was pooping**, but it was gross.	일전에 **공중 화장실에 있는데** 어떤 사람이 안에서 끙끙거리는 소리가 들리더니 퐁당 빠지는 소리가 났어요. 아마 **큰일을 보는** 듯 했는데 너무 더러웠어요.
Once **I was in a terrible hurry** but couldn't find a public restroom. I eventually found one but the door was locked.	한번은 **너무 급했지**만 공중 화장실을 찾을 수가 없었어요. 겨우 하나 찾았는데 문이 잠겨 있었죠.
I was peeing in a men's restroom and the cleaning lady just walked in. I ran out in a hurry.	**남자 화장실에서 볼일을 보는데** 청소하시는 아주머니가 들어오셔서 전 급히 나갔어요.
I don't understand why people don't wash their hands **after using the toilet.**	**볼일을 보고** 왜 사람들이 손을 씻지 않는지 이해가 안 돼요.
The McDonald's bathroom I was at had the doors that have a handle and no latch. **When I opened a stall**, a woman started screaming at me to shut the door.	**제가 갔던 맥도날드 화장실** 문들은 걸쇠가 없는 그냥 손잡이만 있었는데 **제가 화장실 칸 하나의 문을 열자** 한 여자가 문 닫으라고 소리 지르기 시작했어요.
I went into the restroom **right after cleaning without noticing** and I walked out slowly because of the slippery floor.	**청소한 줄 모르고 바로** 화장실에 들어갔다가 바닥이 미끄러워서 천천히 걸어 나왔습니다.
I was sitting on the toilet and heard a woman come into the bathroom with her kid. When **she went in the other stall**, the little boy was waiting outside.	**볼일을 보고 있는데** 어떤 여자가 아이랑 들어오는 소리가 들렸어요. **여자가 다른 칸에 들어가고** 남자애는 밖에서 기다렸죠.
I tried to **flush a toilet** in a public restroom but it didn't work. So I **got out of the restroom** when no one was around.	공중 화장실에서 **물을 내리려는데** 고장이 났어요. 그래서 주위에 아무도 없을 때 **화장실에서 나왔어요.**
I was in a long line at a public restroom and **I asked the person in front of me if I could use it first** and she allowed me to.	공중 화장실에서 길게 줄을 서 있었는데 제가 **앞에 있던 사람에게 화장실을 먼저 써도 되겠냐고 물어봤더니** 그렇게 하라고 했죠.
I was in a restroom when an important call came in. I was afraid that the person next to me in the restroom **might hear me** so I didn't answer it.	**화장실 안에 있는데** 중요한 전화가 왔어요. 제 옆 칸에 있는 사람이 제가 말하는 걸 들을까 봐 전화를 안 받았죠.

{ INPUT }
주요 표현 정리
Check the Useful Expressions

INPUT 파트에 나온 중요한 표현들을 해설과 함께 정리했습니다. 표현의 미묘한 뉘앙스 차이를 알아둘 필요가 있거나 알아두면 스피킹에 큰 도움 되는 표현의 용법 또는 개별 단어의 의미를 자세히 정리했어요. 이미 알고 있는 내용은 그냥 건너뛰고 새로운 정보들만 흡수하시면 됩니다. 모르는 표현은 빈칸에 ☑ 표시하고 나중에 복습하셔도 좋습니다.

| DAY 01 | 결혼식 & 계절

p.26

에피소드 1 ☆ 결혼식 Weddings

01 | ▢ **cocktail dress** 여성의 약식 야회복인 칵테일 드레스 ▢ **wedding** 결혼식 ▢ **ivory** 상아색
▢ **bride** 신부 ▢ **shine** 빛나다

02 | ▢ **outdoor wedding** 야외 결혼식 ▢ **fortunately** 다행히 (↔ unfortunately)
▢ **indoor site** 실내 장소

03 | ▢ **bride's bouquet** 신부의 부케 ▢ **fell** 넘어졌다 ▸fall - fell - fallen

04 | ▢ **get married** 결혼하다 ▸결혼한 상태는 be married로 나타냅니다.

05 | ▢ **live band** 라이브 밴드 (생음악을 연주하는 밴드) ▸이 경우 live는 형용사로 [laiv]로 발음합니다.
▢ **autograph** 사인 ▸연예인 등 유명인사가 해주는 사인을 영어로는 autograph라고 합니다.

06 | ▢ **cash gift** 현금 선물 ▢ **meal ticket** 식권

07 | ▢ **wedding hall** 결혼식장 ▢ **guest** 하객

08 | ▢ **host** 사회를 보다 ▢ **without making any mistakes** 전혀 실수하지 않고

09 | ▢ **take a picture with** ~와 함께 사진을 찍다 ▢ **attend the wedding** 결혼식에 참석하다

10 | ▢ **be in a hurry** 바쁘다 ▢ **immediately** 즉시

에피소드 2 ☆ 계절 Seasons

01 | ▢ **can't stand** ~을 참을 수 없다 ▢ **be allergic to** ~에 알러지[알레르기]가 있다

02 | ▢ **lie in bed** 침대에 누워 있다 ▢ **listen to the rain outside** 밖에서 내리는 빗소리를 듣다

03 | ▢ **put on** (옷을) 입다 ▢ **layer** 층, 겹

04 | ▢ **shovel** 삽질하다 ▢ **remind someone of something** 누구에게 무엇을 떠오르게 하다

05 | ▢ **fall leaves** 단풍 ▢ **fall** 가을

06 | ▢ **global warming** 지구 온난화 ▢ **get worse** 악화되다

07 | ▢ **curl up** 몸을 동그랗게 말다 ▢ **couch** 소파 ▢ **freezing cold** 매섭게 추운

08 | ▢ **get bitten** (벌레 등에) 물리다 ▶bite - bit - bitten ▢ **repellent**[ripélənt] 모기 퇴치제, 모기약

09 | ▢ **that** (부사) 그 정도로 ▢ **don't have to do** ~할 필요가 없다

10 | ▢ **get tanned** (햇볕에) 타다 ▢ **long-sleeved shirt** 긴 팔 셔츠

| DAY 02 | 공연 & 공항 p.30

에피소드 3 ☆ 공연 Performance

01 | ▢ **attend** ~에 참석하다 ▢ **boring** 지루하게 하는 ▶어떤 것이 지루하게 해서 지루한 것은 boring, 내가 지루해져서 지루한 건 bored. 그래서 It was boring.(그건 지루했어.), I was bored.(난 지루했어.)와 같이 활용합니다.
▢ **fall asleep** 잠들어 버리다

02 | ▢ **threaten** (나쁜 일이 있을) 조짐이 보이다 ▢ **overhead** 머리 위에서
▢ **end up -ing** 결국 ~하게 되다

03 | ▢ **be in pain** 통증이 있다 ▢ **serious** 심각한

04 | ▢ **perform a concert** 공연을 하다 ▢ **sold out** 다 팔린, 매진된

05 | ▢ **try to do** ~하려고 시도하다, 애쓰다 ▢ **search** 검색 ▢ **refresh the search** (인터넷 검색) 새로 고침을 하다

06 | ▢ **on auction** 경매로 ▢ **counterfeit** 위조의, 가짜의 ▢ **shipping fee** 배송료

07 | ▢ **work part time** 아르바이트를 하다 ▶아르바이트(part time)를 하는 동작에 초점을 맞춰 말할 때는 work part time이라고 하고, 하고 있는 아르바이트가 있다는 상태에 초점을 맞춰 말할 때는 have a part time이라고 합니다. ▢ **get to do** ~하게 되다 ▢ **for free** 공짜로

08 | ▢ **venue** (콘서트, 스포츠 경기 등의) 장소 ▢ **just in case** 만약 ~할 경우를 대비해 ▶뒤에는 완전한 문장을 말해 주면 됩니다. ▢ **It's too + 형용사 + to do** ~하기에는 너무 …하다, 너무 …해서 ~할 수 없다
▢ **coat rack** 외투걸이 ▶외투를 걸어 둘 만한 곳이나 맡겨 둘 만한 곳을 포괄해서 말할 때 쓰면 됩니다.

09 | ▢ **be about to do** ~하려던 참이다, 막 ~하려고 하다 ▢ **be in full swing** 분위기가 최고조에 달하다 ▢ **backup dancer** 백댄서 ▸우리는 백댄서라고 말하지만, 영어로 말할 때는 backup dancer입니다. backup인 점 주의하세요! ▢ **overexcited** 지나치게 흥분한 ▢ **pass out** 기절하다, 실신하다

10 | ▢ **be interested in** ~에 관심이 있다
▢ **ticket availability** 잔여 티켓 여부
▢ **get a chance to do** ~할 기회를 얻다

에피소드 4 ☆ 공항 Airports

01 | ▢ **so + 형용사 + that ~** 너무 …해서 ~하다 ▸that 뒤에는 문장을 말해 줍니다.
▢ **check-in desk** (공항) 탑승 수속 창구

03 | ▢ **sniffer** 마약 탐지견 ▢ **for the first time** (난생) 처음으로

04 | ▢ **airline** 항공사 ▢ **not A until B** B하고 나서야 A했다

05 | ▢ **miss** ~을 놓치다 ▸타야 할 교통편을 이런저런 이유로 놓쳤을 때 동사 miss를 활용하세요.
▢ **waive** 면제해 주다

06 | ▢ **mistake A** A를 잘못 알다 ▢ **boarding time** 탑승 시간 ▢ **get on** ~에 타다 ▸버스나 열차, 비행기처럼 몸을 숙이지 않고 타고 내릴 수 있는 교통편에 대해서는 get on을 씁니다. 반면 몸을 숙여서 들어가야 하는 택시, 자동차에 탄다고 할 때는 get in을 쓰죠.

07 | ▢ **be/get delayed** 연착되다, 지연되다 ▸be를 쓰면 단순히 연착되었다는 뉘앙스를 띠고, get을 쓰면 여차저차한 사정으로 연착되어버렸다는 뉘앙스를 띠게 됩니다. ▢ **overnight** 밤새

08 | ▢ **notice** ~을 인지하다, 알게 되다 ▢ **expire** 만료되다

09 | ▢ **be supposed to do** ~하기로 되어 있다 ▢ **departure level** (공항) 출국 층
▢ **arrival level** 도착 층 ▢ **get lost** 길을 잃게 되다

10 | ▢ **have to do** ~해야 하다 ▢ **extra charge** 추가 요금
▢ **overweight luggage** 중량 초과 수하물

11 | ▢ **be late for** ~에 늦다 ▢ **connecting flight** 연결 항공편

에피소드 5 ☆ 해외여행 Traveling Overseas

01 | ▢ **exchange** 환전하다 ▢ **beforehand** 사전에, 미리 ▢ **fee** 수수료

02 | ▢ **overseas** 해외로 ▢ **guided tour package** 가이드가 딸린 단체관광

03 | ▢ **take a cab** 택시를 타다 ▢ **turn out** ~라고 밝혀지다 ▢ **cab driver** 택시기사
▢ **rip off** ~에게 바가지를 씌우다

04 | ▢ **air miles from (one's) frequent business trips** 사업상 상용 고객 탑승 마일리지
▢ **get to fly** 비행기를 타게 되다 ▢ **for free** 무료로

05 | ▢ **Germany** 독일

06 | ▢ **all year round** 1년 내내

07 | ▢ **embassy** 대사관

08 | ▢ **misunderstand** 오해하다 ▸misunderstand - misunderstood - misunderstood

09 | ▢ **local food** 현지 음식

10 | ▢ **tend to do** ~하는 경향이 있다 ▢ **pricey** 비싼 ▢ **economical** 절약이 되는

에피소드 6 ☆ 기념일 Anniversaries

01 | ▢ **totally** 완전히 ▢ **alone** 혼자서

02 | ▢ **lunar calendar** 음력 ▢ **so that S + V** ~하기 위해서

03 | ▢ **keep track of** ~을 챙기다 ▢ **anniversary** 기념일 ▢ **except for** ~을 제외하고는
▢ **wedding anniversary** 결혼기념일

04 | ▢ **memorial service** 제사

05 | ▢ **three-year anniversary** 결혼기념 3주년 ▢ **casual about** ~에 대해서 신경을 쓰지 않는

06 | ▢ **creative** 창조적인 ▢ **run low** 바닥이 나다, 고갈되다
▢ **come up with** (아이디어 등을) 생각해내다

07 | ▢ **set an alarm** 알람을 맞추다

08 | ▢ **lovely** 사랑스러운 ▢ **at the end of the year** 연말에

09 | ▢ **strict** 엄격한 ▢ **midnight** 자정 ▢ **exception to the rule** 규칙에 대한 예외

10 | ▢ **get someone something** 누구에게 무엇을 사주다 ▸buy someone something 하면 딱 사주는 것에 초점이 맞춰지고, get someone something이라고 하면 돈을 주고 사주는 상황뿐 아니라 어떤 식으로든 구해다 주는 상황에서도 쓸 수 있습니다. ▢ **wither** 시들다

| DAY 04 | 길 찾기 & 노래방 p.38

에피소드 7 ☆ 길 찾기 Getting Lost

01 | ▢ **get lost** 길을 잃다 ▢ **for god knows how long** 시간이 가는 줄도 모르고, 엄청 오랫동안
▸god knows(신만이 안다)는 '굉장히 오랜 시간'을 강조합니다.

02 | ▢ **lose sight of** ~를 못보다, 시야에서 놓치다 ▢ **end up in panic** 패닉 상태에 빠지다

03 | ▢ **GPS app** 위성 위치 확인 시스템 앱

04 | ▢ **haven't been to this place** 이곳에는 와 본 적이 없다

05 | ▢ **get you where you're going** 가려고 하는 곳에 데려다 주다

06 | ▢ **direct** 방향을 지시하다, 길을 알려주다 ▢ **closed road** 막힌 도로

07 | ▢ **exit** 출구, 나가다

08 | ▢ **left turn restriction** 좌회전 금지 ▢ **intersection** 교차로

09 | ▢ **heavy traffic** 교통 혼잡 ▢ **route** 길, 경로 ▢ **destination** 목적지

10 | ▢ **get to my destination** 목적지에 도착하다 ▢ **get directions** 길안내를 받다

에피소드 8 ☆ 노래방 Singing Rooms

02 | ▢ **regular customer** 단골 손님 ▢ **beverage** 음료

03 | ▢ **scream oneself hoarse** 소리를 질러서 목이 쉬다

05 | ▢ **look up** (정보를) 찾아보다, 검색하다

06 | ▢ **soundproof wall** 방음벽

07 | ▢ **every time S + V** (접속사) ~할 때마다 ▢ **scratchy** 갈라진 소리가 나는
▢ **crack** (소리가) 갈라지다

08 | ▢ **pay attention to** ~에 관심을 기울이다

09 | ▢ **be crazy about** ~에 열광하다 ▢ **take turns** 순번대로 하다

10 | ▢ **come back from the restroom** 화장실에서 돌아오다

11 | ▢ **go up on the table** 탁자 위에 올라가다

| DAY 05 | 놀이공원 & 독서

p.42

에피소드 9 ☆ 놀이공원 Amusement Parks

01 | ▢ **have a frog in one's throat** 목이 잠기다, 쉬다 ▢ **haunted house** 귀신이 나오는 집

02 | ▢ **hate** ~을 싫어하다 ▢ **wait in a long line** 긴 줄에 서서 기다리다 ▸wait in line 하면 '줄을 서서 기다리다'이고, line 앞에 a long을 넣으면 '긴 줄에 서서 기다리다'가 됩니다.

03 | ▢ **theme park** 테마파크 (특정한 테마를 중심으로 꾸민 놀이공원) ▢ **be scared of** ~을 무서워하다

04 | ▢ **there are tons of A** A가 엄청 많다 ▢ **family-friendly** 가족 친화적인, 가족용

05 | ▢ **blast** 신나는 것 ▢ **grow up** 성장하다, 철이 들다

06 | ▢ **scary** 무서운

07 | ▢ play 연극 ▢ make sure to do 반드시 ~하려고 하다 ▢ get there early 일찍 도착하다

08 | ▢ get lost 길을 잃다 ▢ make an announcement 방송을 하다

09 | ▢ have an upset stomach 배탈이 나다 ▢ pharmacy 약국

10 | ▢ splash 물이 튀기다

에피소드 10 ☆ 독서 Reading

01 | ▢ wait for someone 누구를 기다리다 ▶wait는 자동사이기 때문에 for를 빼고 wait someone이라고 하면 안 됩니다.

02 | ▢ lend 빌려주다 ▶lend – lent - lent ▢ eventually 결국 ▢ take back 도로 가져오다

03 | ▢ write down 적어 두다 ▢ underline 밑줄을 긋다

05 | ▢ take good care of ~을 잘 관리하다 ▶take care of는 사람을 '돌보다', 물건을 '관리하다', 일을 '처리하다'란 의미로 쓰이는 표현. 여기에 '잘'이란 의미를 덧붙이면 싶다면 care 앞에 good만 넣어주면 됩니다.

06 | ▢ otherwise 그렇게 하지 않으면

07 | ▢ flip through the pages 페이지를 넘기다

08 | ▢ novel 소설 ▢ be turned into a movie (소설 등이) 영화로 만들어지다
▢ get disappointed 실망하다

09 | ▢ author 작가 ▢ book signing 도서 사인회

10 | ▢ book report 독후감

| DAY 06 | 다이어트 & 도서관 p.46

에피소드 11 ☆ 다이어트 Diet

01 | ▢ diet pill 다이어트용 알약 ▢ lose weight 살을 빼다

02 | ▢ **skip meals** 끼니를 거르다 ▢ **muscle** 근육 ▢ **become tired** 피곤해지다

03 | ▢ **fit into** 몸이 어떤 옷에 꼭 들어맞다 ▢ **intense** 강도 높은 ▢ **hair loss** 탈모

04 | ▢ **have nothing but** ~이외에는 아무것도 안 먹다
▢ **one-food diet** 한 가지 음식만 먹으면서 하는 다이어트

05 | ▢ **scale** 저울 ▢ **weigh** 무게를 재다 ▢ **calorie intake** 칼로리 섭취량

06 | ▢ **small portions** 소량 ▢ **exercise** 운동하다 ▢ **at the same time** 동시에

07 | ▢ **low-fat milk** 저지방 우유

08 | ▢ **celebrity** 유명인사

09 | ▢ **resist** 저항하다 ▢ **temptation** 유혹

10 | ▢ **weight clinic** 비만 치료소 ▢ **get shots** 주사를 맞다 ▢ **fat breakdown** 지방 분해
▢ **on a regular basis** 규칙적으로

에피소드 12 ☆ 도서관 Libraries

02 | ▢ **be annoyed by** ~때문에 짜증이 나다 ▢ **be supposed to do** ~하기로 되어 있다

04 | ▢ **overdue** 반납 기한이 지난 ▢ **renew** 연장하다 ▢ **fine** 벌금

05 | ▢ **have no classes with** ~와 같이 듣는 수업이 없다 ▢ **lunchtime** 점심시간

06 | ▢ **have a word with** ~와 잠깐 얘기하다, ~에게 잔소리를 하다

07 | ▢ **get distracted** 정신이 산만해지다

08 | ▢ **check out a book** 책을 대출하다 ▢ **return** 반납하다

09 | ▢ **either A or B** A나 B 둘 중의 하나 ▢ **fill holds** 대출 예약에 응하다
▢ **return books** 책을 반납하다

10 | ▢ **the whole time** 내내, 줄곧

| DAY 07 | 동네 이웃 & 명절 p.50

에피소드 13 ☆ 동네 이웃 Neighbors

01 | ▢ **neighbor** 이웃사람 ▸neighborhood는 집합적인 이웃사람, 또는 그런 이웃사람들이 사는 동네를 뜻합니다. 개개인을 뜻할 때는 neighbor, 집합적인 이웃사람을 뜻할 때는 neighborhood를 쓰죠.

▢ **surveillance camera** 감시 카메라 ▸surveillance [sərvéiləns] ▢ **effective** 효과적인

▢ **neighborhood watch group** 동네 방범대 ▸watch는 TV나 경기 등을 '본다'고 할 때도 쓰고, '경계하고 감시하고 지킨다'는 의미로도 쓰입니다. 동사뿐 아니라 명사로도 쓰이죠.

02 | ▢ **be designated as** ~로 지정되다 ▢ **redevelopment area** 재개발 지역

03 | ▢ **property value** 부동산 가격

04 | ▢ **folks** 사람들 ▢ **get carried away** 흥분하다 ▢ **spy on** ~을 염탐하다

05 | ▢ **move into** ~로 이사하다 ▢ **get together with** ~와 만나다

06 | ▢ **get along with** ~와 사이좋게 지내다 ▢ **next door** 옆집

07 | ▢ **neighborhood** 동네 ▢ **exercise** 운동하다

08 | ▢ **bunch of junk** 쓰레기 더미 ▢ **backyard** 뒷마당 ▢ **eyesore** 보기 흉한 것

09 | ▢ **household** 가정, 세대 ▢ **parking space** 주차 공간 ▢ **argue over** ~에 대해서 말다툼하다

에피소드 14 ☆ 명절 Holidays

01 | ▢ **holidays** 명절

02 | ▢ **be stuck in** ~에 틀어박혀 있다

03 | ▢ **in the country** 시골에 ▢ **traffic** 교통 혼잡

04 | ▢ **get older** 나이가 들다

05 | ▢ avoid the holiday traffic 명절의 교통 혼잡을 피하다
▢ be stuck in a car 차 안에 갇혀 꼼짝 못하다 ▢ carsick 차멀미

06 | ▢ hectic 정신 없이 바쁜 ▢ challenging 도전적인

07 | ▢ decorate 장식하다 ▢ decoration 장식

08 | ▢ bug 벌레

09 | ▢ make deep bows 세배하다 ▢ elder 어르신

10 | ▢ traditional clothes 전통적인 의상

| DAY 08 | 대중목욕탕 & 버스 p.54

에피소드 15 ☆ 대중목욕탕 Public Baths / Saunas

01 | ▢ scary 무서운 ▢ tattoo 문신 ▢ stay away from ~를 피하다

02 | ▢ stick to ~에게 붙다 ▢ air out (바람이 부는 곳에서) 말리다

03 | ▢ air-dry 말리다 ▢ humid 습한 ▢ dry off 물기를 말리다

04 | ▢ take a bath 목욕하다 ▢ look for ~을 찾다

05 | ▢ get hot 더워지다

06 | ▢ sprain 삐다 ▢ ankle 발목 ▢ slippery 미끄러운 ▢ soapy water 비눗물

07 | ▢ public bath 공중목욕탕, 대중목욕탕 ▢ drain 물을 빼다

08 | ▢ be frustrated 짜증이 나다 ▢ ladies' section 여탕

09 | ▢ nearby 근처에 있는

10 | ▢ scrub 때를 밀다 ▢ back 등

에피소드 16 ☆ 버스 Bus

01 | ▢ **get off** (버스나 지하철 등 큰 차량에서) 내리다 ▸버스나 지하철, 비행기 등에서 타고 내린다고 할 때는 get on(타다), get off(내리다)를 쓰고, 택시나 자동차처럼 몸을 숙여 타고 내려야 하는 경우에는 get in(타다), get out(내리다)을 씁니다. ▢ **wallet** 지갑

02 | ▢ **the elderly** 노인들 ▸elderly는 '나이가 지긋한'이란 뜻의 형용사입니다. 〈the + 형용사〉는 '~한 사람들'을 의미하죠. ▢ **give up the seat** 좌석을 양보하다

03 | ▢ **stop** (버스 등의) 정류장 ▢ **press the button** 단추를 누르다

04 | ▢ **break down** 고장나다 ▢ **passenger** 승객

05 | ▢ **scan** 스캔하다, 긁다, 대다 ▢ **card reader** 카드 판독기, 단말기 ▢ **transfer** 환승하다

06 | ▢ **tell off** 야단치다

07 | ▢ **give one's seat to** ~에게 자리를 양보하다 ▢ **get sick** 멀미가 나다

08 | ▢ **get embarrassed** 창피하게 되다 ▢ **nod off** 꾸벅꾸벅 졸다

09 | ▢ **make a sudden stop** 급정거하다 ▢ **take out** 꺼내다

10 | ▢ **be confused with** ~에 대해서 혼동하다

11 | ▢ **commute** 출퇴근하다 ▢ **parking fee** 주차료

| DAY 09 | 병원 & 비행기 p.58

에피소드 17 ☆ 병원 Hospitals

01 | ▢ **be hospitalized** 입원하다 ▢ **private ward** 개인 병실 ▢ **soon after** 곧이어

02 | ▢ **severe fever** 고열 ▢ **in the middle of the night** 한밤중에
▢ **be rushed to the hospital** 급하게 병원으로 이송되다

03 | ▢ **procedure** 절차 ▸여기서는 '의료 처치 절차'를 의미하죠. ▢ **get a shot** 주사를 맞다

04 | ▢ **pre-op testing** 수술 전 검사 ▢ **be scared** 겁내다 ▢ **surgery** 수술

05 | ▢ **be in the hospital** 병원에 입원해 있다 ▢ **be in and out of there** 그곳을 들락날락하다
▢ **on end** (어떤 기간 동안) 계속

06 | ▢ **misdiagnose** 오진하다 ▢ **get hospitalized** 입원하다

07 | ▢ **by oneself** 혼자 힘으로 ▢ **feed oneself** 스스로 식사하다 ▢ **nursing home** 요양원

08 | ▢ **drop off A at B** A를 B에 데려다 주다 ▢ **daycare** 어린이집 ▢ **illness** 질병 ▢ **patient** 환자

09 | ▢ **injection** 주사

10 | ▢ **hospital stay** 병원에 입원해서 지내기 ▢ **tough** 힘든 ▢ **depress** 우울하게 만들다
▢ **feel blue** 우울해 하다

에피소드 18 ☆ 비행기 Airplanes

01 | ▢ **flight attendant** 비행기 승무원 ▢ **my ideal type** 내 이상형
▢ **work up the nerve to do** ~할 용기를 내다

02 | ▢ **in-flight meal** 기내식 ▢ **instant cup noodles** 컵라면

03 | ▢ **economy seat** (비행기) 이코노미석 좌석 ▢ **fall asleep** 잠들다 ▢ **discomfort** 불편

04 | ▢ **be seated** 좌석에 앉아 있다 ▢ **the whole time** 줄곧, 내내

05 | ▢ **get sick** 멀미를 하다 ▢ **sleeping pill** 수면제

06 | ▢ **reboard** ~에 다시 타다 ▢ **take a look around** 둘러보다

07 | ▢ **turbulence** 난류 ▢ **shake** 떨다

08 | ▢ **long flight** 장거리 비행

09 | ▢ **seatbelt sign** 좌석벨트를 매라는 신호 ▢ **turn on** 켜지다 ▢ **strap on** 매다
▢ **shake badly** 심하게 흔들리다 ▢ **bounce out of** ~에서 튕겨나가다

10 | ▢ miss 놓치다 ▢ a while later 잠시 후에

| DAY 10 | 사진 & 서점

p.62

에피소드 19 ☆ 사진 Photos

01 | ▢ **develop pictures** 사진을 인화하다 ▶develop에는 '인화하다'는 뜻도 있습니다.

02 | ▢ **the thing is ~** 문제는 ~이다 ▢ **get A developed** (사진관에 맡겨서) A를 인화하다

03 | ▢ **save** 저장하다 ▢ **accidentally** 실수로, 뜻하지 않게 ▢ **delete** 삭제하다

04 | ▢ **favorite** 제일 좋아하는 ▢ **be broken** 고장 나다

05 | ▢ **family of three** 3인 가족 ▢ **top** 상의 ▢ **cheesy** 오글거리는

06 | ▢ **nephew** 조카 ▢ **first birthday** 돌

07 | ▢ **retouch** (사진을) 보정하다 ▢ **post** 게재하다, 올리다 ▢ **social media** 소셜 미디어, SNS ▶우리는 보통 SNS라고 하지만 영어권에서는 social media라고 합니다. 또, social media는 집합명사 내지는 추상명사이므로, 자신이 운영하고 있는 구체적인 SNS들에 게시물을 올린다는 어감을 전하고 싶을 때는 구체적인 사이트들을 두루뭉술하게 표현한 links를 뒤에 붙여 말하면 됩니다. 아니면 on my Facebook, on my Instagram처럼 구체적인 사이트 이름으로 표현하는 방법도 있고요.

08 | ▢ **toilet** 변기

10 | ▢ **be in pictures** 사진에 찍히다 ▢ **selfie**[sɛlfi] 셀카

에피소드 20 ☆ 서점 Bookstores

01 | ▢ **peruse** 읽다 ▶peruse는 read에 비해 보다 formal한 표현입니다. read는 '읽다', peruse는 '독서하다, 찬찬히 읽다' 정도의 차이라고 보면 되겠습니다. 좀 있어 보이게 말하고 싶을 때 peruse를 쓰죠.

02 | ▢ **no longer + 동사** 더 이상 ~하지 않는다

03 | ▢ **look for** 찾다

04 | ▢ **look around** 훑어보다 ▢ **browse** 대강 읽다 ▸책을 훑어본다고 할 때 look around와 browse라는 표현을 떠올릴 수 있는데요. 이 경우 두 표현은 좀 차이가 있습니다. look around는 '책의 제목이나 표지 등을 훑어본다'는 뜻이고, browse는 '내용을 대강 읽어본다'는 뜻이죠. ▢ **that way** 그런 식으로 하면

05 | ▢ **rare read** 희귀 도서

07 | ▢ **wander** 이리저리 돌아다니다 ▢ **catch someone's interest** 누구의 관심을 끌다

08 | ▢ **book with a torn cover** 표지가 찢어진 책 ▢ **last copy left** 마지막으로 남은 책 ▸여기서 copy는 '복사'가 아니라 책의 한 '부' ▢ **have no choice but to do** ~할 수밖에 없다

09 | ▢ **up to** ~까지 ▢ **50% off** 50퍼센트 할인

10 | ▢ **have a hard time -ing** 힘들게 ~을 하다 ▢ **kiosk** (서점의) 검색대 ▸식당이나 패스트푸드점에서 직접 주문하고 계산까지 할 수 있는 단말기, 지하철역이나 정류장 또는 서점 등에서 각종 정보를 검색할 수 있는 검색 단말기 등을 kiosk라고 합니다.

| DAY 11 | 선물 & 쇼핑 p.66

에피소드 21 ☆ 선물 Gifts

01 | ▢ **gift card** 기프트 카드 (상품권과 신용카드를 합친 선불 카드) ▢ **in the end** 결국 ▢ **cash** 현금

02 | ▢ **receipt** 영수증 ▢ **just in case S + V** 만약 ~한 경우를 위해서 ▢ **exchange** 교환하다 ▢ **fit** (몸에) 맞다

03 | ▢ **designer bag** 명품 백 ▢ **turn out** 결국 ~이라고 밝혀지다 ▢ **used** 중고의 ▢ **be disappointed** 실망하다

04 | ▢ **label**[léibəl] 명품

06 | ▢ **cause** 야기하다 ▢ **argument** 말싸움

07 | ▢ **gift inside** (상자 등의) 안에 있는 선물 ▢ **item** 품목

08 | ▢ **paycheck** 직장에서 지급받는 급료 수표, 봉급

09 | ▢ **price tag** 가격표 ▢ **good manners** 적절한 예의 ▢ **remove** 떼다, 제거하다

10 | ▢ **anniversary** 기념일 ▶특별한 상황이 아닌 한 대개는 '결혼기념일'을 뜻합니다. 결혼기념일이라고 해서 굳이 wedding anniversary라고 하지 않고, our anniversary처럼 말하죠. ▢ **on time** 제시간에

에피소드 22 ☆ 쇼핑 Shopping

01 | ▢ **take forever** 시간이 영원히 걸린다, 즉 '엄청나게 시간이 걸린다' ▢ **take a nap** 낮잠을 자다

02 | ▢ **try samples** 시식을 하다 ▢ **get full** 배가 불러지다

03 | ▢ **look around** 둘러보다 ▢ **salesclerk** 점원, 판매원

04 | ▢ **no name product** 노 브랜드 제품, 메이커가 없는 제품 ▢ **break down** 고장 나다 ▢ **in no time** 금방

05 | ▢ **get carried away** 흥분되다 ▢ **unintentionally** 나도 모르게, 무심코

06 | ▢ **receipt** 영수증 ▢ **return** 반품하다

07 | ▢ **cashier** 계산원 ▢ **wallet** 지갑

08 | ▢ **exchange** 교환하다

09 | ▢ **accept credit cards** (상점 등에서) 신용카드를 받다 ▢ **walk out** 나오다

10 | ▢ **expiration date** 유통기한 ▢ **go bad** (음식이) 상하다

11 | ▢ **rude** 무례한 ▢ **call out** 부르다, 호출하다

| DAY 12 | 수면 & 술

p.70

에피소드 23 ☆ 수면 Sleeping

01 | ▢ **leave A open** A를 열어 두다 ▢ **sleep in the dark** 캄캄한 데서 잠을 자다

02 | ▢ **except for** ~을 제외하고는 ▢ **underwear** 속옷 ▢ **wake up** 깨우다

03 | ▢ **suffer from** ~으로 고통 받다 ▢ **insomnia** 불면증 ▢ **go to see a doctor** 병원으로 진찰을 받으러 가다 ▶이 경우 to를 빼고 go see a doctor로도 많이 씁니다. 단, 시제가 현재일 때만 해당되는 사항입니다. ▢ **prescribe** 처방하다 ▢ **sleeping pill** 수면제

04 | ▢ **have a hard time -ing** ~하는 것이 어렵다 ▢ **once S + V** (접속사) 일단 ~하면

05 | ▢ **toss and turn** (누워서) 뒤척거리다 ▢ **roll off** ~에서 굴러 떨어지다

06 | ▢ **wake up -ing** ~하면서 깨어나다 ▢ **turn on** (전원을) 켜다 ▢ **nightmare** 악몽

07 | ▢ **wet one's bed** 자면서 오줌을 싸다

08 | ▢ **snore** 코를 골다

09 | ▢ **once** 언젠가 한번 ▢ **ever since then** 그때 이후로 죽

10 | ▢ **heavy sleeper** 잠이 들면 남이 업어 가도 모르는 사람

에피소드 24 ☆ 술 Drinking

01 | ▢ **have a low alcohol tolerance** 술이 약하다 ▢ **get drunk off** 술이 취하다

02 | ▢ **get the munchies** 술에 취한 상태에서 갑자기 배가 고파지다 ▢ **black out** (술에 취해) 필름이 끊기다 ▢ **regret** 후회하다

03 | ▢ **throw up** 토하다

04 | ▢ **legally** 법적으로 ▢ **metabolize** 대사 작용을 하다

05 | ▢ **mixed drink** 혼합주, 폭탄주

06 | ▢ **limit** 제한하다 ▢ **in order not to do** ~을 하지 않으려고 ▶'~하려고, ~하기 위해서'는 in order to do이죠. to부정사의 부정은 to 앞에 not을 붙입니다. ▢ **cross the line** 선을 넘다

07 | ▢ **get A drunk** A를 취하게 만들다
▢ **down** (술 등을) 들이키다
▢ **remain unfazed** 아무런 내색을 하지 않다

08 | ▢ **have a wild night** 광란의 밤을 보내다 ▢ **take medication** 약을 복용하다
▢ **hangover** 숙취

09 | ▢ **get aggressive** 공격적이 되다

10 | ▢ **spread down to** 밑으로 퍼져 ~까지 내려가다

| DAY 13 | 스마트폰 & 스포츠 p.74

에피소드 25 ☆ 스마트폰 Smartphones

01 | ▢ **data plan** 데이터 요금제

02 | ▢ **waste** 낭비하다 ▢ **use A as B** A를 B로 사용하다

03 | ▢ **bump into** ~와 부딪히다 ▢ **text** 문자를 보내다

04 | ▢ **get tired** 피곤해지다

05 | ▢ **be gone forever** 영원히 사라지다

06 | ▢ **vibrate mode** 진동 모드 ▢ **ring** (벨 등이) 울리다 ▸ring - rang - rung

07 | ▢ **silent mode** 무음 모드 ▢ **sleep in** 늦잠을 자다
▢ **answer someone's call** 누구의 전화를 받다

08 | ▢ **be good at -ing** ~하는 것에 능숙하다 ▢ **text people** 사람들에게 문자를 보내다

09 | ▢ **have a close call** (위험한 상황을) 아슬아슬하게 벗어나다

10 | ▢ **charge a battery** 배터리를 충전하다 ▢ **the battery dies** 배터리가 다 닳다

에피소드 26 ☆ 스포츠 Sports

01 | ▢ **soccer** 축구 ▸'축구'는 전 세계에서 미국을 제외하고는 모두 football이라고 하지만, 미국에서는 soccer라고 합니다. 미국에서 football은 '미식축구'를 가리키죠. ▢ **injure** 부상을 입히다 ▢ **knee** 무릎
▢ **give up on** ~을 포기하다

02 | ▢ join 가입하다 ▢ accelerate 가속화 시키다 ▢ growth 성장

03 | ▢ get injured 부상당하다 ▢ go to see a doctor 병원에서 가서 의사의 진찰을 받다
▢ get examined 검사를 받다

04 | ▢ meditation 명상 ▢ do yoga 요가를 하다

05 | ▢ feel unwell 기분이 좋지 않다 ▢ skip -ing ~하는 것을 빼먹다

06 | ▢ good runner 달리기를 잘하는 사람

07 | ▢ play golf 골프를 치다 ▢ indoor golf range 실내 골프 연습장

08 | ▢ go hiking 등산가다 ▸암벽등반 등을 하지 않은 채 그냥 산을 오르내리는 것은 hiking이라고 합니다.
▢ hike to the peak 정상에 오르다

09 | ▢ overcome 극복하다 ▢ sociable person 사교적인 사람

10 | ▢ big fan of A A를 매우 좋아하는 사람 ▢ stadium 경기장

| DAY 14 | 시험 & 식사

p.78

에피소드 27 ☆ 시험 Exams

01 | ▢ get confused with ~을 혼동하다 ▢ location 장소

02 | ▢ listening comprehension test 듣기 평가 ▢ sound quality 음질
▢ barely 거의 ~하지 않는

03 | ▢ take a test 시험을 치르다 ▢ ruin 망치다 ▢ sniff 코를 훌쩍이다 ▢ focus 집중하다

04 | ▢ make a mistake 실수를 하다 ▢ fill out 채우다 ▢ run out of time 시간이 모자라다
▢ all over again 처음부터 다시

05 | ▢ supervisor 감독관

06 | ▢ freezing cold 매섭게 추운 ▢ change seats 자리를 바꾸다

07 | ▢ creak 삐걱거리다 ▢ stare at ~를 뚫어지게 바라보다

08 | ▢ solve 풀다 ▢ run out of time 시간이 모자라다 ▢ guess 추측하다 ▢ hand in 제출하다

09 | ▢ different from ~과는 다른 ▢ ID card 신분증 (identification card의 축약어)
▢ as a joke 농담으로

10 | ▢ turn off (전원을) 끄다 ▢ get a warning 경고를 받다

에피소드 28 ☆ 식사 Eating

01 | ▢ left-handed 왼손잡이인 ▢ have a meal 식사를 하다

02 | ▢ eat alone 혼자 밥을 먹다 ▢ instant cup noodles 컵라면 ▢ convenience store 편의점

03 | ▢ make a sound 소리를 내다 ▢ bad manners 예의가 없는

04 | ▢ eat out 외식하다

05 | ▢ chopsticks 젓가락

06 | ▢ turn on the TV 텔레비전을 켜다

07 | ▢ get together 같이 모이다 ▢ over dinner 저녁을 먹으며

08 | ▢ food poisoning 식중독 ▢ seafood 해산물 ▢ go bad 상하다

10 | ▢ used to do 예전에는 ~(하곤) 했다 ▶지금은 하지 않는다는 것을 강조하는 표현입니다.

DAY 15 | 애완동물 & 약점 p.82

에피소드 29 ☆ 애완동물 Pets

01 | ▢ give birth to ~을 낳다 ▢ puppy 강아지

02 | ▢ run away from ~에서 도망치다

03 | ▢ dog meat 개고기 ▢ raise 기르다

04 | ▢ **groom** (애완 동물의 털 등을) 다듬다, 손질하다

05 | ▢ **look after** 돌보다 ▢ **for good** 영원히

06 | ▢ **chick** 병아리 ▢ **for a while** 한동안 ▢ **hen** 암탉

07 | ▢ **bird cage** 새장 ▢ **for a sec** 잠깐 ▸sec은 '초'를 뜻하는 second의 축약어입니다.
▢ **feed** 먹이를 주다 ▢ **fly away** 날라가 버리다 ▸fly - flew - flown

08 | ▢ **throw up** 토하다 ▸throw - threw - thrown ▢ **vet** 수의사 (veterinarian의 축약어)

09 | ▢ **hamster** 햄스터 ▢ **run on the wheel** 쳇바퀴 돌다

10 | ▢ **run into** 우연히 ~를 만나다 ▢ **depress** ~를 우울하게 만들다 ▢ **for the whole day** 하루 종일

에피소드 30 ☆ 약점 Weaknesses

01 | ▢ **drowning** 물에 빠지는 것, 익사

02 | ▢ **allergy** 알러지[알레르기] ▢ **irritating** 짜증 나는 ▢ **take medicine** 약을 복용하다

03 | ▢ **depression** 우울증 ▢ **be dependent on** ~에 의지하다

04 | ▢ **fear of heights** 고소공포증 ▢ **high-rise building** 고층 빌딩 ▢ **palm** 손바닥
▢ **get sweaty** 땀이 나다

05 | ▢ **sleepwalk** 몽유병 증세를 보이다

06 | ▢ **neat freak** 결벽증 환자 ▢ **messy** 지저분한

07 | ▢ **have weak intestines** 장이 나쁘다 ▢ **restroom** 화장실 ▢ **nearby** 근처에

08 | ▢ **field** 분야 ▢ **art** 미술, 예술 ▢ **give up on** ~을 포기하다

09 | ▢ **forget things** 잘 잊어버리다, 건망증이 있다 ▢ **so as not to do** ~하지 않기 위해

10 | ▢ **be afraid of** ~을 무서워하다 ▢ **ghost** 귀신

11 | ▢ bite 물다 ▸bite - bit - bitten

| DAY 16 | 연애 & 영화 p.86

에피소드 31 ☆ 연애 Dates

01 | ▢ **blind date** 소개팅

02 | ▢ **fall for** ~에게 빠지다 ▸fall - fell - fallen ▢ **casual date** 가벼운 데이트

03 | ▢ **relationship** 관계 ▢ **dump** 차다, 버리다

04 | ▢ **put the pressure on** ~에게 스트레스를 가하다 ▢ **break up with** ~와 헤어지다

05 | ▢ **at first** 처음에는 ▢ **the way we think** 우리의 사고방식
▢ **way too different** 너무나 다른 ▸way는 '아주, 훨씬'이란 뜻으로, 뒤에 나오는 형용사나 부사를 강조하는 역할을 합니다.

06 | ▢ **break up** 헤어지다

07 | ▢ **hold in** (감정을) 억누르다

08 | ▢ **cheat on A** A를 배신하고 바람을 피우다 ▢ **single** 독신인

09 | ▢ **be discharged from military service** 제대하다

10 | ▢ **long distance relationship** 장거리 연애 ▢ **work out** 잘 진행되다 ▢ **after all** 결국

에피소드 32 ☆ 영화 Movie

01 | ▢ **turn off** 끄다 ▢ **nasty** 끔찍한 ▢ **scene** 장면

02 | ▢ **cry one's eyes out** 눈이 퉁퉁 붓도록 울다 ▢ **last** 계속되다

03 | ▢ **focus on** ~에 집중하다 ▢ **subtitle** 자막

04 | ▢ **pick** 고르다 ▢ **win an award** 상을 받다

05 | ▢ **soundtrack** 영화 음악

06 | ▢ **download** 내려받기하다

07 | ▢ **scary** 무서운

08 | ▢ **subtitle** 자막

09 | ▢ **review** 평, 후기 ▢ **disappointing** 실망시키는 ▢ **trust** 신뢰하다

10 | ▢ **cruel** 잔인한

| DAY 17 | 영화관 & 온라인 게임 p.90

에피소드 33 ☆ 영화관 Movie Theaters

01 | ▢ **disturb** 방해하다

02 | ▢ **be seated** 자리에 앉다 ▢ **front row** 앞줄

03 | ▢ **huge** 아주 큰

04 | ▢ **midnight movie** 저예산 B급 영화 ▶TV에서 midnight(자정) 이후에 상영했던 데서 비롯된 표현입니다. 현재는 영화관에서 '자정에 상영하는 저예산 B급 영화'를 가리킵니다. ▢ **get scared** 무서워지다

05 | ▢ **have a stomachache** 배탈이 나다

06 | ▢ **drop** 떨어뜨리다 ▢ **popcorn and drink** 팝콘과 음료수

07 | ▢ **blurry** 흐릿한

08 | ▢ **turn on** 켜다

09 | ▢ **take A out of B** A를 B에서 데리고 나가다

10 | ▢ **with the 3-D glasses on** 입체 영화용 안경을 끼고 ▶전치사 on은 뭔가를 '착용하고 있는' 모습을 나타낼 때도 활용됩니다. ▢ **step into** ~안으로 걸어 들어가다

11 | ▢ facility 설비 ▢ get a refund 환불받다 ▢ discount coupon 할인 쿠폰

에피소드 34 ☆ 온라인 게임 Online Games

01 | ▢ set a timer 타이머를 맞추다 ▢ limit 제한하다 ▢ be addicted to ~에 중독되다

02 | ▢ Internet café PC방

03 | ▢ buy someone something 누구에게 무엇을 사주다

04 | ▢ miss one's class 수업을 빼먹다

05 | ▢ be into ~에 푹 빠지다

06 | ▢ pro-gamer 프로게이머 ▢ admire 동경하다, 찬탄하다

07 | ▢ pay with a credit card 신용카드로 지불하다

09 | ▢ make it to + **행사** ~에 늦지 않게 도착하다 ▢ go crazy -ing ~하느라 정신을 뺏기다

10 | ▢ get addicted to ~에 중독되다 ▢ exam period 시험 기간

| DAY 18 | 온라인 학습 & 온라인 쇼핑

p.94

에피소드 35 ☆ 온라인 학습 Online Learning

01 | ▢ academy 학원 ▢ sign up for ~에 등록하다

02 | ▢ get lazy 게을러지다 ▢ end up -ing 결국 ~하게 되다
▢ waste money on ~에 돈을 낭비하다

03 | ▢ chat 채팅을 하다 ▢ through ~을 통해서 ▢ get nervous 초조해지다

04 | ▢ anytime of the day 하루 중 어느 때고 ▢ on one's own 혼자 힘으로

05 | ▢ suit ~에게 알맞다, 적합하다 ▢ opinion 의견

06 | ▢ helpful 도움이 되는 ▢ encouraging 격려하는

07 | ▢ subsidize[sʌ́bsədàiz] 보조금을 지급하다 ▢ only if ~해야만 ▢ complete 끝내다

08 | ▢ instructor 강사 ▢ sign up for ~에 등록하다

09 | ▢ professional 전문적인 ▢ be disappointed 실망하다

10 | ▢ offline class 오프라인 강좌

에피소드 36 ☆ 온라인 쇼핑 Online Shopping

01 | ▢ be delivered 배달되다 ▢ exchange 교환하다

02 | ▢ clothes on the model 모델이 입은 옷

03 | ▢ list 작성하다 ▢ shipping address 발송 주소

04 | ▢ close down 폐쇄되다

05 | ▢ delivery 배송 ▢ take forever 엄청나게 오래 걸리다 ▢ over the phone 전화로

06 | ▢ delivery guy 배달원

07 | ▢ positive 바람직한 ▢ select 엄선한

08 | ▢ run 운영하다

09 | ▢ fit into (몸이 의복 등에) 딱 맞다

10 | ▢ compare 비교하다

| DAY 19 | 이메일 & 온라인 커뮤니티

p.98

에피소드 37 ☆ 이메일 Email

01 | ▢ type in 타이핑해 넣다, 입력하다

02 | ▢ accidentally 나도 모르게, 실수로, 어쩌다

03 | ▢ delete 삭제하다

04 | ▢ remove 제거하다 ▢ email account 이메일 계정

05 | ▢ block 차단하다 ▢ adult website 성인 사이트

06 | ▢ attach 첨부하다 ▢ resend 재발송하다

07 | ▢ password 암호 ▢ reset 재설정하다

08 | ▢ post office 우체국

09 | ▢ get one's bill 청구서를 받다

10 | ▢ contact 연락하다 ▢ client 고객

에피소드 38 ☆ 온라인 커뮤니티 Online Communities

01 | ▢ meet up with ~와 만나다 ▸meet with와 같은 말인데, 미국인들은 meet with보다 meet up with를 많이 쓰는 경향이 있습니다.
▢ for the first time 처음으로 ▢ have a lot in common 공통점이 많다

02 | ▢ get together with ~와 만나다 ▢ in person 직접 ▢ in real life 실제 생활에서

03 | ▢ lose weight 살을 빼다 ▸lose - lost - lost ▢ the way I look 내가 생긴 모습, 내 외모

04 | ▢ meet offline 오프라인에서 만나다, 실제로 만나다 ▢ have no desire to do ~할 욕구가 없다
▢ off the Internet 인터넷을 벗어나, 실제로

05 | ▢ in a while 한동안 ▢ like we used to 전에 우리가 했던 것처럼
▢ break up with ~와 헤어지다

06 | ▢ be curious about ~에 대해 호기심이 있다
▢ meet my online friend offline 온라인 친구를 오프라인에서 만나다, 온라인 친구를 실제로 만나다

07 | ▢ faker 페이커, 자신의 신분을 속이는 사람 ▢ unless ~하지 않는 한 ▢ in person 직접

08 | ▢ for me 나에게 있어서는
▢ what happened online 온라인상에서 일어났던 일은
▢ stay online 온라인상에서만 존재한다

09 | ▢ argue 논쟁하다, 말다툼하다 ▢ political issue 정치적인 쟁점 ▢ make peace 화해하다

10 | ▢ leave a comment 댓글을 남기다 ▢ post 게시물

DAY 20 | 하드웨어/소프트웨어 & 옷가게 p.102

에피소드 39 ☆ 하드웨어/소프트웨어 Hardware/Software

01 | ▢ laptop 노트북 ▢ be supposed to do ~하기로 되어 있다 ▢ purchase 구매하다
▢ install 설치하다 ▢ get a refund 환불을 받다

02 | ▢ for an unknown reason 알 수 없는 이유로 ▢ work 작동하다 ▶기계가 일한다는 것은 '작동한다'는 말이죠. 그래서 work는 기계 등이 '작동한다'는 의미로도 쓰입니다. ▢ out of the blue 갑자기, 난데없이
▢ onscreen keyboard 화면상의 키보드

03 | ▢ format 포맷하다 ▢ call up ~로 전화하다 ▢ technician 기술자

04 | ▢ spill 엎지르다 ▢ stop A from -ing A가 ~하는 것을 멈추다 ▢ fix 수리하다

05 | ▢ touchpad 터치패드 (노트북에서 손가락으로 문질러서 커서를 움직일 수 있는 판) ▢ get in the way 방해되다
▢ wireless mouse 무선 마우스

06 | ▢ get tangled 엉키다 ▢ tape together 테이프로 한데 묶다

07 | ▢ get a virus 바이러스에 감염되다 ▢ function 기능을 하다 ▢ properly 제대로
▢ fix remotely 원격으로 수리하다

08 | ▢ work-related 업무와 관련된 ▢ document 문서 ▢ be in code 암호로 작성되다

09 | ▢ strict 엄격한 ▢ brand-new 완전히 새 것인 ▢ install 설치하다

에피소드 40 ☆ 옷 가게 Clothing Stores

01 | ▢ **clothing store** 옷가게 ▢ **fit** (의복 등이) ~에게 맞는

02 | ▢ **change** 옷을 갈아입다 ▢ **fitting room** 탈의실 ▢ **rude** 무례한

03 | ▢ **look around** 둘러보다 ▢ **alone** 혼자서 ▢ **store clerk** 점원 ▢ **browse** 훑어보다, 둘러보다
▶여기서 browse는 앞서 언급한 look around랑 같은 의미로 쓰인 겁니다. 영어에서는 한 번 말을 시작하면 같은 말이라도 이렇게 다른 표현을 써서 말하는 게 세련되고 자연스러운 어법이죠. 옷가게 등에 가서 그냥 구경하면서 스윽 둘러본다고 할 때는 look around나 browse 둘 다 쓸 수 있습니다.

04 | ▢ **return** 반품하다 ▢ **throw away** 버리다 ▢ **receipt** 영수증 ▢ **get a refund** 환불을 받다

05 | ▢ **step on** ~을 밟다 ▢ **try on** ~을 입어보다 ▢ **get dirty** 더러워지다

06 | ▢ **the size I wanted** 내가 원했던 사이즈 ▶I wanted는 the size를 꾸며 줍니다.

07 | ▢ **alter** 고치다 ▢ **deliver** 배달하다 ▢ **my place** 내가 사는 곳, 우리 집 ▶'내가 사는 곳, 우리 집'을 영어에서는 일상적으로 my place라는 말로 많이 씁니다.

08 | ▢ **ruin** 망치다

09 | ▢ **change one's mind** 생각을 바꾸다

10 | ▢ **designer's clothes** 명품 의상 ▢ **pricy** 비싼 ▢ **be on sale** 세일하다

| DAY 21 | 외국어 & 요리 p.106

에피소드 41 ☆ 외국어 Foreign Languages

02 | ▢ **go study abroad** 유학을 가다

03 | ▢ **make friends** 친구를 사귀다

04 | ▢ **French** 프랑스어 ▢ **Spanish** 스페인어 ▢ **graduation** 졸업

05 | ▢ **prep class** (시험) 준비 수업

06 | ▢ save up 저축하다

07 | ▢ the States 미국 ▢ hang out with ~와 어울리다 ▢ waste of money 돈 낭비

08 | ▢ directions 길 안내 ▢ anything but ~이외에는 어떤 것도 ▢ get embarrassed 창피해지다

09 | ▢ give up on ~을 포기하다 ▢ be totally different from ~와는 완전히 다르다

10 | ▢ soap opera 멜로드라마 성격의 연속극 ▶비누 회사가 광고주인 경우가 많았기 때문에 soap opera라는 별칭이 생기게 되었죠. ▢ subtitle 자막

에피소드 42 ☆ 요리 Cooking

01 | ▢ full meal 정식, 제대로 된 식사

02 | ▢ run out of ~이 떨어지다 ▢ soy sauce 간장 ▢ on the way home 집으로 오는 길에

03 | ▢ catch the flu 독감에 걸리다 ▶catch - caught - caught ▢ taste 맛을 보다

04 | ▢ get A sick A를 아프게 하다 ▢ ingredient (요리의) 재료 ▢ expiration date 유통기한

05 | ▢ recipe 요리법 ▢ the same as it was described 요리법에 설명된 대로

06 | ▢ cook (불을 사용하여) 요리하다

07 | ▢ grab 잡다 ▢ steaming pan 김이 나는 냄비 ▢ bare hands 맨손

08 | ▢ spatter 튀다 ▢ stir fry 기름에 볶다 ▢ stir 젓다 ▢ from a distance 멀리서

09 | ▢ slice 썰다 ▢ carrot 홍당무

10 | ▢ curry dish 카레 요리 ▢ adequate 적절한

DAY 22 | 운동 & 운전 p.110

에피소드 43 ☆ 운동 Exercising

01 | ▢ sign A up for B A를 B에 등록시켜주다

02 | ▢ static exercise 정적인 운동 ▢ work out 운동하다 ▢ treadmill 러닝머신

03 | ▢ workout time 운동 시간 ▢ be busy with ~로 바쁘다 ▢ after work 퇴근 후에

04 | ▢ lose weight 살을 빼다

05 | ▢ normally 평상시에는, 보통 때는

06 | ▢ even if it rains or snows 비가 오나 눈이 오나

07 | ▢ upper body 상체 ▢ be in good shape 상태가 좋다, 몸매가 좋다

08 | ▢ be addicted to -ing ~하는 것에 중독되어 있다

09 | ▢ do a workout 운동하다 ▢ skip 빼먹다
▢ motivate oneself to do ~하도록 자신에게 동기를 부여하다
▢ fight the flab 군살을 빼다

10 | ▢ have a harder time -ing ~하는 것이 더 어렵다

에피소드 44 ☆ 운전 Driving

01 | ▢ public transportation 대중교통 ▢ rainy 비가 오는 ▢ be in a car accident 자동차 사고를 당하다 ▢ after having been in a car accident in the rain 현재 대중교통을 이용하게 된 계기가 빗속에서 차 사고가 났던 과거의 경험이므로, after 이하의 시제를 현재완료로 쓴 점에 주목하세요.

02 | ▢ license 운전면허 ▢ expire 만기가 되다 ▢ get A reissued A를 재발급받다

03 | ▢ get fined 벌금을 내다 ▢ run a red light 정지 신호를 무시하고 달리다

04 | ▢ flat tire 공기가 빠진 타이어 ▢ realize 깨닫다 ▢ cab driver 택시기사

05 | ▢ crash into ~에 충돌하다 ▢ telephone pole 전신주 ▢ be injured 부상을 당하다
▢ seriously 심하게 ▢ bruise 타박상

06 | ▢ get lost 길을 잃다 ▢ It took + A + 시간 + to do A가 ~하는 데 시간이 …만큼 걸렸다
▢ work 작동하다

07 | ▢ fill up 차에 기름을 넣다 ▢ fuel cap 연료통[기름통] 뚜껑

08 | ▢ contact information 연락처

09 | ▢ novice 초보 운전자, 초보자 ▢ park 주차하다 ▢ reverse parking 후진 주차

10 | ▢ tow 견인하다

| DAY 23 | 은행 & 인간관계 p.114

에피소드 45 ☆ 은행 Banks

01 | ▢ weekday 평일

02 | ▢ withdraw 인출하다 ▸withdraw - withdrew - withdrawn ▢ come out 나오다

03 | ▢ charge 부과하다 ▢ fee 수수료 ▢ convenience store 편의점 ▢ be located 위치해 있다

04 | ▢ take a number 번호표를 뽑다 ▢ miss one's turn 자신의 순번을 놓치다

05 | ▢ marriage fund 결혼 자금 ▢ interest rate 금리

06 | ▢ for convenience 편의상 ▢ payroll account 급여 계좌

07 | ▢ piggy bank 돼지 저금통, 저금통 ▸'돼지 저금통'에서 비롯된 표현으로 이제는 일반적인 '저금통'까지 포괄해서 가리키는 표현으로 굳어져 쓰입니다. ▢ sort 분류하다 ▢ be broken 고장나다 ▢ teller (은행의) 창구 직원

08 | ▢ lose one's number 번호표를 잃다

09 | ▢ report 신고하다 ▢ reissue 재발급하다

10 | ▢ do one's banking 은행거래를 하다 ▢ take good care of ~를 잘 돌봐주다

에피소드 46 ☆ 인간관계 Relationships

01 | ▢ uneasy 불안한, 마음이 편하지 않은 ▢ hang out with ~와 어울리다

02 | ▢ **betray** 배신하다

03 | ▢ **shrug off** ~을 대수롭지 않게 취급하다

04 | ▢ **give A a nasty expression** A를 심술궂게 바라보다 ▢ **share** 공유하다

05 | ▢ **have a lot in common** 공통점이 많다 ▢ **have a second thought** 다시 생각하다

06 | ▢ **take advantage of** ~을 이용하다

07 | ▢ **bigger** 대범한 사람, 대인 ▢ **extra** 특별히, 각별히 ▢ **patient** 인내심 있는
▢ **think differently from** ~와 사고방식이 다르다

08 | ▢ **get shy** 부끄러워지다

09 | ▢ **easygoing** 태평한, 느긋한 ▢ **tomboyish** 말괄량이 같은 ▢ **personality** 성격
▢ **male friend** 남사친 ▸I do have many male friends.에서 do는 남사친은 정말 많이 있다며 have동사를 강조하는 용도로 사용한 것입니다.

10 | ▢ **have a fight with** ~와 싸우다 ▢ **apologize** 사과하다 ▢ **right away** 곧장

| DAY 24 | 자전거 & 장례식

p.118

에피소드 47 ☆ 자전거 Bicycles

01 | ▢ **lock** (자물쇠로) 잠그다 ▢ **wheel** 바퀴 ▢ **be stolen** 도둑맞다 ▸steal - stole - stolen

02 | ▢ **bike to work** 자전거를 타고 출근하다 ▢ **bike lane** 자전거 도로

03 | ▢ **collect** 수집하다 ▢ **mountain bike** 산악 자전거 ▢ **commuting bike** 출퇴근용 자전거
▢ **acrobatic bike** 곡예 자전거

04 | ▢ **rent** (세를 내고) 빌리다 ▢ **pedal** 페달을 밟다 ▢ **get into a fight** 싸우게 되다

05 | ▢ **unicycle** 외바퀴 자전거 ▢ **fall off** 떨어지다 ▢ **get cuts** 긁히거나 베인 상처가 나다

06 | ▢ **put in** 안에 넣다 ▢ **commute to and from work** 출퇴근하다

07 | ▢ training wheel 보조바퀴 ▢ get rid of ~을 없애다

08 | ▢ turn on 켜다 ▢ safety light 안전등

09 | ▢ be into ~에 푹 빠지다

10 | ▢ fall off ~에서 떨어지다 ▢ get hurt 다치다 ▢ really bad 아주 심하게

에피소드 48 ☆ 장례식 Funerals

01 | ▢ funeral home 장례식장

02 | ▢ pass away 돌아가시다 ▸die의 완곡어. 우리도 '죽다'는 표현뿐 아니라 '돌아가시다'라는 표현을 쓰듯 여기에 딱 떨어지는 표현이 pass away입니다.

▢ in a row 연속해서

03 | ▢ crematory 화장터 ▢ for the first time 처음으로 ▢ cremation 화장

04 | ▢ bow 절을 하다 ▢ the deceased 고인 ▢ religious 종교적인

05 | ▢ pass out 기절하다 ▢ weep 흐느끼며 울다 ▢ shocking 충격적인

06 | ▢ funeral 장례식

▢ I am sorry for your loss. 삼가 조의를 표합니다. ▸loss는 '사랑하는 사람이나 동물을 잃은 것'을 의미합니다.

▢ immediate family members 직계 가족, 근친

07 | ▢ condolatory money 조의금

08 | ▢ take off 벗다 ▢ uncomfortable 불편한

09 | ▢ religious funeral 종교적인 장례식

▢ last 계속되다, 지속되다 ▸last의 동사 뜻도 꼭 알아두세요.

▢ sneak out 몰래 빠져나오다

10 | ▢ go on 진행되다 ▢ accidentally 뜻하지 않게, 실수로

| DAY 25 | 조깅 & 종교 p.122

에피소드 49 ☆ 조깅 Jogging

01 | ▢ **get soaked** 흠뻑 젖다

02 | ▢ **sweat** 땀을 흘리다

03 | ▢ **have a stomachache** 배탈이 나다

04 | ▢ **stretch** 스트레칭을 하다 ▢ **get swollen** 붓다

05 | ▢ **sidewalk** 보도 ▢ **bump into** ~와 부딪히다 ▢ **cyclist** 자전거를 타는 사람
▢ **opposite side** 반대편

06 | ▢ **run like crazy** 미친 듯이 달리다 ▢ **compete** 경쟁하다

08 | ▢ **right** 적절한, 알맞은 ▢ **tend to do** ~하는 경향이 있다

09 | ▢ **get distracted** 정신이 산만해지다

에피소드 50 ☆ 종교 Religion

01 | ▢ **devout**[diváut] 독실한 ▢ **Christian** 기독교인

02 | ▢ **temple** 사원, 절 ▢ **be located at** ~에 위치해 있다 ▢ **bug** 벌레

03 | ▢ **go to church** 예배를 드리러 교회에 가다 ▶예배를 드리러 교회에 갈 때는 church 앞에 관사를 붙이지 않습니다.

04 | ▢ **Catholic Church** 천주교 성당
▢ **veil** 베일 ▶여기서는 성당 미사 시간에 여자들이 쓰는 '미사보'를 의미하는 말로 쓰였습니다.

05 | ▢ **participate in** ~에 참가하다

06 | ▢ **Buddhist** 불교도 ▢ **religious faith** 종교적 신념 ▢ **decision** 결정

07 | ▢ **get baptized** 세례를 받다

08 | ▢ **turn out to be ~** 결국 ~라는 것이 밝혀지다 ▢ **cult** 사이비 종교 집단
▢ **run away from** ~에서 도망치다

09 | ▢ **pray** 기도하다

10 | ▢ **believe in** ~을 믿다 ▸believe는 주로 '어떤 사람이 한 말을 믿다', '어떤 것이 사실이라고 믿다'라고 할 때 쓴다면, believe in은 말 그대로 '그 안에 있는 것이 사실이라고 믿다', 나아가 '그 존재를 믿다'라는 의미로 쓰입니다.

DAY 26 | 주유소 & 지하철 p.126

에피소드 51 ☆ 주유소 Gas Stations

01 | ▢ **take public transportation** 대중교통을 이용하다 ▢ **gas price** 휘발유 가격

02 | ▢ **car wash** 세차장 ▢ **completely** 완전히

03 | ▢ **brand** 상표 ▢ **for free** 무료로

04 | ▢ **membership card** 회원권 ▢ **discount** 할인

05 | ▢ **pack** 갑 ▢ **give out** (무료로) 나눠주다

06 | ▢ **self-service gas station** 셀프 주유소 ▢ **work** (일이) 돌아가다 ▸work는 일이나 상황, 시스템 등이 '돌아가다, 작동하다'는 의미로도 사용됩니다. ▢ **help out** 도와주다

07 | ▢ **unintentionally** 무심코 ▢ **get kicked out** 쫓겨나다

08 | ▢ **get gas** 휘발유를 넣다 ▢ **gas tank** 기름통, 연료 탱크 ▢ **get out** 차에서 나오다

09 | ▢ **go out of business** 폐업하다 ▢ **drive around** 차를 타고 돌아다니다

10 | ▢ **run out of gas** 휘발유가 떨어지다 ▢ **passerby** 지나가던 사람

에피소드 52 ☆ 지하철 Subways

01 | ▢ **run downstairs** 아래층으로 뛰어내려가다 ▢ **bump into** ~와 부딪히다

02 | ▢ **place** ~을 놓다 ▢ **subway shelf** 지하철 선반

03 | ▢ **leave** 놓아두다 ▸leave - left - left ▢ **lost and found center** 분실물 센터

04 | ▢ **go all the way to** ~까지 완전히 가버리다

05 | ▢ **rush hour** 출퇴근 대의 교통혼잡 시간

06 | ▢ **metro card/ticket** 지하철 카드/표 ▢ **sneak out of** ~를 몰래 나오다

07 | ▢ **break down** 고장 나다 ▢ **smell awful** 냄새가 엄청 나다

08 | ▢ **step on** 밟다 ▢ **make a face** 얼굴을 찡그리다

09 | ▢ **head** 향하다 ▢ **opposite direction** 반대 방향 ▢ **get off** (지하철에서) 내리다
▢ **have never been to** ~에 가본 적이 없다

10 | ▢ **be packed** 만원이다 ▢ **miss** 놓치다

DAY 27 | 집 & 집안일 p.130

에피소드 53 ☆ 집 Houses

01 | ▢ **share A with B** A를 B와 같이 사용하다 ▢ **move to** ~로 이사하다

02 | ▢ **upstairs** 위층에서 ▢ **decide to do** ~하기로 결심하다
▢ **file a complaint** (불편사항을) 신고하다

03 | ▢ **hang** 걸다

04 | ▢ **poor construction** 부실공사 ▢ **basement** 지하실 ▢ **leak** 물이 새다 ▢ **heavy rain** 폭우

05 | ▢ **face south** 남향이다

06 | ▢ **high-rise apartment** 고층 아파트

07 | ▢ **work** 작동하다 ▢ **kill time** 시간을 죽이다 ▢ **take the stairs** 계단을 이용하다

08 | ▢ freeze 얼다 ▸freeze - froze - frozen

09 | ▢ apartment rent 아파트 월세

10 | ▢ sort through 분류하다 ▢ throw out 버리다 ▢ give away 줘버리다

에피소드 54 ☆ 집안일 Housework

01 | ▢ work full time 전일제로 일하다 ▢ share chores 집안일을 분담하다
▢ do the dishes 설거지를 하다 ▢ do the laundry 빨래를 하다

02 | ▢ unfair 불공정한 ▢ do all the house chores 집안일을 모두 하다 ▢ task 일, 임무

03 | ▢ clean 청소하다 ▢ tons of A 산더미 같은 A ▢ maid 가사도우미

04 | ▢ big family 대가족

05 | ▢ hate 싫어하다 ▢ do housework 집안일을 하다

06 | ▢ take out the garbage 쓰레기를 집밖으로 내가다

07 | ▢ do the laundry 빨래하다 ▢ washer 세탁기

08 | ▢ my place 내가 사는 곳 ▸'내가 사는 곳, 우리 집'을 영어에서는 일상적으로 my place라는 말로 많이 씁니다.

09 | ▢ water ~에 물을 주다 ▸water의 동사 뜻도 꼭 알아두세요. ▢ potted plant 화분에 심은 화초
▢ throw away 버리다

10 | ▢ basically 기본적으로

| DAY 28 | 취업 & 택시

p.134

에피소드 55 ☆ 취업 Getting a Job

01 | ▢ resume[rézumèi] 이력서 ▸resume가 '이력서[rézumèi]'란 의미로 쓰일 때와 '다시 시작하다[rizú:m]'는 의미로 쓰일 때의 발음이 다르다는 점에 유의하세요.

02 | ▢ **rock** ~을 아주 잘하다, 성공적으로 수행하다 ▢ **in advance** 미리, 사전에

03 | ▢ **prepare for** ~에 대해 준비하다

04 | ▢ **do an internship** 인턴사원으로 근무하다 ▢ **career** 전문직업
▢ **build up one's career** 전문직종에 종사할 수 있도록 준비하다

05 | ▢ **interviewer** 면접관

06 | ▢ **go back to school** 다시 학교로 돌아가 배우다 ▢ **boost** 증진시키다
▢ **be proud of** ~를 자랑스러워하다

07 | ▢ **study one's butt off** 죽어라 공부하다 ▢ **yearly salary** 연봉

08 | ▢ **roll into** ~의 안으로 들어가다
▢ **take a casual approach** 격식을 차리지 않고 접근하다

09 | ▢ **get a facial** 얼굴 마사지를 받다

10 | ▢ **academy** 학원 ▢ **opportunity** 기회

에피소드 56 ☆ 택시 Taxis

01 | ▢ **the way to get there** 그곳으로 가는 길 ▢ **get out** (소형차에서) 내리다

02 | ▢ **pass up** (택시기사가) 승차를 거부하다 ▢ **take a look at** ~을 보다
▢ **license plate** 자동차 번호판

03 | ▢ **fasten one's seatbelt** 안전벨트를 매다

04 | ▢ **cab driver** 택시기사 ▢ **end up -ing** 결국 ~하게 되다 ▢ **basic cab fare** (택시의) 기본요금

05 | ▢ **get out of the cab** 택시에서 내리다 ▢ **get hit** 치이다 ▢ **come from behind** 뒤에서 오다

06 | ▢ **take a longer way around** 먼 길을 돌아가다 ▢ **get pissed off** 화가 나다

07 | ▢ **fish** 뒤져서 찾다 ▢ **receipt** 영수증 ▢ **trash can** 쓰레기통

08 | ▢ hail (택시를) 부르다 ▢ pass by 지나치다

09 | ▢ text 문자 ▢ show up 나타나다 ▢ make it home 집에 도착하다

| DAY 29 | 패스트푸드점 & 학원

p.138

에피소드 57 ☆ 패스트푸드점 Fast Food Restaurants

01 | ▢ burger 햄버거 ▢ veggie burger 채식 햄버거

02 | ▢ every other day 하루 걸러, 격일로 ▢ crave 갈망하다

03 | ▢ French fries 감자튀김 ▢ switch to A A로 바꾸다, 변경하다

04 | ▢ get in the way 방해가 되다

05 | ▢ hand-made hamburger 수제 햄버거

06 | ▢ refill 리필해주다 ▢ full 배부른

07 | ▢ trip 넘어지다 ▢ be pissed off 화가 나다

08 | ▢ get a discount 할인받다

09 | ▢ go out to eat 외식하러 나가다 ▢ 24-hour drive-thru 24시간 영업하는 드라이브 스루

10 | ▢ delivery service 배달 서비스

에피소드 58 ☆ 학원 Private Academies

01 | ▢ instructor 강사 ▢ be good at -ing ~을 잘하다

02 | ▢ register 등록하다 ▢ get a refund 환불받다

03 | ▢ popular 인기 있는 ▢ get full (인원이) 다 차다

04 | ▢ registration card 등록 카드 ▢ get wet 젖다 ▢ get A reissued A를 재발급받다

05 | ▢ boring 지루하게 하는 ▢ sneak out of ~에서 몰래 빠져 나오다 ▢ in the middle 중간에

06 | ▢ early morning class 새벽반 ▢ attend 출석하다, 다니다, 듣다

07 | ▢ be full of ~로 가득 차다

08 | ▢ get canceled 취소되다 ▢ at the last minute 마지막 순간에

09 | ▢ wrong classroom 엉뚱한 교실

10 | ▢ the whole time 내내

| DAY 30 | 헬스클럽 & 화장실

p.142

에피소드 59 ☆ 헬스클럽 Fitness Centers

01 | ▢ gym 헬스장, 헬스클럽 ▢ get there 그곳에 도착하다
▢ look around for ~를 찾느라 두리번거리다

02 | ▢ sweaty 땀에 절은 ▢ workout 운동

03 | ▢ take a shower 샤워를 하다

04 | ▢ treadmill 러닝머신 ▢ work 작동하다

05 | ▢ sore 욱신거리는 ▢ barbell 역기

06 | ▢ work out 운동하다 ▢ combination 조합 ▢ stair-stepping 계단 밟기 운동

07 | ▢ lose fat 지방을 빼다 ▢ tone up 탄탄해지다
▢ thigh[θai] 허벅지 ▢ butt 엉덩이

08 | ▢ forward 이월하다

09 | ▢ smell bad 역한 냄새가 나다

10 | ▢ pay up front 선불하다

에피소드 60 ☆ 화장실 Restrooms

01 | ▢ public restroom 공중 화장실 ▢ grunt 끙끙거리다 ▢ stall (화장실의) 칸
▢ plop noise 풍덩 소리 ▢ poop 대변을 보다 ▢ gross 역겨운

02 | ▢ be in a terrible hurry 엄청 급하다 ▢ eventually 결국 ▢ be locked 잠겨 있다

03 | ▢ pee 소변을 보다 ▢ men's restroom 남자 화장실 ▢ cleaning lady 여성 미화원

04 | ▢ toilet 변기

05 | ▢ latch 걸쇠 ▢ scream 비명을 지르다

06 | ▢ slippery 미끄러운 ▢ floor 바닥

07 | ▢ sit on the toilet 변기에 앉다

08 | ▢ flush a toilet 변기의 물을 내리다

09 | ▢ be in a long line 긴 줄에 서 있다

10 | ▢ come in (전화 등이) 걸려오다

3분 영어 말하기 스피킹 매트릭스

김태윤 지음

미리보기 : Preview

{ 이 책은 3분 동안 자기 생각을 펼칠 수 있는 에피소드를 담은 INPUT과 이를 활용해서 실제로 말하는 연습을 하는

담아라! 머릿속에 담은 만큼 말할 수 있다!

3분 영어 말하기 INPUT

표현을 알고 이야깃거리가 풍부해도 자기 의견을 말할 수 없다면 진정한 영어 스피킹이 아니겠죠? 3분 동안 자기 생각을 펼칠 수 있는 에피소드들을 담으세요.

STEP 1 끊어 듣기

에피소드의 문장을 의미 단위의 chunk로 끊어서 들려줍니다. 훈련할 때 우리말보다는 영어에 집중해서 들어주세요. (훈련이 어렵게 느껴지는 분은 STEP 1 훈련에 앞서 STEP 3의 우리말 문장들을 미리 훑어보고 내용을 파악하는 방법도 괜찮습니다.)

STEP 2 따라 말하기

이번에는 문장을 연결해서 들려줍니다. 영어를 보면서 따라 말해 보세요.

STEP 3 혼자 말하기

이제 우리말을 보며 영어로 말하세요. STEP 3도 MP3를 들려주니까 혼자 말하기 부담스러운 분은 STEP 2를 보면서 말해도 괜찮습니다. (단, 막힘없이 말할 수 있을 때까지 반복해서 훈련해 주세요.)

에피소드 1 ☆ 결혼식 Weddings

Step 1 끊어 듣기

01 I wear a cocktail dress • or a blouse and skirt • in light colors • to a wedding • and no ivory or white • because it is the bride's time • to shine.

02 We were at an outdoor wedding • and it suddenly started to rain. • Fortunately, • there was an indoor site planned • that was nearby • so we all went there.

03 My friend tried • to catch the bride's bouquet, • but she fell • catching it, • so everyone at the wedding • laughed.

04 People say that • if I catch the bouquet • at a wedding, • I need to get married • within three months, • so I didn't even try to catch it.

05 A famous singer came to sing • at the wedding. • He sang • with a live band • and everyone got his autograph.

06 I gave a cash gift, • but didn't get a meal ticket, • and so I couldn't eat • at the wedding.

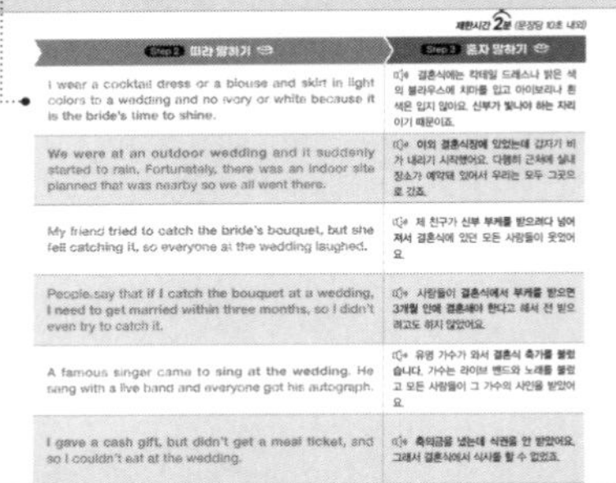

제한시간 2분 (문장당 10초 내외)

Step 2 따라 말하기	Step 3 혼자 말하기
I wear a cocktail dress or a blouse and skirt in light colors to a wedding and no ivory or white because it is the bride's time to shine.	결혼식에는 칵테일 드레스나 밝은 색의 블라우스에 치마를 입고 아이보리나 흰색은 입지 않아요. 신부가 빛나야 하는 자리이기 때문이죠.
We were at an outdoor wedding and it suddenly started to rain. Fortunately, there was an indoor site planned that was nearby so we all went there.	야외 결혼식장에 있었는데 갑자기 비가 내리기 시작했어요. 다행히 근처에 실내 장소가 예약돼 있어서 우리는 모두 그곳으로 갔죠.
My friend tried to catch the bride's bouquet, but she fell catching it, so everyone at the wedding laughed.	제 친구가 신부 부케를 받으려다 넘어져서 결혼식에 있던 모든 사람들이 웃었어요.
People say that if I catch the bouquet at a wedding, I need to get married within three months, so I didn't even try to catch it.	사람들이 결혼식에서 부케를 받으면 3개월 안에 결혼해야 한다고 해서 전 받으려고도 하지 않았어요.
A famous singer came to sing at the wedding. He sang with a live band and everyone got his autograph.	유명 가수가 와서 결혼식 축가를 불렀습니다. 가수는 라이브 밴드와 노래를 불렀고 모든 사람들이 그 가수의 사인을 받았어요.
I gave a cash gift, but didn't get a meal ticket, and so I couldn't eat at the wedding.	축의금을 냈는데 식권을 안 받았어요. 그래서 결혼식에서 식사를 할 수 없었죠.

{ INPUT 주요 표현 정리 }

INPUT 파트에 나온 중요한 표현들을 해설과 함께 정리했습니다. 함께 공부하면 더욱 깊이 있는 영어 스피킹 학습이 가능합니다.

DAY 01 결혼식 & 계절

에피소드 1 ☆ 결혼식 Weddings

01 | □ cocktail dress 여성의 약식 야회복인 칵테일 드레스 □ wedding 결혼식 □ ivory 상아색 □ bride 신부 □ shine 빛나다

02 | □ outdoor wedding 야외 결혼식 □ fortunately 다행히 (↔ unfortunately) □ indoor site 실내 장소

혼자 공부하기 외로운 분들을 위한

스피킹 전문 강사의 해설 강의

경력 21년의 전문 영어 강사가 스피킹 훈련 시 유의해야 할 사항들을 하나하나 짚어 줍니다.

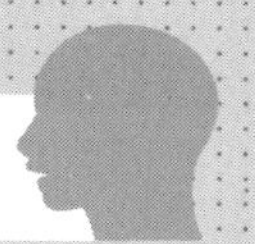

OUTPUT으로 구성되어 있습니다. 학습자의 목적과 편의에 맞게 간편하게 2권으로 분권하여 사용할 수 있습니다.}

말하라! 이제 당신은 네이티브처럼 말하게 된다!

3분 영어 말하기 OUTPUT

INPUT에서 배운 에피소드를 엮어 한 가지 주제에 대해 다양한 의견을 3분 동안 영어로 말하는 훈련을 합니다. 처음에는 1분씩 나눠 말하는 훈련을 하다가 적응이 되면 다양한 의견을 연결해서 말해 봅니다.

STEP 1 우리말 보면서 듣기

처음에는 부담 없이 우리말을 보면서 해당하는 영어 표현을 듣습니다.

STEP 2 한 문장씩 끊어 말하기

한 문장씩 끊어서 말해 봅니다. MP3를 듣고 따라 하다가 익숙해지면 STEP 1을 영어로 말해 봅니다.

STEP 3 들으면서 따라 말하기

MP3를 들으면서 따라 말해 봅니다. 빈칸을 채워 가면서 내가 말한 내용을 확인합니다.

STEP 4 3분 동안 영어로 말하기

우리말을 보면서 영어로 바꿔 말해 봅니다. 직접 써 보면 더 오래 기억에 남습니다.

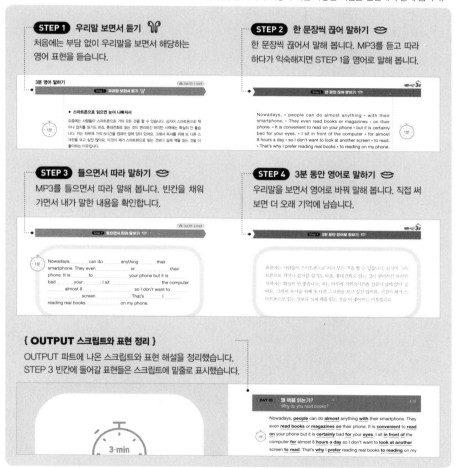

{ OUTPUT 스크립트와 표현 정리 }

OUTPUT 파트에 나온 스크립트와 표현 해설을 정리했습니다.
STEP 3 빈칸에 들어갈 표현들은 스크립트에 밑줄로 표시했습니다.

이 책에 나오는 모든 예문들은 MP3파일과 QR코드를 통해 확인할 수 있습니다.

콕 찍기만 해도, 그냥 듣기만 해도 자동으로 외워지는

스피킹 훈련용 MP3 파일

차례 : Contents

INPUT

OUTPUT

3분
영어 말하기
OUTPUT

말하라!

이제 당신은 네이티브처럼 말하게 된다!

앞에서 익힌 에피소드들의 핵심 문장들을 섞어
3분 동안 영어로 말해 보는 연습을 할 거예요.
할 수 있을까 걱정된다고요?
걱정 마세요.
여기 나온 스토리는 앞에서 배운 표현들의 응용이거든요.
영어 말하기의 핵심은 자기 의견을 자신 있게 말하는 거랍니다.
큰소리로 당당하게 말해 보세요.

Way to go!

DAY 01

3분 영어 말하기

왜 책을 읽는가?

Why do you read books?

3분 영어 말하기

Out 01-1.mp3

Step 1 우리말 보면서 듣기

▶ 스마트폰으로 읽으면 눈이 나빠져서

요즘에는 사람들이 스마트폰으로 거의 모든 것을 할 수 있습니다. 심지어 스마트폰으로 책이나 잡지를 읽기도 하죠. 휴대전화로 읽는 것이 편리하긴 하지만 시력에는 확실히 안 좋습니다. 저는 하루에 거의 8시간을 컴퓨터 앞에 앉아 있어요. 그래서 독서를 위해 또 다른 스크린을 보고 싶진 않아요. 이것이 제가 스마트폰으로 읽는 것보다 실제 책을 읽는 것을 더 좋아하는 이유입니다.

▶ 서점에 가는 걸 좋아해서

서점에 가는 것을 좋아합니다. 스마트폰으로 책을 읽을 수도 있지만 보통은 그런 걸 안 좋아하는데 서점에서 읽는 것을 아주 좋아하기 때문이죠. 시간이 있으면 특별히 살 것이 없더라도 그냥 서점에 가서 책 몇 권을 집어 듭니다. 서점에서 책 읽는 것을 좋아하지만 훨씬 더 저렴하기 때문에 책은 항상 인터넷으로 구입해요.

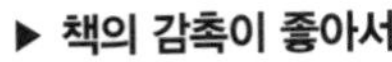

▶ 책의 감촉이 좋아서

종이의 질감을 좋아하기 때문에 개인적으로 책을 읽는 것을 더 선호합니다. 저는 서점에 자주 가서 그냥 둘러봅니다. 시간이 나면, 책 한 권을 집어 들고 거기에 서서 끝까지 다 읽죠. 어제 서점에 갔을 때, 좋은 책들 몇 권이 할인 중이었어요. 그 서점 회원은 50%까지 할인을 받을 수 있어서 다섯 권을 샀습니다. 이것이 서점에 가는 또 다른 이유이죠.

훈련한 날짜 . .

소요시간 분

Step 2 한 문장 끊어 말하기

Nowadays, * people can do almost anything * with their smartphone. * They even read books or magazines * on their phone. * It is convenient to read on your phone * but it is certainly bad for your eyes. * I sit in front of the computer * for almost 8 hours a day * so I don't want to look at another screen * to read. * That's why I prefer reading real books * to reading on my phone.

I like going to bookstores. * I can read books on my smartphone * but I don't usually like to * because I love reading at the bookstore. * When I have time, * I just go to the bookstore * and pick up some books * even though there is nothing in particular to buy. * I like reading books at the bookstore * but I always buy them online * because they are much cheaper.

I personally prefer reading books * because I like the texture of paper. * I often go to bookstores * and just look around the store. * When I have time, * I just pick up a book, * stand there * and read * until I finish it. * When I went to the bookstore yesterday, * some good books were on sale. * The bookstore members could receive * up to 50% off * so I got five books. * This is another reason * to go to bookstores.

Step 3 들으면서 따라 말하기

1분

Nowadays, ________ can do ________ anything ________ their smartphone. They even ________ ________ or ________ ________ their phone. It is ________ to ________ ________ your phone but it is ________ bad ________ your ________. I sit ________ ________ ________ the computer ________ almost 8 ________ ________ ________ so I don't want to ________ ________ ________ screen ________ ________. That's ________ I ________ reading real books ________ ________ on my phone.

2분

I like ________ ________ bookstores. I can ________ ________ ________ my ________ but I don't ________ ________ ________ because I ________ reading ________ ________ bookstore. When I ________ ________, I just ________ ________ ________ bookstore and ________ ________ some books ________ ________ there is ________ ________ particular ________ ________.
I like ________ books ________ ________ bookstore but I always ________ ________ ________ because they are ________ ________.

3분

I ________ prefer ________ ________ because I like the ________ of ________.
I often ________ ________ bookstores and just ________ ________ the store. When I ________ ________, I just ________ ________ a book, ________ ________ and read ________ I ________ it. When I ________ ________ the bookstore ________, some good books ________ ________ ________. The bookstore ________ could ________ up to 50% ________ so I ________ five books. This is ________ ________ ________ go to bookstores.

▶ 정답은 p.129를 확인하세요.

Step 4 3분 동안 영어로 말하기

요즘에는 사람들이 스마트폰으로 거의 모든 것을 할 수 있습니다. 심지어 스마트폰으로 책이나 잡지를 읽기도 하죠. 휴대전화로 읽는 것이 편리하긴 하지만 시력에는 확실히 안 좋습니다. 저는 하루에 거의 8시간을 컴퓨터 앞에 앉아 있어요. 그래서 독서를 위해 또 다른 스크린을 보고 싶진 않아요. 이것이 제가 스마트폰으로 읽는 것보다 실제 책을 읽는 것을 더 좋아하는 이유입니다.

서점에 가는 것을 좋아합니다. 스마트폰으로 책을 읽을 수도 있지만 보통은 그런 걸 안 좋아하는데 서점에서 읽는 것을 아주 좋아하기 때문이죠. 시간이 있으면 특별히 살 것이 없더라도 그냥 서점에 가서 책 몇 권을 집어 듭니다. 서점에서 책 읽는 것을 좋아하지만 훨씬 더 저렴하기 때문에 책은 항상 인터넷으로 구입해요.

종이의 질감을 좋아하기 때문에 개인적으로 책을 읽는 것을 더 선호합니다. 저는 서점에 자주 가서 그냥 둘러봅니다. 시간이 나면, 책 한 권을 집어 들고 거기에 서서 끝까지 다 읽죠. 어제 서점에 갔을 때, 좋은 책들 몇 권이 할인 중이었어요. 그 서점 회원은 50%까지 할인을 받을 수 있어서 다섯 권을 샀습니다. 이것이 서점에 가는 또 다른 이유이죠.

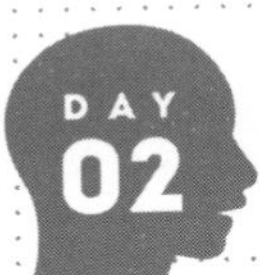

3분 영어 말하기

왜 편의점에서 생수를 사는가?

Why do you buy bottled water at a convenience store?

3분 영어 말하기

Out 02-1.mp3

Step 1 우리말 보면서 듣기

▶ 생수가 더 깨끗한 느낌이어서

제 사무실에는 정수기가 있습니다. 하지만 저는 병에 든 생수가 정수기 물보다 더 깨끗하게 느껴져요. 그래서 저는 출근길에 편의점에 들러 생수 한 병을 삽니다. 선택할 수 있는 종류가 많기 때문에 저는 편의점에서 생수 사는 것을 좋아해요. 요즘에 저는 과일이나 허브맛이 첨가된 미네랄 워터 마시는 걸 좋아합니다. 설탕이 들어간 소다 음료 대신 기분 전환도 되고 건강에도 더 좋은 대안 음료라고 생각해요.

▶ 물 종류가 다양해서

비타민 워터, 다이어트 워터, 숙취 제거 워터 등 다양한 종류의 생수가 많이 있습니다. 그것들이 정말 효과가 있는지는 잘 모르지만 맛도 다양하고 이점이 있어서 필요하다는 생각이 들 때마다 마시고 싶어지게 되더군요. 제 사무실 건물 바로 옆에 편의점이 있어서 저는 늘 그곳에 들러 생수를 삽니다.

▶ 컵 안 씻어도 되고 물맛이 좋아서

매번 물을 마실 때마다 잔을 씻고 싶지 않아서 전 생수 마시는 걸 더 좋아해요. 그래서 저는 주로 편의점에 들러 생수를 삽니다. 하지만 생수가 꽤 비싼 것은 사실이죠. 예전에는 돈을 아끼려고 수돗물을 마시곤 했습니다. 게다가 시에서는 수돗물을 마셔도 안전하다고 했고요. 그렇지만 물맛이 좋지 않았습니다. 그래서 저는 다시 생수를 마시기 시작했죠.

훈련한 날짜 . .

소요시간 분

강의 및 훈련 MP3

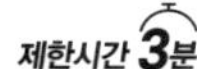

Step 2 한 문장 끊어 말하기

There is a water purifier in my office, * but I feel * like bottled water is cleaner * than water from the water purifier. * So I just stop by a convenience store * and buy one pack * on my way to work. * I like to buy bottled water * at a convenience store * because I get to have many options * to choose from. * Nowadays, * I like to drink * fruit or herb flavored mineral water. * I think * it is a refreshing and a healthier alternative * to sugary sodas.

There are many different types of bottled water, * such as vitamin water, * diet water, * and hangover water. * I am not sure * if they really work, * but since they have different flavors and benefits, * it makes me want to drink one * whenever I feel like I need it. * There is a convenience store * right next to my office building * so I always stop there * to buy bottled water.

I prefer drinking bottled water * because I don't want to wash glasses * every time I drink water. * So I usually stop by a convenience store * and get bottled water. * However, * it is true * that bottled water can be quite pricey. * I used to drink tap water * to save money. * Furthermore, * the city said * it was safe to drink tap water. * However, * it didn't taste good. * So I just started to drink bottled water again.

Step 3 들으면서 따라 말하기

1분

______ is a ______ ______ ______ my office, but I ______ ______
______ water is ______ than water ______ the ______ ______. So
I just ______ ______. a convenience store and buy one pack ______
my ______ ______ ______. I like to buy ______ ______ ______
a ______ store because I ______ to have many ______ to ______
______. ______, I like to drink fruit or ______ ______ ______ water.
I think it is a ______ and a ______ ______ to ______ ______.

2분

There are many ______ ______ of ______ water, such as ______
water, ______ water, and ______ water. I am not ______ if they
______ ______, but since they ______ different ______ and ______,
it ______ me want to ______ one ______ I feel ______ I ______ it.
______ is a ______ store right ______ ______ my office ______ so
I always ______ there to buy ______ ______.

3분

I prefer ______ ______ ______ because I don't want to ______
______ ______ ______ I ______ ______. So I usually ______
______ a ______ store and ______ ______ ______. However,
it is ______ that ______ ______ can be ______ ______. I ______
______ drink ______ ______ to save money. Furthermore, the city
said ______ ______ ______ to drink tap water. However, it didn't
taste good. So I just ______ to ______ ______ ______ again.

▶ 정답은 p.130을 확인하세요.

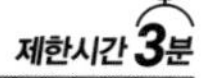

제 사무실에는 정수기가 있습니다. 하지만 저는 병에 든 생수가 정수기 물보다 더 깨끗하게 느껴져요. 그래서 저는 출근길에 편의점에 들러 생수 한 병을 삽니다. 선택할 수 있는 종류가 많기 때문에 저는 편의점에서 생수 사는 것을 좋아해요. 요즘에 저는 과일이나 허브맛이 첨가된 미네랄 워터 마시는 걸 좋아합니다. 설탕이 들어간 소다 음료 대신 기분 전환도 되고 건강에도 더 좋은 대안 음료라고 생각해요.

비타민 워터, 다이어트 워터, 숙취 제거 워터 등 다양한 종류의 생수가 많이 있습니다. 그것들이 정말 효과가 있는지는 잘 모르지만 맛도 다양하고 이점이 있어서 필요하다는 생각이 들 때마다 마시고 싶어지게 되더군요. 제 사무실 건물 바로 옆에 편의점이 있어서 저는 늘 그곳에 들러 생수를 삽니다.

매번 물을 마실 때마다 잔을 씻고 싶지 않아서 전 생수 마시는 걸 더 좋아해요. 그래서 저는 주로 편의점에 들러 생수를 삽니다. 하지만 생수가 꽤 비싼 것은 사실이죠. 예전에는 돈을 아끼려고 수돗물을 마시곤 했습니다. 게다가 시에서는 수돗물을 마셔도 안전하다고 했고요. 그렇지만 물맛이 좋지 않았습니다. 그래서 저는 다시 생수를 마시기 시작했죠.

DAY 03

3분 영어 말하기

왜 거리마다 커피숍이 넘쳐나는가?

Why do you think there are coffee shops on every block?

3분 영어 말하기

Out 03-1.mp3

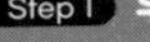

우리말 보면서 듣기

▶ 우리나라 사람들이 커피를 좋아해서

한국인들은 커피 마시는 걸 굉장히 좋아합니다. 커피 마시는 게 많은 사람들한테는 습관처럼 돼버려서 사람들은 아침에, 점심식사 후에, 그리고 언제든지 마시고 싶을 때마다 마시죠. 도시의 거의 모든 길모퉁이마다 커피숍이 있어서 굉장히 쉽게 커피를 마실 수 있습니다. 카페인은 중독성이 매우 강해서 제 주위에도 커피 중독자들이 많아요.

2분

▶ 편하게 시간 보내기 좋아서

여름에는 시원하고 겨울에는 따뜻하기 때문에 커피숍에 있으면 기분이 좋습니다. 의자는 앉기 편안해서 음료 한 잔 마시며 잠시 이야기를 나누기에 좋죠. 저는 가끔 커피숍에서 몇 시간씩 앉아 책을 읽거나 친구들과 수다를 떨기도 해요. 제 생각에는 이런 이유 때문에 사람들이 커피숍에 가는 것을 좋아하고 도시에 커피숍들이 그렇게 많이 있는 것 같습니다.

▶ 커피숍 사업에 도전하는 사람들이 많아서

사람들은 흔히 커피숍은 시작하기 간단하다고 생각합니다. 주위에 성공한 커피숍이 많이 있기 때문에 자기들도 똑같이 할 수 있을 거라고 여기는 거죠. 하지만 커피숍 간의 경쟁이 심하고 수익을 내는 것도 절대 쉽지 않습니다. 사람들이 새로운 커피숍에 가는 것을 좋아하긴 하지만 문제는 새 커피숍이 계속 문을 연다는 점입니다.

훈련한 날짜 . .

소요시간 분

강의 및 훈련 MP3

제한시간 3분

Step 2 한 문장 끊어 말하기

Koreans love to drink coffee. * Drinking coffee has become a habit * for a lot of people * so they drink coffee in the morning, * after lunch, * and whenever they feel like it. * There are coffee shops * at almost every corner of the city * so it is really easy to drink. * Caffeine can be very addictive * and there are many coffee addicts around me.

When you are at a coffee shop, * it feels good * because it is cool in the summer * and warm in the winter. * The chairs are comfortable to sit on * so it is good to grab a drink * and chat for a bit. * I sometimes spend hours * sitting in a coffee shop * reading books * or chatting with my friends. * I think * this is * why people like to go to coffee shops * and there are so many of them * in the city.

People often believe * that starting a coffee shop business is simple. * Since there are many successful coffee shops around, * people think they can do the same. * However, * there is strong competition among coffee shops * and making a profit is never easy. * People like going to new coffee shops * but the problem is * that new coffee shops are constantly opening.

Out 03-2.mp3

Step 3 들으면서 따라 말하기

______ love to ______ ______. ______ coffee has ______ a ______ for a ______ of ______ so they drink coffee ______ the ______, after ______, and ______ they ______ ______ it. ______ are ______ ______ at almost ______ ______ of the ______ so ______ is really ______ to ______. ______ can be very ______ and ______ are many coffee ______ ______ me.

2분

______ you ______ ______ a ______ shop, it ______ ______ because it is ______ ______ the ______ and ______ ______ the winter. The ______ are ______ to ______ ______ so it is ______ to ______ a ______ and ______ ______ a bit. I ______ ______ ______ ______ in a ______ shop ______ books or ______ with my ______. I think ______ is ______ ______ ______ to ______ to ______ ______ and there are so ______ of ______ ______ the city.

3분

People often ______ that ______ a coffee shop business is ______. ______ there are many ______ coffee shops ______, people think they can ______ the ______. However, there is ______ ______ ______ coffee shops and ______ a ______ is never ______. People like ______ to ______ coffee shops but the ______ is that new coffee shops ______ constantly ______.

▶ 정답은 p.131을 확인하세요.

한국인들은 커피 마시는 걸 굉장히 좋아합니다. 커피 마시는 게 많은 사람들한테는 습관처럼 돼버려서 사람들은 아침에, 점심식사 후에, 그리고 언제든지 마시고 싶을 때마다 마시죠. 도시의 거의 모든 길모퉁이마다 커피숍이 있어서 굉장히 쉽게 커피를 마실 수 있습니다. 카페인은 중독성이 매우 강해서 제 주위에도 커피 중독자들이 많아요.

여름에는 시원하고 겨울에는 따뜻하기 때문에 커피숍에 있으면 기분이 좋습니다. 의자는 앉기 편안해서 음료 한 잔 마시며 잠시 이야기를 나누기에 좋죠. 저는 가끔 커피숍에서 몇 시간씩 앉아 책을 읽거나 친구들과 수다를 떨기도 해요. 제 생각에는 이런 이유 때문에 사람들이 커피숍에 가는 것을 좋아하고 도시에 커피숍들이 그렇게 많이 있는 것 같습니다.

사람들은 흔히 커피숍은 시작하기 간단하다고 생각합니다. 주위에 성공한 커피숍이 많이 있기 때문에 자기들도 똑같이 할 수 있을 거라고 여기는 거죠. 하지만 커피숍 간의 경쟁이 심하고 수익을 내는 것도 절대 쉽지 않습니다. 사람들이 새로운 커피숍에 가는 것을 좋아하긴 하지만 문제는 새 커피숍이 계속 문을 연다는 점입니다.

3분 영어 말하기

가족과 대화를 많이 하는 편인가?

Do you often talk to your family members?

3분 영어 말하기

Out 04-1.mp3

Step 1 우리말 보면서 듣기

▶ 언니와 이야기를 많이 한다

저는 언니와 친합니다. 언니는 저보다 세 살 위예요. 우리가 중고등학교에 다닐 때는 언니가 자기에 비해 제가 너무 어리다고 생각해 우리는 거의 말을 하지 않았죠. 지금은 함께 나이 들어가고 있고 친구 같습니다. 우리는 옷, 음식, 남자친구 등 모든 것에 관해 이야기해요. 저는 언니와 이야기하는 것이 아주 좋습니다. 우리는 방을 같이 쓰기 때문에 보통 잠자리에 들기 전에 이야기를 나누죠.

▶ 엄마와 말을 많이 안 하게 됐다

어렸을 때는 엄마와 모든 것에 관해 이야기를 나누곤 했어요. 저는 엄마에게 제 친구들과 학교생활, 모든 것을 말했습니다. 엄마와 이야기를 하는 것이 재미있었거든요. 하지만 나이가 들면서 엄마에게 더 이상 이야기를 털어놓지 않게 되었습니다. 이유는 모르겠지만 엄마랑 그렇게 많이 이야기하지 않아요. 때로는 엄마가 더 이상 저를 이해하지 못한다고 느낄 때도 있습니다. 앉아서 가족들과 이야기를 나눌 시간도 없습니다.

▶ 부모님과 대화를 무척 많이 한다

저는 부모님과 매우 가까워요. 부모님께 모든 것을 다 이야기하죠. 제가 어느 직장에 지원했을 때는 아빠랑 매일 밤마다 이야기를 나눴습니다. 아빠는 제게 맞는 좋은 직장을 어떻게 찾아야 하는지 멋진 조언을 해주셨죠. 또 엄마와도 자주 이야기를 합니다. 엄마는 항상 긍정적인 기운을 주기 때문에 엄마와 이야기를 하면 늘 기분이 좋아집니다.

훈련한 날짜 . .

소요시간 분

강의 및 훈련 MP3

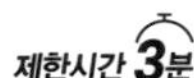

Step 2 한 문장 끊어 말하기

I am close to my sister. * She is three years older than me. * When we were in middle school and high school, * we barely talked * because she thought * I was too young for her. * Now we are getting older together * and we are more like friends. * We talk about everything * like clothes, * food, * and boyfriends. * I love talking to my sister. * We share a bedroom * so we usually talk * before going to bed.

When I was young, * I used to talk to my mom * about everything. * I would tell her * about my friends, * school life * and just about anything. * It was fun * talking to her. * However, * as I got older, * I kind of stopped talking to her. * I don't know why * but I just don't talk to her that much. * Sometimes, * I feel * like she doesn't understand me anymore. * There is no time to sit down * and have a conversation * with my family members.

I am very close to my parents. * I talk to them about everything. * When I was applying for a job, * I had conversations with my dad * every single night. * He gave me good advice * on how to find a good job * that would suit me. * I would also often talk to my mom. * She always gives me positive energy * so talking to her always makes me feel good.

Step 3 들으면서 따라 말하기

1분

I am _____ _____ my sister. She is three _____ _____ _____ me. When we _____ _____ middle school and high school, we _____ _____ because she _____ I was _____ _____ _____ her. Now we are _____ _____ together and we are _____ _____ _____. We _____ _____ everything _____ clothes, food, and _____. I love _____ _____ my sister. We _____ a _____ so we usually _____ before _____ to _____.

2분

_____ I was _____, I _____ to _____ to my mom _____ _____. I would _____ her _____ my friends, _____ _____ and just about _____. It was _____ _____ to her. However, _____ I _____ older, I kind of _____ _____ to her. I _____ know _____ but I just _____ _____ _____ _____ that much. Sometimes, I _____ _____ she _____ _____ me _____. There is no _____ to _____ _____ and have a _____ with my _____ _____.

3분

I am very _____ _____. my _____ I _____ to them _____ _____. When I was _____ _____ a _____, I had _____ with my dad _____ _____ night. He _____ me good _____ _____ how _____ _____ a good _____ that _____ _____ me. I would also often _____ _____ my mom. She always _____ me _____ _____ so _____ to her always _____ me _____ _____.

▶ 정답은 p.132를 확인하세요.

저는 언니와 친합니다. 언니는 저보다 세 살 위예요. 우리가 중고등학교에 다닐 때는 언니가 자기에 비해 제가 너무 어리다고 생각해 우리는 거의 말을 하지 않았죠. 지금은 함께 나이 들어가고 있고 친구 같습니다. 우리는 옷, 음식, 남자 친구 등 모든 것에 관해 이야기해요. 저는 언니와 이야기하는 것이 아주 좋습니다. 우리는 방을 같이 쓰기 때문에 보통 잠자리에 들기 전에 이야기를 나누죠.

어렸을 때는 엄마와 모든 것에 관해 이야기를 나누곤 했어요. 저는 엄마에게 제 친구들과 학교생활, 모든 것을 말했습니다. 엄마와 이야기를 하는 것이 재미있었거든요. 하지만 나이가 들면서 엄마에게 더 이상 이야기를 털어놓지 않게 되었습니다. 이유는 모르겠지만 엄마랑 그렇게 많이 이야기하지 않아요. 때로는 엄마가 더 이상 저를 이해하지 못한다고 느낄 때도 있습니다. 앉아서 가족들과 이야기를 나눌 시간도 없습니다.

저는 부모님과 매우 가까워요. 부모님께 모든 것을 다 이야기하죠. 제가 어느 직장에 지원했을 때는 아빠랑 매일 밤마다 이야기를 나눴습니다. 아빠는 제게 맞는 좋은 직장을 어떻게 찾아야 하는지 멋진 조언을 해주셨죠. 또 엄마와도 자주 이야기를 합니다. 엄마는 항상 긍정적인 기운을 주기 때문에 엄마와 이야기를 하면 늘 기분이 좋아집니다.

DAY 05

3분 영어 말하기

영화냐 소설이냐, 그것이 문제로다!

Do you prefer reading a book or watching a movie?

3분 영어 말하기

Out 05-1.mp3

Step 1 우리말 보면서 듣기

▶ 시각적으로 매력적인 영화!

저는 책보다 영화를 더 좋아하는데 영화가 시각적으로 더 매력적이기 때문입니다. 특수효과는 사람들이 처음에 상상하던 것보다 더 나은 것을 볼 수 있게 해주죠. 예를 들어, 책에 자동차 충돌 장면이 있다면 아마도 자동차 한 대가 다른 한 대를 들이받는 장면만 떠올릴 수 있겠지만, 영화에서는 차 한 대가 다른 한 대를 들이받고 폭발하는 장면을 볼 수 있습니다. 보기에도 듣기에도 더욱 흥미진진하죠. 특수효과는 상상력이 자라는 데 도움을 줍니다.

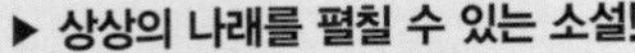

▶ 상상의 나래를 펼칠 수 있는 소설!

소설은 제가 등장인물의 이미지와 배경, 그리고 이야기가 전개되는 방식을 스스로 창조하는 데 도움을 줍니다. 정말이지 제가 읽은 소설이 영화로 만들어질 때마다 영화가 제 기대에 못 미치거나 제가 상상하던 스토리 방식과는 달라서 실망했어요. 대표적인 예가 '트와일라이트' 시리즈입니다.

▶ 보편적으로 책이 더 낫다에 한 표!

먼저 쓰여졌기 때문에 대체로 책이 더 낫습니다. 영화는 책에 있는 많은 세부묘사를 생략하기도 하죠. 영화가 너무 길어질 수 있기 때문에 영화 제작자들은 모든 것들을 다 넣을 수가 없습니다. 그래서 꼭 넣어야 하는 것만 넣게 되죠. 저는 영화가 더 나을 거라고 기대하지 않기 때문에 보통 실망하지도 않습니다.

훈련한 날짜 . .

소요시간 분

강의 및 훈련 MP3

제한시간 3분

Step 2 한 문장 끊어 말하기

I like movies better than books * because movies are more visually appealing. * Special effects can help the people * see something * better than they imagined * in the first place. * For example, * there could be a car crash in a book, * and you could just imagine * one car crashing into another one, * but, in a movie, * you could see one car crash into another * and blow up. * This just looks and sounds more exciting. * Special effects help the imagination grow.

Novels help me * create my own image of the characters * and setting * and the way things are going through the story. * And I must admit * that whenever the novel that I have read * was turned into a movie, * I got disappointed * because the movie failed to meet my expectations * or it was different * from the way * I imagined the story. * A perfect example is the *Twilight* series.

Books are usually better * because they were written first. * Movies leave out * so many details the books have. * Movie makers can't possibly put everything in it * because that would take too long. * So they do what they must do. * I am not usually disappointed * because I don't expect the movie to be better.

Step 3 들으면서 따라 말하기

1분

I ______ ______ ______ than ______ because ______ are more ______ ______. ______ ______ can ______ the ______ ______ something ______ ______ they ______ ______ the ______ ______. For ______, ______ ______ be a ______ ______ ______ a book, and you ______ just ______ one car ______ ______ ______ one, but, ______ a movie, you ______ ______ one car ______ into another and ______ ______. This just ______ and ______ more ______. ______ ______ help the ______ ______.

2분

______ help me ______ my ______ ______ of the ______ and setting and the ______ ______ are ______ ______ the ______. And I must ______ that ______ the ______ that I ______ ______ was ______ ______ a ______, I ______ ______ because the movie ______ to ______ my ______ or it was ______ ______ the ______ I ______ the ______. A ______ ______ is the *Twilight* ______.

3분

______ are usually ______ because they were ______ ______. Movies ______ ______ so many ______ the books ______. ______ ______ can't possibly ______ everything ______ it because that would ______ ______ ______. So they do ______ they ______ ______. I am not ______ ______ because I don't ______ the movie ______ ______ ______.

▶ 정답은 p.133을 확인하세요.

저는 책보다 영화를 더 좋아하는데 영화가 시각적으로 더 매력적이기 때문입니다. 특수효과는 사람들이 처음에 상상하던 것보다 더 나은 것을 볼 수 있게 해주죠. 예를 들어, 책에 자동차 충돌 장면이 있다면 아마도 자동차 한 대가 다른 한 대를 들이받는 장면만 떠올릴 수 있겠지만, 영화에서는 차 한 대가 다른 한 대를 들이받고 폭발하는 장면을 볼 수 있습니다. 보기에도 듣기에도 더욱 흥미진진하죠. 특수효과는 상상력이 자라는 데 도움을 줍니다.

소설은 제가 등장인물의 이미지와 배경, 그리고 이야기가 전개되는 방식을 스스로 창조하는 데 도움을 줍니다. 정말이지 제가 읽은 소설이 영화로 만들어질 때마다 영화가 제 기대에 못 미치거나 제가 상상하던 스토리 방식과는 달라서 실망했어요. 대표적인 예가 '트와일라이트' 시리즈입니다.

먼저 쓰여졌기 때문에 대체로 책이 더 낫습니다. 영화는 책에 있는 많은 세부묘사를 생략하기도 하죠. 영화가 너무 길어질 수 있기 때문에 영화 제작자들은 모든 것들을 다 넣을 수가 없습니다. 그래서 꼭 넣어야 하는 것만 넣게 되죠. 저는 영화가 더 나을 거라고 기대하지 않기 때문에 보통 실망하지도 않습니다.

3분 영어 말하기

목표 달성에서 중요한 것은 무엇인가?

What are the important things to accomplish your goal?

3분 영어 말하기

Out 06-1.mp3

Step 1 우리말 보면서 듣기

▶ 결단력과 끈기

결단력과 끈기가 성공의 열쇠라고 생각합니다. 저는 절대로 포기하지 않고 그냥 포기하라는 유혹을 아무리 많이 받아도 끈기를 가지고 계속 나아가요. 인생에서 성취할 수 있는 목표들은 대체로 매우 분명합니다. 제가 원하는 것을 정확히 알고 거기에 매달리려고 해요. 또 목표를 이루기 위해 기꺼운 마음으로 한층 더 애를 씁니다.

▶ 현실적인 목표와 노력

목표를 정할 때 가장 우선시 되는 것이 그것들을 할 수 있는 것으로 만드는 것입니다. 저는 제가 존경하는 분들의 인생 궤적을 살펴보고 실천할 수 있는 단계들을 찾아보려고 해요. 예를 들어서, 저의 롤 모델은 유명한 피아니스트입니다. 그분은 인터뷰에서 수십 년 동안 매일 14시간씩 연습과 훈련을 해왔다고 말했어요. 피아니스트가 되려는 것은 아니지만 그분의 성공을 통해서 전 많은 것을 배웠습니다. 저는 포기하고 싶어질 때마다 그분을 생각하며 최선을 다하려고 해요.

▶ 언제나 자신을 믿는 것

저는 목표를 적습니다. 종이 한 장이나 노트에 적어서 매일 아침 일어나고 매일 밤 잠자리에 들 때마다 볼 수 있는 곳에 붙여 놓아요. 저는 늘 제가 할 수 있다고 믿습니다. "나는 할 수 없어. 끝났어."라고 말하는 순간 정말로 다 끝나기 때문입니다. 동시에 저는 "더 잘할 수 있었는데."라고도 절대 말하지 않습니다. 저는 항상 제가 해낸 것이 제가 할 수 있는 최선이었다고 생각해요.

훈련한 날짜 . .

소요시간 분

제한시간 3분

Step 2 한 문장 끊어 말하기

I think * determination and persistence * are the keys to success. * I don't ever give up * and keep going with staying power * no matter how much I am tempted * to just give up. * The achievable goals in life * are generally very well defined. * I try to know exactly * what I want * and stick to it. * I am also willing to go the extra mile * to accomplish my goals.

The first thing to do * when setting goals * is to make them doable. * I try to look at the paths of people * I admire * and find practical steps. * For example, * my role model is this famous pianist. * She said in her interview * that she has put in * 14 hours of practice and training * every day for dozens of years. * I am not trying to be a pianist * but I learned so much * from her success. * Whenever I want to give up, * I think of her * and try to do my best.

I write my goals down. * I put them on a piece of paper * or a note card * and tape it to a place * I look at * every morning when I wake up * and every night when I go to bed. * I always believe I can do it * because the minute I say, * "I can't. * It's over," * it really is over. * At the same time, * I never say * "I could have done better." * I always think * that my performance * was the best I could have given.

Step 3 들으면서 따라 말하기

1분

I think ______ and ______ are the ______ to success. I don't ever ______ ______ and ______ going with ______ ______ no matter how ______ I am ______ to just ______ ______. The ______ ______ in ______ are generally very ______ ______. I ______ to know ______ ______ I ______ and ______ ______ it. I am also ______ ______ ______ the ______ ______ to ______ my ______.

2분

______ first ______ ______ ______ when ______ ______ is ______ ______ them ______. I ______ to ______ ______ the ______ of ______ I ______ and find ______ ______. ______ example, my ______ ______ is this ______ ______. She said ______ her ______ that she has ______ ______ 14 hours of ______ and ______ every day ______ ______ of years. I am not ______ to be a ______ but I ______ so ______ ______ her ______. ______ I want to ______ ______, I ______ ______ her and try to ______ ______ ______.

I ______ my goals ______. I ______ them ______ a ______ of ______ or a ______ card and ______ it ______ a ______ I ______ at ______ ______ when I ______ ______ and ______ ______ when I ______ to ______. I always ______ I can ______ ______ because the ______ I ______, "I ______. It's ______," it really is ______. ______ the same time, I ______ say "I could ______ ______ ______." I ______ think that my ______ was ______ ______ I ______ ______ given.

▶ 정답은 p.134를 확인하세요.

Step 4 **3분 동안 영어로 말하기**

결단력과 끈기가 성공의 열쇠라고 생각합니다. 저는 절대로 포기하지 않고 그냥 포기하라는 유혹을 아무리 많이 받아도 끈기를 가지고 계속 나아가요. 인생에서 성취할 수 있는 목표들은 대체로 매우 분명합니다. 제가 원하는 것을 정확히 알고 거기에 매달리려고 해요. 또 목표를 이루기 위해 기꺼운 마음으로 한층 더 애를 씁니다.

목표를 정할 때 가장 우선시 되는 것이 그것들을 할 수 있는 것으로 만드는 것입니다. 저는 제가 존경하는 분들의 인생 궤적을 살펴보고 실천할 수 있는 단계들을 찾아보려고 해요. 예를 들어서, 저의 롤 모델은 유명한 피아니스트입니다. 그분은 인터뷰에서 수십 년 동안 매일 14시간씩 연습과 훈련을 해왔다고 말했어요. 피아니스트가 되려는 것은 아니지만 그분의 성공을 통해서 전 많은 것을 배웠습니다. 저는 포기하고 싶어질 때마다 그분을 생각하며 최선을 다하려고 해요.

저는 목표를 적습니다. 종이 한 장이나 노트에 적어서 매일 아침 일어나고 매일 밤 잠자리에 들 때마다 볼 수 있는 곳에 붙여 놓아요. 저는 늘 제가 할 수 있다고 믿습니다. "나는 할 수 없어. 끝났어."라고 말하는 순간 정말로 다 끝나기 때문입니다. 동시에 저는 "더 잘할 수 있었는데"라고도 절대 말하지 않습니다. 저는 항상 제가 해낸 것이 제가 할 수 있는 최선이었다고 생각해요.

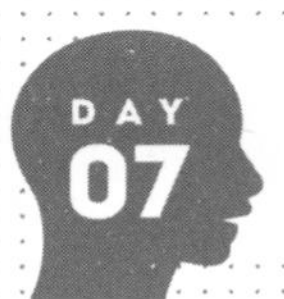

3분 영어 말하기

왜 다이어트에 성공하기 어려운가?

Why is it hard to succeed with your diet plans?

3분 영어 말하기

Out 07-1.mp3

Step 1 우리말 보면서 듣기

▶ 동기부여가 제대로 안 돼서

살을 빼려면 적게 먹고 규칙적으로 운동하는 것이 가장 중요하다는 것을 저도 알아요. 문제는 운동을 해야겠다는 동기부여가 제게 전혀 안 되고 먹고 또 먹고 싶은 생각이 계속 든다는 거죠. 배고픔이 자제가 안 되고 결국에는 밤늦게 라면을 먹습니다. 정말 진지하게 살을 빼야겠다는 동기부여가 되어야 할 것 같아요.

2분

▶ 바뀐 식단에 적응할 시간을 주지 않아서

다이어트를 할 때 제 자신을 너무 혹독하게 대하기 때문에 제가 살 빼는 데 성공하지 못하는 것 같아요. 저는 패스트푸드와 단것을 먹는 걸 좋아하지만 살을 빼기로 결심하면 과일이나 채소만을 기본으로 하는 식사로 갑자기 바꾸는데 제 몸이 적응하기 어려워합니다. 결국에는 이런 식이요법을 하는 도중에 가끔 한 번씩 KFC 치킨을 먹어서 망치게 되죠. 정말로 살을 빼고 싶다면 제가 가장 먼저 해야 할 일은 패스트푸드를 끊는 일인 것 같아요.

▶ 빨리 살을 빼려고 조바심을 쳐서

한번은 식초 다이어트를 해보았습니다. 매일 정해진 양의 식초를 마셨죠. 말할 필요도 없이 효과도 없었고 살도 전혀 빠지지 않았어요. 짧은 기간에 살을 빼고 싶었고 10파운드(약 5킬로)를 빼는 것 외에는 아무 생각도 할 수 없었어요. 살을 빼고 그것을 장기간 유지하고 싶으면 앞으로 평생 지속 가능한 건강한 식사를 해야 한다는 것을 깨달았죠.

훈련한 날짜　　.　　.

소요시간　　분

강의 및 훈련 MP3

제한시간 3분

Step 2 한 문장 끊어 말하기

I know * eating small portions of food * and exercising regularly * are the most important * to lose weight. * The problem is * that I have no motivation to exercise * and I keep feeling * like I want to eat and eat. * I just can't control my hunger * and end up eating instant noodles * late at night. * I think * I seriously need to give myself motivation * to lose weight.

I think * the reason why I can't succeed in losing weight * is because I am too hard on myself * when I am on a diet. * I like eating fast food and sweets * but when I decide to lose weight, * all of a sudden, * I switch to a diet * based on only fruit or vegetables * and my body finds it difficult to adapt. * I end up spoiling myself * every once in a while * throughout the diet * by eating KFC chicken. * I think * if I want to really lose weight, * the first thing I should do * is quit eating fast food.

I once tried a vinegar diet. * I drank a certain amount of vinegar every day. * Needless to say, * it didn't work * and I didn't lose any weight. * I wanted to lose weight in the short term * and couldn't think * beyond getting those ten pounds off. * I realized * that if I want to lose weight * and keep it off in the long term, * I should eat a healthy diet * that is sustainable * for the rest of my life.

Out 07-2.mp3

Step 3 들으면서 따라 말하기

1분

______ ______ eating ______ ______ of food and ______ ______
are the most important ______ ______ ______. The ______ is that
I have ______ ______ to ______ and I ______ ______ ______
I want to ______ and ______. I just ______ ______ my ______ and
______ ______ ______ instant ______ ______ at night. I think
I ______ need to ______ ______ ______ to ______ ______.

2분

I think the ______ ______ I ______ ______ in losing weight is
______ I am too ______ ______ ______ when I am ______ a
______. I like ______ ______ ______ and ______ but when
I ______ to ______ ______, all of a ______, I ______ ______ a diet
______ ______ only fruit or vegetables and my body ______ ______
difficult ______ ______. I ______ ______ ______ myself ______
______ ______ a ______ throughout the diet ______ ______ KFC
______. I think if I ______ ______ really lose weight, the ______
______ I should do is ______ ______ fast food.

3분

I ______ ______ a ______ ______. I ______ a ______ ______
of ______ every day. ______ to say, it ______ ______ and I didn't
______ any ______. I wanted to ______ ______ ______ the ______
______ and ______ think ______ ______ those ten pounds ______.
I ______ that if I want to ______ ______ and ______ it ______
______ ______ long term, I should ______ a ______ ______ that is
______ for the ______ of my ______.

▶ 정답은 p.135를 확인하세요.

살을 빼려면 적게 먹고 규칙적으로 운동하는 것이 가장 중요하다는 것을 저도 알아요. 문제는 운동을 해야겠다는 동기부여가 제게 전혀 안 되고 먹고 또 먹고 싶은 생각이 계속 든다는 거죠. 배고픔이 자제가 안 되고 결국에는 밤늦게 라면을 먹습니다. 정말 진지하게 살을 빼야겠다는 동기부여가 되어야 할 것 같아요.

다이어트를 할 때 제 자신을 너무 혹독하게 대하기 때문에 제가 살 빼는 데 성공하지 못하는 것 같아요. 저는 패스트푸드와 단것을 먹는 걸 좋아하지만 살을 빼기로 결심하면 과일이나 채소만을 기본으로 하는 식사로 갑자기 바꾸는데 제 몸이 적응하기 어려워합니다. 결국에는 이런 식이요법을 하는 도중에 가끔 한 번씩 KFC 치킨을 먹어서 망치게 되죠. 정말로 살을 빼고 싶다면 제가 가장 먼저 해야 할 일은 패스트푸드를 끊는 일인 것 같아요.

한번은 식초 다이어트를 해보았습니다. 매일 정해진 양의 식초를 마셨죠. 말할 필요도 없이 효과도 없었고 살도 전혀 빠지지 않았어요. 짧은 기간에 살을 빼고 싶었고 10파운드(약 5킬로)를 빼는 것 외에는 아무 생각도 할 수 없었어요. 살을 빼고 그것을 장기간 유지하고 싶으면 앞으로 평생 지속 가능한 건강한 식사를 해야 한다는 것을 깨달았죠.

3분 영어 말하기

꿈 실현을 위해 가장 중요한 것은 무엇인가?

What is the most important principle to make your dreams come true?

3분 영어 말하기

Out 08-1.mp3

Step 1 우리말 보면서 듣기

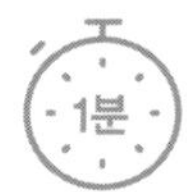

▶ 돈이 가장 중요하다

저는 꿈을 이루기 위해서는 돈이 가장 중요한 거라고 생각합니다. 돈 없이는 원하는 것을 공부하거나 하고 싶은 경험을 할 수도 없죠. 어학원에 다니거나 해외여행을 가려면 돈이 필요합니다. 하지만 많은 사람들이 그럴 형편이 안 돼서 포기하죠. 재정적으로 부유한 사람들이 그렇지 않은 사람들과 비교했을 때 자기가 하고 싶은 것을 할 수 있는 가능성이 더 높습니다. 그게 항상 맞는 건 아니지만 자수성가한 사람은 점점 더 드물어지는 것 같아요. 그럴 형편이 될 때에만 꿈을 꾸고 그 꿈에 투자할 수 있습니다.

▶ 정말 하고 싶은 걸 알아낸다

자신이 진짜 하고픈 일이 무엇인지 찾는 게 중요합니다. 많은 사람들이 자신이 원하는 것은 생각하지 않고 사회가 규정한 좋은 직장에 취직하는 걸로 사회에 맞춰 가려고만 하죠. 많은 사람들이 사회가 정하는 것을 토대로 해 전공, 대학, 심지어 직업까지 자동적으로 고른다는 건 우리나라의 심각한 문제입니다. 전 그게 정말로 잘못됐다고 생각해요. 무엇을 꿈꾸든지 이룰 수 있습니다. 사람은 자기 꿈에 맞춰 인생을 살기 시작해야 합니다. 이것이 가장 먼저 깨달아야 할 부분입니다.

▶ 인맥 역시 무시 못 한다

다른 사람들과 인맥을 쌓는 것이 매우 중요합니다. 자신의 꿈 실현을 도와줄 사람들과 관계를 맺을 필요가 있는 거죠. 아무리 부지런하거나 똑똑하다고 해도, 혼자 너무 많은 일을 떠맡으면 한계에 부딪힙니다. 주위 사람들에게 도움을 얻는 것이 중요하죠. 능력은 제한되어 있고, 꿈을 이루기 위해서는 다양한 분야에서 일하는 전문가들의 도움이 필요합니다. 이것이 바로 다른 사람들을 깔보고 다른 사람의 능력을 무시하는 사람이 왜 더 실패하기 쉬운지에 대한 이유예요. 성공한 사람이 되는 문제로 봤을 때, 가장 큰 자산은 인맥입니다.

훈련한 날짜　　.　　.

소요시간　　분

강의 및 훈련 MP3

제한시간 3분

Step 2 한 문장 끊어 말하기

I think * money is the most important thing * in order to achieve your dreams. * Without money, * you can't study what you want * nor have the type of experiences you desire. * You need money * to go to a language center * or to travel abroad, * but many people give up * because they can't afford it. * People who are better off financially * are more likely to be able to do * what they want to do, * compared to people who are not. * It is not always true * but it seems * that self-made people are becoming rare. * You can have dreams * and invest in your dreams * only when you can afford to.

It is important to find out * what type of occupation you really want. * Many people don't think about what they want * and just try to fit in with society * by getting a good job * as defined by society. * It is a serious problem in our country * that a lot of people automatically choose their major, * college, * and even career * based on what society says. * I think it is very wrong. * Whatever you can dream of, * you can achieve. * People should begin to live their dreams. * This must be realized first.

Networking with other people * is very important. * You need to be connected with people * who can help you * make your dreams come true. * No matter how hardworking or intelligent you are, * when you take on too many duties, * you are limited. * It is important * to get help from people around you. * Your abilities are confined * and you need professional assistance * in various fields * in order to achieve your dreams. * This could be the reason * why a person who looks down on others * and neglects others' abilities * is more likely to fail. * When it comes to becoming a successful person, * your biggest asset is your personal connections.

Step 3 들으면서 따라 말하기

1분

I think money is the ______ ______ ______ in ______ to ______ your dreams. ______ money, you can't study ______ you ______ nor have the ______ ______ ______ you desire. You need ______ to ______ to a ______ ______ or to ______ ______, but many people ______ ______ because they can't ______ it. People ______ are ______ ______ ______ are more ______ to be able to do ______ they want to do, ______ to people ______ are ______. It is ______ ______ true but it seems that ______ people are becoming ______. You can ______ dreams and ______ in your dreams ______ ______ you can ______ to.

2분

It is important to ______ ______ ______ type of occupation you really ______. Many people don't ______ ______ ______ they want and just try to ______ ______ with society by ______ a good job as ______ by ______. It is a ______ ______ in our ______ that a lot of people ______ choose their ______, ______, and even ______ based on ______ society ______. I think it is very ______. ______ you can ______ of, you can ______. People should ______ to ______ their ______. This must ______ ______ ______.

3분

______ with ______ ______ is very important. You need to ______ ______ with people ______ can ______ you ______ your dreams ______ ______. No ______ how ______ or ______ you ______, when you ______ ______ too many duties, you ______ ______. It is important to ______ ______ from people ______ you. Your ______ are ______ and you need ______ ______ in various ______ in order to ______ your ______. This could be the ______ ______ a person who ______ ______ on others and ______ others' ______ is more ______ to ______. When it ______ to ______ a ______ person, your biggest ______ is your ______ ______.

▶ 정답은 p.136을 확인하세요.

저는 꿈을 이루기 위해서는 돈이 가장 중요한 거라고 생각합니다. 돈 없이는 원하는 것을 공부하거나 하고 싶은 경험을 할 수도 없죠. 어학원에 다니거나 해외여행을 가려면 돈이 필요합니다. 하지만 많은 사람들이 그럴 형편이 안 돼서 포기하죠. 재정적으로 부유한 사람들이 그렇지 않은 사람들과 비교했을 때 자기가 하고 싶은 것을 할 수 있는 가능성이 더 높습니다. 그게 항상 맞는 건 아니지만 자수성가한 사람은 점점 더 드물어지는 것 같아요. 그럴 형편이 될 때에만 꿈을 꾸고 그 꿈에 투자할 수 있습니다.

자신이 진짜 하고픈 일이 무엇인지 찾는 게 중요합니다. 많은 사람들이 자신이 원하는 것은 생각하지 않고 사회가 규정한 좋은 직장에 취직하는 걸로 사회에 맞춰 가려고만 하죠. 많은 사람들이 사회가 정하는 것을 토대로 해 전공, 대학, 심지어 직업까지 자동적으로 고른다는 건 우리나라의 심각한 문제입니다. 전 그게 정말로 잘못됐다고 생각해요. 무엇을 꿈꾸든지 이룰 수 있습니다. 사람은 자기 꿈에 맞춰 인생을 살기 시작해야 합니다. 이것이 가장 먼저 깨달아야 할 부분입니다.

다른 사람들과 인맥을 쌓는 것이 매우 중요합니다. 자신의 꿈 실현을 도와줄 사람들과 관계를 맺을 필요가 있는 거죠. 아무리 부지런하거나 똑똑하다고 해도, 혼자 너무 많은 일을 떠맡으면 한계에 부딪힙니다. 주위 사람들에게 도움을 얻는 것이 중요하죠. 능력은 제한되어 있고, 꿈을 이루기 위해서는 다양한 분야에서 일하는 전문가들의 도움이 필요합니다. 이것이 바로 다른 사람들을 깔보고 다른 사람의 능력을 무시하는 사람이 왜 더 실패하기 쉬운지에 대한 이유예요. 성공한 사람이 되는 문제로 봤을 때, 가장 큰 자산은 인맥입니다.

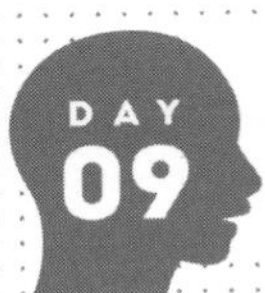

3분 영어 말하기

어떻게 어려움을 헤쳐 나가는가?

How do you get over a problem?

3분 영어 말하기

Out 09-1.mp3

Step 1 우리말 보면서 듣기

▶ 책을 읽으며 아이디어를 떠올린다

도움을 받아야 할 문제가 생기면 저는 동네에 있는 서점에 가는 편입니다. 문제와 관련된 책을 찾아서 읽습니다. 저는 예전에 책을 많이 읽곤 했어요. 책을 읽으면 멋진 아이디어가 떠올라요. 독서를 통해서 상상력이 더 풍부해지는 것 같습니다. 그래서 저는 문제 해결을 위해 고정관념에서 벗어나 생각을 해보려고 주로 책을 읽습니다.

▶ 친구들에게 조언을 얻는다

큰 문제에 부딪힐 때, 저는 주로 친구들에게 이야기를 해요. 때로는 타인에게 이야기를 털어놓고 조언을 얻는 것이 도움이 됩니다. 제 문제에 대해 사람들이 말해 주는 것이 항상 맞는 것은 아니지만 적어도 좀 더 크게 생각해 볼 수 있고 제 문제를 다른 시각에서 바라볼 수 있죠. 또 친구들과 수다를 떨면 스트레스가 풀리기 때문에 친구들에게 이야기를 털어놓는 것이 좋습니다.

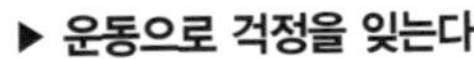

▶ 운동으로 걱정을 잊는다

운동을 합니다. 전 피곤하고 스트레스를 받으면 부정적으로 생각하고 편협한 시각에서 문제를 보게 되더군요. 하지만 운동할 때는 걱정거리를 다 잊어버리고 운동에만 집중하게 됩니다. 달리기, 농구 등을 무척 좋아해요. 열심히 운동하고 땀을 내고 나면 기분이 상쾌해집니다. 또 문제를 다르게 볼 수 있게 되고 긍정적이 되죠.

훈련한 날짜 . .

소요시간 분

강의 및 훈련 MP3

제한시간 3분

Step 2 한 문장 끊어 말하기

When I have problems * that I need help with, * I tend to go to the bookstore * in my neighborhood. * I search for books on the issue * and read. * I used to read a lot. * When I read a book, * great ideas come to me. * I think I get more imaginative * from reading books. * Therefore, * I usually read books * to think out of the box * in order to solve problems.

When I am in big trouble, * I usually talk to my friends. * Sometimes, * it is helpful * to talk to others * and get advice. * What others say about my problem * is not always right * but I can at least think broadly * and view my problem * from a different perspective. * It is also good * to talk to my friends * because chatting with them * releases my stress as well.

I exercise. * When I am tired and stressed, * I tend to think negatively * and view my problems * from a narrow perspective. * However, * when I exercise, * I get to forget about my worries * and focus on my workout. * I love running, * playing basketball * and so on. * After I work out hard * and sweat it off, * I feel refreshed. * I'm also able to view my problems differently * and I feel positive.

Out 09-2.mp3

Step 3 들으면서 따라 말하기

_____ I have _____ that I need _____ _____, I _____ to _____ to the _____ _____ my _____. I _____ _____ books _____ the _____ and _____. I _____ to _____ a lot. When I _____ a book, great _____ _____ _____ me. I think I _____ more _____ _____ reading books. Therefore, I _____ read books to _____ _____ of the _____ in _____ to _____ problems.

2분

When I am _____ big _____ I usually _____ _____ my friends. Sometimes, it is _____ to _____ to _____ and get _____. _____ others _____ about my problem is _____ _____ right but I can _____ _____ think _____ and _____ my problem _____ a different _____. It is _____ _____ to _____ _____ my friends because _____ with them _____ my _____ as well.

3분

I _____. When I _____ _____ and _____, I _____ to think _____ and _____ my problems _____ a _____ _____. However, when I exercise, I _____ to _____ about my _____ and _____ _____ my _____. I love _____, _____ basketball and _____ on. After I work out _____ and _____ it _____, I feel _____. I'm also _____ to _____ my problems _____ and I feel _____.

▶ 정답은 p.137을 확인하세요.

도움을 받아야 할 문제가 생기면 저는 동네에 있는 서점에 가는 편입니다. 문제와 관련된 책을 찾아서 읽습니다. 저는 예전에 책을 많이 읽곤 했어요. 책을 읽으면 멋진 아이디어가 떠올라요. 독서를 통해서 상상력이 더 풍부해지는 것 같습니다. 그래서 저는 문제 해결을 위해 고정관념에서 벗어나 생각을 해보려고 주로 책을 읽습니다.

큰 문제에 부딪힐 때, 저는 주로 친구들에게 이야기를 해요. 때로는 타인에게 이야기를 털어놓고 조언을 얻는 것이 도움이 됩니다. 제 문제에 대해 사람들이 말해 주는 것이 항상 맞는 것은 아니지만 적어도 좀 더 크게 생각해 볼 수 있고 제 문제를 다른 시각에서 바라볼 수 있죠. 또 친구들과 수다를 떨면 스트레스가 풀리기 때문에 친구들에게 이야기를 털어놓는 것이 좋습니다.

운동을 합니다. 전 피곤하고 스트레스를 받으면 부정적으로 생각하고 편협한 시각에서 문제를 보게 되더군요. 하지만 운동할 때는 걱정거리를 다 잊어버리고 운동에만 집중하게 됩니다. 달리기, 농구 등을 무척 좋아해요. 열심히 운동하고 땀을 내고 나면 기분이 상쾌해집니다. 또 문제를 다르게 볼 수 있게 되고 긍정적이 되죠.

3분 영어 말하기

시간 관리에서 가장 중요한 것은 무엇인가?

What is the most important thing to remember about time management?

3분 영어 말하기

Out 10-1.mp3

Step 1 우리말 보면서 듣기

▶ 중요한 일에 집중한다

시간을 효율적으로 관리하면 매일 더 많은 일들을 해내는 데 도움이 된다는 것을 알고 있습니다. 또 시간을 더욱 현명하게 운용함으로써, 스트레스를 최소화하고 삶의 질을 높일 수 있죠. 큰 프로젝트의 경우는 달력에 따로 기간을 구분해 놓습니다. 그 기간에는 방문을 닫고 휴대전화와 이메일도 꺼놓습니다.

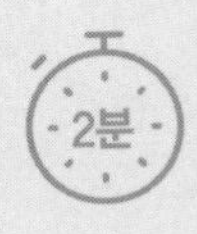

▶ 건강한 생활 습관으로 집중력을 높인다

건강한 라이프스타일을 갖는 게 중요하다고 생각합니다. 저는 충분히 자고, 건강식을 먹고, 규칙적으로 운동하려고 노력하죠. 건강한 라이프스타일이 집중력을 높일 수 있는 것 같아요. 이는 제 업무 효율성을 향상시켜 제가 더 적은 시간 안에 일을 마무리할 수가 있습니다.

▶ 우선순위를 정하고 시간을 알뜰히 쓴다

해야 할 일 목록을 만들어요. 일의 우선순위를 정하고 제 시간과 에너지를 저에게 정말로 중요한 것들에 쏟죠. 또 시간을 어떻게 가장 잘 써야 할지 결정하기 위해 앞으로 삼일 간 할 모든 일을 적습니다. 저는 더 지혜롭게 쓰일 수 있는 시간을 찾기도 합니다. 예를 들면, 출근할 때 버스를 타서 그 통근 시간을 책을 읽는 데 쓰는 거죠.

훈련한 날짜 . .

소요시간 분

강의 및 훈련 MP3

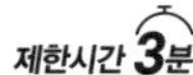

Step 2 한 문장 끊어 말하기

I know * that managing my time effectively * helps me get more done each day. * Also, * by managing my time more wisely, * I can minimize stress * and improve my quality of life. * I block out the time on my calendar * for big projects. * During that time, * I close my door * and turn off my phone and e-mail.

I think * it is important to have a healthy lifestyle. * I try to get plenty of sleep, * eat a healthy diet * and exercise regularly. * I think * a healthy lifestyle can improve my concentration. * It helps improve my efficiency * so that I can complete my work * in less time.

I make a to-do list. * I prioritize tasks * and I spend my time and energy * on those * that are truly important to me. * I also write down * everything I will do * for the following three days * to determine * how to best spend my time. * I look for time * that can be used more wisely. * For example, * I take a bus to work * and use the commute * to catch up on reading.

Step 3 들으면서 따라 말하기

I ______ that ______ my time ______ helps me ______ ______ ______ each day. Also, by ______ my time ______ ______, I can ______ ______ and ______ my ______ of ______. I ______ ______ the time ______ my calendar ______ big ______. ______ that time, I ______ my ______ and ______ ______ my phone and ______.

2분

I ______ it is ______ to ______ a ______ lifestyle. I try to ______ ______ of ______, ______ a healthy ______ and ______ ______. I think a ______ ______ can ______ my ______. It helps ______ my ______ so that I can ______ my work ______ ______ ______.

3분

I ______ a ______ list. I ______ tasks and I ______ my ______ and ______ ______ those that are ______ ______ to me. I also ______ everything ______ ______ ______ for the following three days to ______ ______ to best ______ my time. I ______ for ______ that can ______ ______ more ______. For example, I ______ a bus ______ ______ and use the ______ to ______ ______ ______ reading.

▶ 정답은 p.138을 확인하세요.

시간을 효율적으로 관리하면 매일 더 많은 일들을 해내는 데 도움이 된다는 것을 알고 있습니다. 또 시간을 더욱 현명하게 운용함으로써, 스트레스를 최소화하고 삶의 질을 높일 수 있죠. 큰 프로젝트의 경우는 달력에 따로 기간을 구분해 놓습니다. 그 기간에는 방문을 닫고 휴대전화와 이메일도 꺼놓습니다.

건강한 라이프스타일을 갖는 게 중요하다고 생각합니다. 저는 충분히 자고, 건강식을 먹고, 규칙적으로 운동하려고 노력하죠. 건강한 라이프스타일이 집중력을 높일 수 있는 것 같아요. 이는 제 업무 효율성을 향상시켜 제가 더 적은 시간 안에 일을 마무리할 수가 있습니다.

해야 할 일 목록을 만들어요. 일의 우선순위를 정하고 제 시간과 에너지를 저에게 정말로 중요한 것들에 쏟죠. 또 시간을 어떻게 가장 잘 써야 할지 결정하기 위해 앞으로 삼일 간 할 모든 일을 적습니다. 저는 더 지혜롭게 쓰일 수 있는 시간을 찾기도 합니다. 예를 들면, 출근할 때 버스를 타서 그 통근 시간을 책을 읽는 데 쓰는 거죠.

3분 영어 말하기

자동차를 모는 게 더 불편할 때는?

When is driving more inconvenient than taking public transportation?

3분 영어 말하기

Out 11-1.mp3

Step 1 우리말 보면서 듣기

▶ 교통 정체 때문에 일찍 나와야 한다

저는 몇 년 전에 운전을 시작했습니다. 출퇴근하느라 지하철 타는 것에 진력이 나서 차를 사기로 했죠. 하지만 도시의 출퇴근 혼잡 시간 대의 교통 정체는 정말 미칠 지경입니다. 전에는 아침 8시에 집에서 나오곤 했는데 지금은 교통 정체 때문에 7시에 나오죠. 정말 피곤할 때는 그냥 한 시간 더 자고 지하철을 탑니다. 차가 꽉 막힐 때 제 차 안에 앉아 있는 게 싫어서 잠을 더 자고 지하철을 타는 게 더 낫습니다.

▶ 주차비와 기름값이 너무 비싸다

저는 늘 버스를 타고 학교에 가지만 저녁 먹으러 시내에 갈 때는 대체로 제 차를 갖고 갑니다. 하지만 시내에 가면 주차장을 찾기가 어려워요. 몇 개 있기는 하지만 아주 비싸죠. 일부 식당에서 발레 파킹 서비스를 제공하기도 하지만 그것 역시 돈을 내야 하는 겁니다. 이미 기름 값 때문에 파산 상태라서 그렇게 자주 차를 갖고 다니지는 않아요.

▶ 막힐 때는 대중교통보다 시간이 더 걸린다

도로가 꽉 막혀 있을 때는 지하철을 타는 것보다 운전을 하는 게 시간이 더 오래 걸립니다. 그래서 저는 주로 대중교통을 이용해 돌아다녀요. 하지만 오전 출근 시간대에 지하철역에 있는 군중들을 보면 차를 안 가져온 것을 후회하게 됩니다. 급할 때는 지하철을 타지만 시간이 충분히 있을 때는 제 차를 모는 편입니다.

훈련한 날짜 . .

소요시간 분

강의 및 훈련 MP3

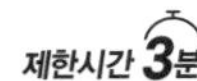

Step 2 한 문장 끊어 말하기

I started to drive a few years ago. * I got so tired of taking the subway to commute * so I decided to buy a car. * However, * the rush hour traffic jam in the city * is crazy. * I used to leave home * at 8 in the morning * but now I leave at 7 * because of the traffic. * When I am really tired, * I just sleep an hour more * and take the subway. * I don't like to sit in my car * during a traffic jam * so it is better to get some extra sleep * and just take the subway.

I always take the bus * to go to school * but I usually take my car * when I go downtown for dinner. * However, * when I go downtown, * it is hard to find a parking lot. * There are some, * but they are very expensive. * Some restaurants provide valet parking services * but I have to pay for that as well. * I am already going broke * from the gas prices * so I don't take my car that often.

When the roads are packed, * it takes a lot more time * to drive than to take the subway. * So I usually use public transportation * to get around. * However, * when I see the crowd at a subway station * in the morning rush hour, * I regret that I didn't take my car. * When I am in a hurry, * I just take the subway * and when I have enough time, * I tend to drive my own car.

Step 3 들으면서 따라 말하기

1분

I ______ to ______ a few years ______. I ______ so ______ of ______ the subway to ______ so I ______ to ______ a car. However, the ______ ______ ______ jam in the ______ is ______. I ______ to ______ ______ at 8 ______ the morning but now I ______ at 7 ______ of the ______. When I am ______ ______, I just sleep an ______ ______ and ______ the ______. I don't like to ______ ______ my ______ during a ______ ______ so it is ______ to ______ some ______ ______ and just ______ the ______.

2분

I always ______ the ______ to ______ to school but I usually ______ my car when I ______ ______ ______ dinner. However, when I ______ ______, it is ______ to ______ a ______ ______. There are ______, but they are very ______. Some restaurants ______ ______ ______ services but I have to ______ ______ that ______ ______. I am already ______ ______ ______ the gas prices so I don't ______ my ______ that ______.

3분

When the ______ are ______, it ______ a lot ______ ______ to drive than ______ ______ the ______. So I usually ______ ______ ______ to ______ around. However, when I ______ the ______ at a ______ ______ in the morning ______ ______, I ______ that I didn't ______ my ______. When I am ______ ______ hurry, I just ______ the ______ and when I ______ ______ time, I ______ to ______ my ______ car.

▶ 정답은 p.139를 확인하세요.

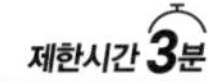

저는 몇 년 전에 운전을 시작했습니다. 출퇴근하느라 지하철 타는 것에 진력이 나서 차를 사기로 했죠. 하지만 도시의 출퇴근 혼잡 시간 대의 교통 정체는 정말 미칠 지경입니다. 전에는 아침 8시에 집에서 나오곤 했는데 지금은 교통 정체 때문에 7시에 나오죠. 정말 피곤할 때는 그냥 한 시간 더 자고 지하철을 탑니다. 차가 꽉 막힐 때 제 차 안에 앉아 있는 게 싫어서 잠을 더 자고 지하철을 타는 게 더 낫습니다.

저는 늘 버스를 타고 학교에 가지만 저녁 먹으러 시내에 갈 때는 대체로 제 차를 갖고 갑니다. 하지만 시내에 가면 주차장을 찾기가 어려워요. 몇 개 있기는 하지만 아주 비싸죠. 일부 식당에서 발레 파킹 서비스를 제공하기도 하지만 그것 역시 돈을 내야 하는 겁니다. 이미 기름 값 때문에 파산 상태라서 그렇게 자주 차를 갖고 다니지는 않아요.

도로가 꽉 막혀 있을 때는 지하철을 타는 것보다 운전을 하는 게 시간이 더 오래 걸립니다. 그래서 저는 주로 대중교통을 이용해 돌아다녀요. 하지만 오전 출근 시간대에 지하철역에 있는 군중들을 보면 차를 안 가져온 것을 후회하게 됩니다. 급할 때는 지하철을 타지만 시간이 충분히 있을 때는 제 차를 모는 편입니다.

3분 영어 말하기

여름과 겨울 중 좋아하는 계절은 무엇인가?

Do you prefer summer or winter?

3분 영어 말하기

Out 12-1.mp3

Step 1 우리말 보면서 듣기

▶ 겨울에 태어난 나는 겨울!

저는 겨울에 태어났기 때문에 겨울을 아주 좋아해요. 밤에 옷을 따뜻하게 입고 바깥의 겨울비 오는 소리를 들으며 침대에 누울 수 있는 게 좋습니다. 또 밖이 엄청 추울 때 괜찮은 책 한 권 들고 소파에 웅크려 앉아 있는 것도 무척 좋아해요. 제가 가장 좋아하는 스포츠 역시 겨울 스포츠인데 이 때문에 제가 겨울을 더 좋아하게 됩니다.

▶ 옷차림이 가벼운 여름이 최고!

저는 여름을 좋아합니다. 덥고 즐거움이 넘치고 낮이 길기 때문이죠. 수영하러 갈 수도 있는데 저는 바닷가를 아주 좋아해요. 옷을 여러 벌 껴입을 걱정을 하지 않아도 됩니다. 여름에는 그저 반바지에 탱크 탑을 입고 조리 신발을 신기만 하면 되죠. 그래서 저는 겨울보다도 여름을 훨씬 더 좋아합니다.

▶ 겨울에 차가운 자동차 시트? Oh, no!

저는 겨울을 좋아하지 않아요. 아침 7시에 회사 가려고 일어나서 자동차 유리창의 서리를 긁어내고 차가운 자동차 안에 앉아서 차가 데워지기를 기다려야 하는 것보다 더 최악인 것은 없습니다. 정말 참을 수가 없어요. 예상하다시피 대부분의 병가나 휴가를 겨울에 사용하는데 가끔은 너무 추워서 집 밖으로 나갈 수가 없기 때문이에요.

훈련한 날짜 . .

소요시간 분

강의 및 훈련 MP3

제한시간 3분

Step 2 한 문장 끊어 말하기

I am a winter baby * so I love winter. * I like being able to rug up at night * and lie in bed * listening to the winter rain outside. * I also love to curl up * on the couch * with a good book * when it is freezing cold outside. * My favorite sport is also a winter sport, * so it just makes me love winter * even more.

I like summer * because it is hot * and full of fun * and it has long days. * You can go swimming * and I love the beach. * You don't have to worry about putting on many layers of clothes * and in the summer time, * you can just put on shorts and a tank top * with some flip flops. * So I like summer * a lot better than winter.

I don't like winter. * There is nothing worse than getting up * for work at 7 a.m. * and scraping the ice off your car windows * then having to sit in your freezing car * and wait for it * to warm up. * I can't stand that. * As you can imagine, * most of my sick or personal days * are used in the winter * because sometimes it is just too cold * to leave the house.

Step 3 들으면서 따라 말하기

I am a ____ ____ so I ____ ____. I like ____ ____ to rug up ____ ____ and ____ ____ ____ listening to the ____ ____ ____. I also ____ to curl up ____ the ____ with a ____ ____ when it is ____ ____ outside. My ____ is also a ____ ____, so it just ____ me ____ winter even ____.

2분

I like ____ because it is ____ and ____ of ____ and it has ____ ____. You can ____ ____ and I love ____ ____. You don't ____ to ____ ____ putting ____ many ____ of ____ and ____ the summer time, you can just put on ____ and a ____ ____ with some flip flops. So I like summer a lot ____ ____ winter.

3분

I don't ____ ____. There is ____ ____ than ____ up ____ work ____ 7 a.m. and ____ the ice ____ your ____ then having to ____ in your ____ ____ and wait ____ it to ____ ____. I ____ ____ that. ____ you can ____, most of my ____ or ____ days are ____ in the ____ because ____ it is just too ____ to ____ the ____.

▶ 정답은 p.140을 확인하세요.

저는 겨울에 태어났기 때문에 겨울을 아주 좋아해요. 밤에 옷을 따뜻하게 입고 바깥의 겨울 비 오는 소리를 들으며 침대에 누울 수 있는 게 좋습니다. 또 밖이 엄청 추울 때 괜찮은 책 한 권 들고 소파에 웅크려 앉아 있는 것도 무척 좋아해요. 제가 가장 좋아하는 스포츠 역시 겨울 스포츠인데 이 때문에 제가 겨울을 더 좋아하게 됩니다.

저는 여름을 좋아합니다. 덥고 즐거움이 넘치고 낮이 길기 때문이죠. 수영하러 갈 수도 있는데 저는 바닷가를 아주 좋아해요. 옷을 여러 벌 껴입을 걱정을 하지 않아도 됩니다. 여름에는 그저 반바지에 탱크 탑을 입고 조리 신발을 신기만 하면 되죠. 그래서 저는 겨울보다도 여름을 훨씬 더 좋아합니다.

저는 겨울을 좋아하지 않아요. 아침 7시에 회사 가려고 일어나서 자동차 유리창의 서리를 긁어내고 차가운 자동차 안에 앉아서 차가 데워지기를 기다려야 하는 것보다 더 최악인 것은 없습니다. 정말 참을 수가 없어요. 예상하다시피 대부분의 병가나 휴가를 겨울에 사용하는데 가끔은 너무 추워서 집 밖으로 나갈 수가 없기 때문이에요.

3분 영어 말하기

영화를 고를 때 가장 신경 쓰는 부분은?

What is the most important factor to consider before choosing a movie?

3분 영어 말하기

Out 13-1.mp3

Step 1 우리말 보면서 듣기

▶ 흥행 성적

영화를 고를 때 저는 먼저 주말의 박스 오피스 차트를 확인합니다. 그걸 보면 주말에 영화들이 얼마나 돈을 벌어 들였는지 알 수 있죠. 영화 '다빈치 코드'가 나왔을 때 미국에서만 개봉 첫 주에 3천만 달러 넘게 벌었습니다. 저는 개봉한 지 4주가 됐을 때 그 영화를 보러 갔는데 그때까지도 여전히 흥행 중이었어요. 하지만 '엑스맨 3편'이 나와 1위 자리를 빼앗았죠. 그 영화가 예상했던 것보다 잘 되긴 했지만 제작자들이 바라던 만큼의 성과는 아니었던 것 같습니다.

▶ 좋아하는 감독이나 배우의 출연 유무

새 영화가 나오면 저는 먼저 누가 영화를 만들었고 누가 그 영화에 나오는지를 봅니다. 제가 무척 좋아하는 감독과 배우들이 있습니다. 제가 좋아하는 배우가 영화에 나오거나 제가 좋아하는 감독이 영화를 만들면, 영화평이나 박스 오피스 순위에 상관없이 영화를 보러 갑니다.

▶ 어쩌다 한 번은 영화평

저는 액션 영화 보는 것을 아주 좋아합니다. 제가 좋아하는 액션 영화는 여러 번 반복해서 봤어요. 새로운 액션 영화가 나오면 그걸 보러 갑니다. 가끔은 평이 무척 좋은 영화를 고르기도 하죠. 지난 주말에 저는 평이 좋은 영화를 보러 갔는데 매우 실망스러웠어요. 다시는 평을 보고 영화를 고르지 않을 것입니다.

훈련한 날짜 . .

소요시간 분

강의 및 훈련 MP3

제한시간 3분

Step 2 한 문장 끊어 말하기

When I pick a movie, * I check the weekend box office first. * It tells how much movies earned * over the weekend. * When the movie *The Da Vinci Code* came out, * it made more than $30 million * in just the US alone * in its opening weekend. * I went to see the movie * in the 4th week of release * and it was still doing okay. * However, * *X-Men 3* came out * and it knocked it off the top spot. * I think * the movie did better than it should have * but not as good as the producers had hoped.

When a new movie comes out, * I first check who made that movie * and who is in it. * I have some favorite movie directors, * actors and actresses. * When my favorite actor stars in the movie * or my favorite director makes the movie, * I go see it * regardless of its reviews * or box office rank.

I love watching action movies. * I have watched my favorite action movies * over and over again. * When a new action movie comes out, * I go see it. * I sometimes pick a movie * that has great reviews. * Last weekend, * I went to see a movie * which had good reviews * but it was very disappointing. * I will not pick movies * by reviews anymore.

Step 3 들으면서 따라 말하기

1분

When I ______ a ______, I check the ______ ______ ______ first. It ______ how ______ movies ______ over the ______. When the movie *The Da Vinci Code* ______ ______, it ______ ______ ______ $30 million ______ ______ the US alone in its ______ ______. I ______ to ______ the movie ______ the 4th ______ of ______ and it was still ______ ______. However, *X-Men 3* ______ ______ and it ______ it off the ______ ______. I think the movie ______ ______ ______ it should have but not ______ good ______ the producers had ______.

2분

When a new movie ______ ______, I ______ check who ______ that ______ and ______ is ______ it. I have some ______ movie ______, ______ and ______. When my ______ actor ______ ______ the movie or my favorite ______ makes the movie, I ______ ______ it ______ of its ______ or ______ ______ ______.

3분

I love ______ action ______. I ______ ______ my ______ ______ movies ______ and ______ ______. ______ a new ______ movie ______ ______, I ______ ______ it. I sometimes ______ a ______ that ______ great ______. ______ weekend, I ______ to ______ a movie which ______ good ______ but it was very ______. I will not ______ movies ______ ______ anymore.

▶ 정답은 p.141을 확인하세요.

영화를 고를 때 저는 먼저 주말의 박스 오피스 차트를 확인합니다. 그걸 보면 주말에 영화들이 얼마나 돈을 벌어 들였는지 알 수 있죠. 영화 '다빈치 코드'가 나왔을 때 미국에서만 개봉 첫 주에 3천만 달러 넘게 벌었습니다. 저는 개봉한 지 4주가 됐을 때 그 영화를 보러 갔는데 그때까지도 여전히 흥행 중이었어요. 하지만 '엑스맨 3편'이 나와 1위 자리를 빼앗았죠. 그 영화가 예상했던 것보다 잘 되긴 했지만 제작자들이 바라던 만큼의 성과는 아니었던 것 같습니다.

새 영화가 나오면 저는 먼저 누가 영화를 만들었고 누가 그 영화에 나오는지를 봅니다. 제가 무척 좋아하는 감독과 배우들이 있습니다. 제가 좋아하는 배우가 영화에 나오거나 제가 좋아하는 감독이 영화를 만들면, 영화평이나 박스 오피스 순위에 상관없이 영화를 보러 갑니다.

저는 액션 영화 보는 것을 아주 좋아합니다. 제가 좋아하는 액션 영화는 여러 번 반복해서 봤어요. 새로운 액션 영화가 나오면 그걸 보러 갑니다. 가끔은 평이 무척 좋은 영화를 고르기도 하죠. 지난 주말에 저는 평이 좋은 영화를 보러 갔는데 매우 실망스러웠어요. 다시는 평을 보고 영화를 고르지 않을 것입니다.

3분 영어 말하기

언제 사람들에게 실망하는가?

When do you get disappointed in other people?

3분 영어 말하기

Out 14-1.mp3

Step 1 우리말 보면서 듣기

▶ 나라면 안 했을 일을 할 때

우리가 사랑하는 사람에게 너무 큰 기대를 하기 때문에 때로는 그들에게 실망하게 되는 것 같습니다. 우리가 무리하게 요구해서가 아니라, 그들에게 바라는 그 똑같은 것을 나라면 당연히 해줬을 텐데라는 걸 알기 때문입니다. 제 가장 친한 친구가 저에게 거짓말을 했을 때 저는 그 친구에게 매우 실망했어요. 저라면 그 친구에게 결코 거짓말을 안 했을 것이기 때문이죠. 그 친구는 저에게 큰 상처를 주었고 우리는 더 이상 친구로 지내지 않습니다.

▶ 진정성 없고 가식적일 때

저는 모든 사람들을 사랑하고 신뢰하는 사람이어서 상대방이 진정성이 없다는 것을 알게 되면 쉽게 상처를 받습니다. 저를 화나게 하는 건 그 사람들이 여전히 저와 계속 연락하려고 하고, 마치 자신들의 본심이 드러난 걸 제가 모르는 것처럼 행동한다는 거예요! 하지만 저는 사람들을 아주 좋아하기 때문에 계속해서 신뢰할 것입니다.

▶ 자기 필요할 때만 친구로 굴 때

이 질문을 들으니 제 고등학교 친구 중 하나가 생각납니다. 그 친구가 어려울 때 의지할 사람이 필요할 때면 저는 늘 그 친구 곁에 있었죠. 그 친구는 자기에게 이익이 되는 상황에서는 좋은 친구였습니다. 하지만 가장 구차한 핑계를 대며 우리와 어울릴 수 없다고 했습니다. 그 친구는 거짓말을 수시로 했고 저는 친구로서 그 애를 단념하기로 했죠.

훈련한 날짜 . .

소요시간 분

강의 및 훈련 MP3

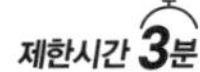

Step 2 한 문장 끊어 말하기

I think * sometimes we just get disappointed * at our loved ones * because we expect so much * from them. * Not because we are demanding, * but because we know * we would do those exact same things for them. * When my best friend lied to me, * I was so disappointed in her. * I mean, * I would never lie to her. * She broke my heart * and we are not friends anymore.

I am a person * who loves and trusts everybody, * so it is easy * to get very hurt * when I find out * that they were frauds. * The thing that gets me upset * is that they still try to keep in contact with me, * and act like I have not realized * that they showed their true nature! * But I love people * so I will keep trusting them.

This question reminds me * of one of my friends * from high school. * I was always there for her * when she needed a shoulder to cry on. * She was a good friend * when it suited her. * However, * she would come up with the lamest excuses * not to get together with us. * She lied frequently * and I decided to write her off.

Out 14-2.mp3

Step 3 들으면서 따라 말하기

1분

I ______ sometimes we just ______ ______ at our ______ ones because we ______ so much ______ them. ______ because we are ______, ______ because we ______ we ______ do those exact ______ ______ for them. When my ______ friend ______ ______ me, I was so ______ in her. I ______, I ______ ______ lie ______ her. She ______ my ______ and we ______ not ______ anymore.

2분

I am a person ______ ______ and ______ everybody, so it is ______ to ______ very ______ when I ______ ______ that they were ______. The ______ that ______ me upset is that they still try to ______ ______ ______ with me, and ______ ______ I have not ______ that they ______ their true ______! But I ______ ______ so I will ______ ______ them.

3분

This question ______ me ______ one of my friends ______ ______ ______. I was always ______ ______ her when she ______ a ______ to cry ______. She ______ a good ______ when it ______ her. However, she would ______ ______ with the lamest ______ not to ______ ______ with us. She ______ ______ and I ______ to ______ her ______.

▶ 정답은 p.142를 확인하세요.

우리가 사랑하는 사람에게 너무 큰 기대를 하기 때문에 때로는 그들에게 실망하게 되는 것 같습니다. 우리가 무리하게 요구해서가 아니라, 그들에게 바라는 그 똑같은 것을 나라면 당연히 해줬을 텐데라는 걸 알기 때문입니다. 제 가장 친한 친구가 저에게 거짓말을 했을 때 저는 그 친구에게 매우 실망했어요. 저라면 그 친구에게 결코 거짓말을 안 했을 것이기 때문이죠. 그 친구는 저에게 큰 상처를 주었고 우리는 더 이상 친구로 지내지 않습니다.

저는 모든 사람들을 사랑하고 신뢰하는 사람이어서 상대방이 진정성이 없다는 것을 알게 되면 쉽게 상처를 받습니다. 저를 화나게 하는 건 그 사람들이 여전히 저와 계속 연락하려고 하고, 마치 자신들의 본심이 드러난 걸 제가 모르는 것처럼 행동한다는 거예요! 하지만 저는 사람들을 아주 좋아하기 때문에 계속해서 신뢰할 것입니다.

이 질문을 들으니 제 고등학교 친구 중 하나가 생각납니다. 그 친구가 어려울 때 의지할 사람이 필요할 때면 저는 늘 그 친구 곁에 있었죠. 그 친구는 자기에게 이익이 되는 상황에서는 좋은 친구였습니다. 하지만 가장 구차한 핑계를 대며 우리와 어울릴 수 없다고 했습니다. 그 친구는 거짓말을 수시로 했고 저는 친구로서 그 애를 단념하기로 했죠.

3분 영어 말하기

자랑하고픈 나만의 좋은 습관은 무엇인가?

What are your good habits that you want to boast about?

3분 영어 말하기

Out 15-1.mp3

Step 1 우리말 보면서 듣기

1분

▶ 건강하게 먹으려고 노력하기

저는 더 건강하게 먹으려고 노력하고 있어요. 밖에서 파는 맛있는 음식들을 포기하고 싶지는 않기에 아직 고수의 단계까지는 아닙니다. 계획한 것에서 벗어날 때마다 다시 제자리로 돌아가기 위해 꾸준히 노력을 한다고 할 때 어떤 새로운 습관을 몸에 배게 하는 데는 약 3~4개월 정도가 걸린다는 것을 어디선가 읽은 적이 있어요.

▶ 아침에 일찍 일어나기

제가 학생이었을 때, 부모님께서는 말 그대로 매일 아침마다 저를 침대에서 질질 끌어내셨습니다. 직장 생활을 시작하고 나서는 정해진 시간에 일어나도록 제 생체 시계를 조율해야만 했죠. 평생을 잠꾸러기로 살았기 때문에 처음에는 매우 힘들었습니다. 하지만 지금은 규칙적인 수면 시간을 지키고 있고, 일찍 일어나는 것이 편안합니다.

▶ 모든 것을 메모하기

저는 모든 것을 메모합니다. 해야 할 일, 식료품 목록, 해야 되는 집안일, 쓰고 싶은 블로그 포스트, 이루고 싶은 목표, 기억해야 하는 날짜 등을 메모하죠. 건망증이 있어서가 아닙니다. 매일 기억해야 할 게 너무 많아서 메모를 해놓으면 제 뇌가 바로 그것을 그만 생각할 수 있어서예요. 즉, 더 중요하고 나은 일들로 관심을 옮길 수가 있다는 거죠.

훈련한 날짜 . .

소요시간 분

강의 및 훈련 MP3

제한시간 3분

Step 2 한 문장 끊어 말하기

I have been working on eating healthier. * I am not fully there yet, * because I don't want to give up on the yummy foods * that are out there. * I read somewhere * that it takes about three or four months * to get a new habit to stick * as long as you keep making an effort * to get back on track * anytime you deviate from your plan.

When I was a student, * my parents literally dragged me out of bed * every morning. * After I started to work, * I had to adapt my body clock * to waking up at a particular time. * At first, * it was really hard * because I was a late riser * all my life. * However, * now I have a regular bed time * and I feel comfortable * waking up early.

I write everything down. * I write down my to-do's, * my grocery lists, * house chores I want to tackle, * blog posts I want to write, * goals I want to reach, * dates I need to remember, * etc. * It's not * that I'm forgetful. * It's just * that I have so many things to remember * on a daily basis * that if I write them down, * my brain is instantly free to stop thinking about it, * which means * I can move on * to bigger and better things.

Step 3 들으면서 따라 말하기

1분 I have ______ ______ on eating ______. I am not ______ ______ yet, because I don't want to ______ ______ ______ the yummy ______ that are ______ there. I ______ somewhere that it ______ about three or four ______ to ______ a new ______ to ______ as ______ as you keep ______ an ______ to ______ ______ on track ______ you ______ ______ your ______.

2분 When I ______ a ______, my ______ literally ______ me ______ of ______ every ______. After I ______ to ______, I had to ______ my body ______ to ______ up ______ a ______ time. ______ first, it was really ______ because I was a ______ ______ all my ______. However, now I have a regular ______ ______ and I ______ comfortable ______ up ______.

3분 I ______ everything ______. I ______ ______ my ______, my ______ lists, house ______ I want to ______, blog ______ I want to ______, goals I ______ to ______, dates I ______ to ______, etc. It's ______ ______ I'm ______. It's ______ ______ I have so many ______ to ______ on a daily ______ that if I ______ them ______, my ______ is instantly ______ to ______ ______ about it, which ______ I can ______ ______ ______ bigger and ______ ______.

▶ 정답은 p.143을 확인하세요.

저는 더 건강하게 먹으려고 노력하고 있어요. 밖에서 파는 맛있는 음식들을 포기하고 싶지는 않기에 아직 고수의 단계까지는 아닙니다. 계획한 것에서 벗어날 때마다 다시 제자리로 돌아가기 위해 꾸준히 노력을 한다고 할 때 어떤 새로운 습관을 몸에 배게 하는 데는 약 3~4개월 정도가 걸린다는 것을 어디선가 읽은 적이 있어요.

제가 학생이었을 때, 부모님께서는 말 그대로 매일 아침마다 저를 침대에서 질질 끌어내셨습니다. 직장 생활을 시작하고 나서는 정해진 시간에 일어나도록 제 생체 시계를 조율해야만 했죠. 평생을 잠꾸러기로 살았기 때문에 처음에는 매우 힘들었습니다. 하지만 지금은 규칙적인 수면 시간을 지키고 있고, 일찍 일어나는 것이 편안합니다.

저는 모든 것을 메모합니다. 해야 할 일, 식료품 목록, 해야 되는 집안일, 쓰고 싶은 블로그 포스트, 이루고 싶은 목표, 기억해야 하는 날짜 등을 메모하죠. 건망증이 있어서가 아닙니다. 매일 기억해야 할 게 너무 많아서 메모를 해놓으면 제 뇌가 바로 그것을 그만 생각할 수 있어서예요. 즉, 더 중요하고 나은 일들로 관심을 옮길 수가 있다는 거죠.

3분 영어 말하기

온라인 구매의 단점은 무엇인가?

What are the negatives of online shopping?

3분 영어 말하기

Out 16-1.mp3

Step 1 우리말 보면서 듣기

▶ 받기 전까지는 실물을 볼 수 없다

온라인 쇼핑의 가장 큰 단점은 제가 받을 때까지 그 제품을 보지 못한다는 것입니다. 물건을 볼 수 없기 때문에 자신한테 잘 어울리는지 알 수 없고, 색상과 사이즈가 인터넷에서 보던 것과 다를 수도 있지요. 몇 번 실망해서 지금은 더 이상 인터넷으로 물건을 구입하지 않습니다.

▶ 화면에서 본 것과 실물이 다를 수 있다

제품이 제가 화면에서 본 것과 다를 수 있죠. 옷을 산다면, 옷이 저에게 어울리지 않을 수도 있고요. 그래서 저는 몇 가지는 인터넷으로 사는 걸 좋아하지만 옷이나 신발을 사고 싶으면 반드시 매장에 가서 입어보고 신어 봅니다. 마음에 들면 모든 세부 사항을 적어 놓고 집에 가서 인터넷으로 더 저렴한 가격에 구입하죠.

▶ 정보 유출 위험이 있고 배송에 시간이 걸린다

인터넷으로 뭔가를 사는 게 안전한 느낌이 안 들어서 전 온라인 쇼핑을 좋아하지 않아요. 뭔가를 사야 한다면, 거기가 괜찮은 웹사이트인지 그리고 개인 정보 유출은 없는지 반드시 확인합니다. 또 제품을 바로 받아볼 수가 없어요. 받기까지 적어도 2~3일은 걸리고 때로는 일주일 넘게 걸리기도 하죠. 돈을 더 지불하는 게 아니라면 물건을 받기까지 더 오래 기다려야 합니다.

훈련한 날짜 . .

소요시간 분

강의 및 훈련 MP3

Step 2 한 문장 끊어 말하기

I think * the biggest weakness of online shopping * is that I don't get to see the product * until receiving it. * Since you can't see it, * you are not sure * that it will look good on you * and the color and size could be different * from what you saw on the Internet. * I was disappointed several times * and now, * I don't buy things online anymore.

The product could be different * from what I saw on the screen. * If I am buying clothes, * they may not look good on me. * Therefore, * I like online shopping for things * but if I want to buy clothes or shoes, * I make sure to go to the shop * and try them on. * If I like it, * I will get all of details, * write them down, * go back to my house * and order it online * for a cheaper price.

I don't like online shopping * because I don't feel safe * buying something online. * When I have to buy something, * I make sure * that it is a good website * and there are no leaks * on the website. * Also, * I don't get the product right away. * It takes at least a couple of days to get it * and sometimes over a week. * I have to wait longer to get it * unless I pay more.

Step 3 들으면서 따라 말하기

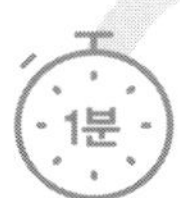

I think the ______ ______ of ______ shopping is that I don't ______ ______ see the ______ until ______ it. Since you ______ ______ it, you are ______ ______ that it will ______ ______ ______ you and the ______ and size ______ be ______ ______ what you ______ ______ the Internet. I ______ ______ several ______ and now, I don't ______ things ______ ______.

2분

The product ______ be ______ from ______ I ______ on the screen. If I am ______ ______, they ______ not ______ ______ ______ me. Therefore, I like ______ ______ for things but if I ______ to ______ ______ or ______, I ______ ______ ______ go to the ______ and ______ them ______. If I ______ it, I will get ______ of ______, write them down, go ______ to my ______ and ______ it ______ for a ______ price.

3분

I don't like ______ ______ because I don't ______ ______ ______ something ______. When I ______ to ______ ______, I ______ ______ that it is a good ______ and ______ are ______ ______ on the website. Also, I don't ______ the product ______ ______. It ______ at least a ______ of ______ to ______ it and sometimes ______ a week. I ______ to ______ ______ to get it unless I ______ ______.

▶ 정답은 p.144를 확인하세요.

온라인 쇼핑의 가장 큰 단점은 제가 받을 때까지 그 제품을 보지 못한다는 것입니다. 물건을 볼 수 없기 때문에 자신한테 잘 어울리는지 알 수 없고, 색상과 사이즈가 인터넷에서 보던 것과 다를 수도 있지요. 몇 번 실망해서 지금은 더 이상 인터넷으로 물건을 구입하지 않습니다.

제품이 제가 화면에서 본 것과 다를 수 있죠. 옷을 산다면, 옷이 저에게 어울리지 않을 수도 있고요. 그래서 저는 몇 가지는 인터넷으로 사는 걸 좋아하지만 옷이나 신발을 사고 싶으면 반드시 매장에 가서 입어보고 신어 봅니다. 마음에 들면 모든 세부 사항을 적어 놓고 집에 가서 인터넷으로 더 저렴한 가격에 구입하죠.

인터넷으로 뭔가를 사는 게 안전한 느낌이 안 들어서 전 온라인 쇼핑을 좋아하지 않아요. 뭔가를 사야 한다면, 거기가 괜찮은 웹사이트인지 그리고 개인 정보 유출은 없는지 반드시 확인합니다. 또 제품을 바로 받아볼 수가 없어요. 받기까지 적어도 2~3일은 걸리고 때로는 일주일 넘게 걸리기도 하죠. 돈을 더 지불하는 게 아니라면 물건을 받기까지 더 오래 기다려야 합니다.

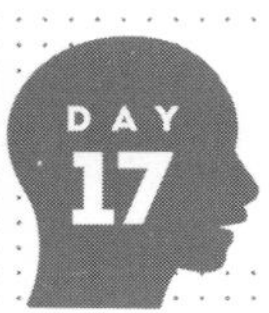

3분 영어 말하기

스마트폰이 우리에게 끼치는 폐해는 무엇인가?

What are the disadvantages of using smartphones?

3분 영어 말하기

Out 17-1.mp3

Step 1 우리말 보면서 듣기

▶ SNS 때문에 몇 시간을 그냥 날린다

제가 하루에도 몇 번씩 페이스북을 자주 확인한다는 걸 알게 됐어요. 더 심각한 것은 업데이트된 것만 빨리 확인하려고 했다가도 사람들의 사진과 현재 상태까지 모두 확인하고 만다는 거죠. 하루 중 몇 시간을 SNS에 쓰려고 의도한 게 아닌데도 하나를 보다 보니 그 다음 것도 보게 되고 그러다 보면 미처 깨닫기도 전에 한두 시간이 훌쩍 가버립니다.

▶ 조금 기다리는 것도 못 참는다

기다릴 때 진짜 성급해진 것 같습니다. 심지어 동영상 클립 하나 다운 받는 30초도 못 기다려요. 우리는 원하는 모든 것을 즉시 얻는 데 너무 익숙해져서 조금 기다리기라도 해야 되면 짜증이 나게 되는 것 같습니다.

▶ 스마트폰 때문에 눈이 피로해진다

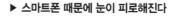

스마트폰 화면이 상당히 작기 때문에, 스마트폰을 눈에 너무 가까이 가져가는 경향이 있습니다. 스마트폰을 한 30분 정도 들여다보면 눈에 피로가 생겨요. 그래서 만화나 동영상을 스마트폰으로 볼 때는 10분마다 눈을 쉬게 하려고 하죠. 최근에 눈이 자꾸 건조해지는 걸 경험해서 안약을 사용하고 가능한 한 자주 눈을 깜박이려고 합니다.

훈련한 날짜 . .

소요시간 분

제한시간 3분

Step 2 한 문장 끊어 말하기

I often find myself checking Facebook * several times a day. * Even worse is * when I plan on quickly checking updates * and wind up perusing people's photos and status. * It's not * that I intend to spend hours of my day * on social networking sites, * but one thing leads to another * and before I realize, * an hour or two has gone by.

I think * I get so impatient when waiting. * I can't even wait for 30 seconds * to download a video clip. * I think * we are so used to getting everything * that we want instantaneously * that when we have to wait a little bit, * we get irritated.

Since smartphones have such a small screen, * I tend to hold my phone too close to my eyes. * Staring at my smartphone * for about 30 minutes * causes my eyes to strain. * So I try to rest my eyes * every 10 minutes * when I read cartoons * or watch videos on my phone. * I recently experienced dry eye * so I use eye drops * and try to blink * as often as I can.

Step 3 들으면서 따라 말하기

1분

I often _____ myself _____ Facebook several _____ _____ _____. Even _____ is _____ I _____ on quickly _____ _____ and _____ up perusing people's _____ and _____. It's _____ _____ I _____ to _____ hours of my day _____ social _____ _____, but _____ thing _____ to _____ and before I _____, an hour or two has _____ _____.

I think I _____ so _____ when _____. I can't even _____ _____ 30 seconds to download a _____ _____. I think we _____ so _____ to _____ everything that we _____ instantaneously that _____ we have to _____ a little bit, we _____ _____.

_____ smartphones have _____ a small _____, I _____ to _____ my phone too _____ _____ my _____. _____ at my smartphone _____ about 30 minutes _____ my eyes to _____. So I try to _____ my eyes _____ 10 minutes when I read _____ or _____ videos _____ my phone. I recently _____ _____ _____ so I use _____ _____ and try to _____ as _____ as I _____.

▶ 정답은 p.145를 확인하세요.

제가 하루에도 몇 번씩 페이스북을 자주 확인한다는 걸 알게 됐어요. 더 심각한 것은 업데이트된 것만 빨리 확인하려고 했다가도 사람들의 사진과 현재 상태까지 모두 확인하고 만다는 거죠. 하루 중 몇 시간을 SNS에 쓰려고 의도한 게 아닌데도 하나를 보다 보니 그 다음 것도 보게 되고 그러다 보면 미처 깨닫기도 전에 한두 시간이 훌쩍 가버립니다.

기다릴 때 진짜 성급해진 것 같습니다. 심지어 동영상 클립 하나 다운 받는 30초도 못 기다려요. 우리는 원하는 모든 것을 즉시 얻는 데 너무 익숙해져서 조금 기다리기라도 해야 되면 짜증이 나게 되는 것 같습니다.

스마트폰 화면이 상당히 작기 때문에, 스마트폰을 눈에 너무 가까이 가져가는 경향이 있습니다. 스마트폰을 한 30분 정도 들여다보면 눈에 피로가 생겨요. 그래서 만화나 동영상을 스마트폰으로 볼 때는 10분마다 눈을 쉬게 하려고 하죠. 최근에 눈이 자꾸 건조해지는 걸 경험해서 안약을 사용하고 가능한 한 자주 눈을 깜박이려고 합니다.

3분 영어 말하기

정말로 술을 끊고 싶을 때는 언제인가?

When do you really want to quit drinking?

3분 영어 말하기

Out 18-1.mp3

Step 1 우리말 보면서 듣기

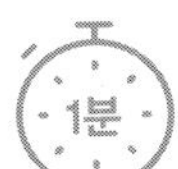

▶ 회사 내 술자리가 지긋지긋할 때

3개월 전에 새 직장에서 일하기 시작했습니다. 술자리가 많았고 처음에는 저도 술자리를 좋아했어요. 하지만 시간이 갈수록 지겨워지고 더 이상 술을 마시고 싶지 않습니다. 여기 오기 전에는 사람들이 술자리를 전혀 안 갖는 곳에서 일했죠. 저는 이런 것에 익숙하지 않아서 술을 끊고 그런 술자리에도 그만 나가고 싶습니다.

▶ 술 마시고 필름이 끊겼을 때

지난 주말에 저는 고등학교 동창회에 갔어요. 반 친구들 대부분을 본 지가 거의 10년이 되었고 저는 매우 들떠 있었죠. 고등학생 시절 제 애인이 와서 우리는 이야기를 시작했고 다섯 시간 넘게 술을 마셨습니다. 동창회가 거의 끝날 무렵 모두들 떠날 준비를 하는데 저는 술에 취해 바닥에 누워 있었어요. 말 그대로 아무것도 기억이 안 납니다. 다음 날 아침, 저는 술을 끊기로 결심했습니다.

▶ 지방간 진단에 술을 끊으신 아버지

우리 아버지는 술고래셨어요. 어머니는 그것을 싫어하셨고 이 일로 두 분이 자주 다투셨죠. 한번은 아버지가 정기 건강 검진을 받으시는 동안 의사가 아버지의 간에 지방이 끼기 시작했다고 말했습니다. 지방간은 그 자체로는 큰 문제가 아니지만 아버지가 계속 술을 드시면 더 심각한 간 질환으로 진행될 가능성이 높아지게 되는 거죠. 아버지는 검진 이후에 술을 끊으셨습니다.

훈련한 날짜 . .

소요시간 분

강의 및 훈련 MP3

제한시간 3분

Step 2 한 문장 끊어 말하기

I started my new job * three months ago. * We had many drinking parties * and I liked them at first. * But as time goes by, * I feel tired * and don't want to drink anymore. * Before I came here, * I used to work at a place * where people never had drinking parties. * I am not used to this * and I just want to quit drinking * and stop going to those drinking parties.

Last weekend, * I went to my high school reunion party. * It has been almost 10 years * since I saw most of my former classmates * and I was very excited about it. * My high school sweetheart came * and we started to talk and drank * for more than five hours. * When the party was almost over, * everyone was getting ready to leave * but I was lying on the floor drunk. * I literally don't remember anything. * The next morning, * I decided to quit drinking.

My dad used to drink like a fish. * My mom hated it * and they often fought about it. * During one of my dad's regular health checkups, * the doctor said * my dad had developed fat in his liver. * Fatty liver is not in itself a massive problem * but if he kept drinking, * then the chances of developing a more serious liver disease * would go up. * My dad stopped drinking * after the checkup.

Step 3 들으면서 따라 말하기

1분

_____ _____ my new job three _____ _____. We had many _____ _____ and I _____ them _____ _____. But _____ time _____ _____, I feel _____ and don't _____ to _____ anymore. _____ I _____ here, I _____ _____ _____ at a place _____ people _____ had _____ _____. I am not _____ _____ this and I just _____ to _____ _____ and _____ _____ to those _____ _____.

2분

_____ weekend, I _____ to my high school _____ _____. It _____ _____ almost 10 years _____ I _____ most of my former classmates and I _____ very _____ about it. My high school _____ came and we _____ to _____ and _____ for _____ _____ five hours. When the _____ was _____ _____, everyone was _____ _____ to _____ but I was _____ _____ the floor _____. I literally _____ _____ _____. _____ next morning, I _____ to _____ _____.

3분

My dad _____ _____ _____ like a _____. My mom _____ it and they often _____ about it. During _____ _____ my dad's regular _____ _____, the doctor _____ my dad had _____ _____ in his _____. _____ liver is not in _____ a _____ problem but if he _____ _____, then the _____ of _____ a more _____ liver _____ would _____ _____. My dad _____ _____ after the _____.

▶ 정답은 p.146을 확인하세요.

Step 4 **3분 동안 영어로 말하기**

3개월 전에 새 직장에서 일하기 시작했습니다. 술자리가 많았고 처음에는 저도 술자리를 좋아했어요. 하지만 시간이 갈수록 지겨워지고 더 이상 술을 마시고 싶지 않습니다. 여기 오기 전에는 사람들이 술자리를 전혀 안 갖는 곳에서 일했죠. 저는 이런 것에 익숙하지 않아서 술을 끊고 그런 술자리에도 그만 나가고 싶습니다.

지난 주말에 저는 고등학교 동창회에 갔어요. 반 친구들 대부분을 본 지가 거의 10년이 되었고 저는 매우 들떠 있었죠. 고등학생 시절 제 애인이 와서 우리는 이야기를 시작했고 다섯 시간 넘게 술을 마셨습니다. 동창회가 거의 끝날 무렵 모두들 떠날 준비를 하는데 저는 술에 취해 바닥에 누워 있었어요. 말 그대로 아무것도 기억이 안 납니다. 다음 날 아침, 저는 술을 끊기로 결심했습니다.

우리 아버지는 술고래셨어요. 어머니는 그것을 싫어하셨고 이 일로 두 분이 자주 다투셨죠. 한번은 아버지가 정기 건강 검진을 받으시는 동안 의사가 아버지의 간에 지방이 끼기 시작했다고 말했습니다. 지방간은 그 자체로는 큰 문제가 아니지만 아버지가 계속 술을 드시면 더 심각한 간 질환으로 진행될 가능성이 높아지게 되는 거죠. 아버지는 검진 이후에 술을 끊으셨습니다.

3분 영어 말하기

집에서 영화를 보면 좋은 점이 무엇인가?

What are the good things about watching movies at home?

3분 영어 말하기

Out 19-1.mp3

Step 1 우리말 보면서 듣기

▶ 편한 자세로 볼 수 있다

소파에 큰대자로 드러누울 수 있어서 저는 집에서 영화 보는 것을 아주 좋아합니다. 영화관 의자는 매우 불편하고 좁은 것 같아요. 또 먹는 것도 무지 좋아하는데 영화관에서 비싼 음식에 돈 내느니 일어나 부엌에 가서 제가 원하는 것은 뭐든 집어 올 수 있죠. 거기다 부엌에서 음식을 가져오느라 영화의 중요한 부분을 놓치면, 되감기를 해 놓친 부분을 볼 수도 있고, 아니면 부엌에 가기 전에 영화를 일시 정지해 놓고 돌아오면 다시 영화를 시작할 수도 있죠.

▶ 아무 때나 보고 싶을 때 볼 수 있다

제가 보고 싶을 때마다 볼 수 있게 영화 DVD를 구입하는 것 또한 좋아합니다. 개인적으로 소파에 쫙 누워 사랑하는 사람과 맛있는 팝콘 바구니 큰 것을 끼고 밤에 영화를 보는 것보다 더 좋은 것은 없다고 생각해요. 마음이 진짜 느긋해지는 것 같아요.

▶ 영화 선정, 상영 시간을 마음대로 할 수 있다

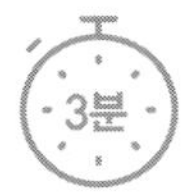

저는 집에서 영화 보는 것을 좋아해요. 좀 더 사적인 곳이라 무슨 영화를 보고 싶은지, 언제 보고 싶은지, 누구와 함께 보고 싶은지 등을 선택할 수 있죠. 게다가 어느 부분이든 정지, 되감기, 건너뛰기를 할 수 있습니다. 42인치 LCD TV와 홈 씨어터가 있어서 소파에 앉거나 베개가 놓인 침대에 누워 있으면 편안합니다. 의자가 불편한 지저분하고 북적거리는 영화관에 가느라 속 썩을 필요가 없습니다.

훈련한 날짜 . .

소요시간 분

제한시간 3분

Step 2 한 문장 끊어 말하기

I love watching movies at home * because I can sprawl out * on my couch. * I think * movie theater seats are * very uncomfortable and confined. * I also love eating * so I can get up and go to the kitchen * and go grab * whatever I want, * rather than paying for overpriced food * at a cinema. * Plus, * if you miss an important part * while you're getting food in the kitchen, * then you can go rewind it * and see the part you missed. * Or before you go to the kitchen, * you can pause the movie * and when you come back, * you can resume the movie.

I also enjoy buying a DVD movie * in order to watch it * whenever I want. * Personally, * I believe * there is nothing better * than spreading yourself out * on a couch * with a loved one * and a nice big bowl of popcorn, * and watching a movie at night. * It seems so relaxing.

I love watching movies at home. * It is more private * and I can choose * what I want to watch, * when I want to watch it, * with whom I want to watch it * and so on. * Plus, * I can pause, * rewind, * or skip any section. * I have a 42 inch LCD TV * and a home theater * so it is comfortable * sitting in my sofa * or lying in my bed with pillows. * I don't need to bother * going to the dirty and crowded theaters * with uncomfortable seats.

Step 3 들으면서 따라 말하기

1분

I love ______ movies ______ ______ because I can sprawl out ______ my ______. I think movie ______ ______ are very ______ and ______. I also ______ ______ so I can ______ ______ and go to the ______ and go grab ______ I ______, rather than paying for ______ ______ at a cinema. Plus, if you ______ an important part ______ you're ______ food ______ ______ ______, then you can go ______ it and ______ the part you ______. Or ______ you go to the ______, you can ______ the movie and when you ______ ______, you can ______ the movie.

2분

I also ______ ______ a DVD movie ______ ______ ______ watch it ______ I ______. ______, I ______ there is ______ ______ ______ spreading yourself out ______ a ______ with a ______ ______ and a nice big ______ of ______, and ______ a movie ______ ______. It ______ so ______.

3분

I ______ ______ movies ______ ______. It is more ______ and I can choose ______ I ______ to ______, ______ I want to watch it, ______ ______ I want to watch it ______ ______ ______. Plus, I can ______, ______, or ______ any section. I ______ a 42 inch LCD TV and a ______ ______ so it is ______ ______ in my ______ or ______ ______ my bed with ______. I don't ______ to ______ going to the ______ and ______ theaters ______ uncomfortable ______.

▶ 정답은 p.147을 확인하세요.

소파에 큰대자로 드러누울 수 있어서 저는 집에서 영화 보는 것을 아주 좋아합니다. 영화관 의자는 매우 불편하고 좁은 것 같아요. 또 먹는 것도 무지 좋아하는데 영화관에서 비싼 음식에 돈 내느니 일어나 부엌에 가서 제가 원하는 것은 뭐든 집어 올 수 있죠. 거기다 부엌에서 음식을 가져오느라 영화의 중요한 부분을 놓치면, 되감기를 해 놓친 부분을 볼 수도 있고, 아니면 부엌에 가기 전에 영화를 일시 정지해 놓고 돌아오면 다시 영화를 시작할 수도 있죠.

제가 보고 싶을 때마다 볼 수 있게 영화 DVD를 구입하는 것 또한 좋아합니다. 개인적으로 소파에 쫙 누워 사랑하는 사람과 맛있는 팝콘 바구니 큰 것을 끼고 밤에 영화를 보는 것보다 더 좋은 것은 없다고 생각해요. 마음이 진짜 느긋해지는 것 같아요.

저는 집에서 영화 보는 것을 좋아해요. 좀 더 사적인 곳이라 무슨 영화를 보고 싶은지, 언제 보고 싶은지, 누구와 함께 보고 싶은지 등을 선택할 수 있죠. 게다가 어느 부분이든 정지, 되감기, 건너뛰기를 할 수 있습니다. 42인치 LCD TV와 홈 씨어터가 있어서 소파에 앉거나 베개가 놓인 침대에 누워 있으면 편안합니다. 의자가 불편한 지저분하고 북적거리는 영화관에 가느라 속 썩을 필요가 없습니다.

3분 영어 말하기

아주 피곤할 때는 무엇을 하는가?

What do you do when you are exhausted?

3분 영어 말하기

Out 20-1.mp3

Step 1 우리말 보면서 듣기

▶ 카페인 음료를 마신다

정말로 피곤할 때는 카페인이 들어간 음료를 마십니다. 카페인이 분명 효과가 있는 것 같지만 딱 30분 정도뿐이죠. 카페인을 마시면 즉각적으로 기분이 좋아져 잠에서 깨고 몸 상태가 괜찮다는 생각이 듭니다. 하지만 그렇게 기능을 하게 카페인이 필요할 때면 더블 샷 에스프레소를 한 번에 벌컥 들이키기보다는 서서히 섭취를 하죠. 또 기분이 갑자기 좋았다 안 좋았다 하지 않게 연한 차나 더 약하게 탄 커피 몇 잔을 시간을 두고 마시려고 합니다.

▶ 잠깐 낮잠을 잔다

저는 피곤하면 20분에서 30분 간 낮잠을 자려고 해요. 그 이상으로는 자지 않는데, 그렇게 되면 자기 전보다 더 휘청거리는 상태로 잠에서 깨기 때문이죠. 낮잠이야말로 저를 회복시켜주고, 다시 전진할 수 있게 해주는 것 같습니다. 상사 때문에 낮잠을 청하기가 힘들면, 저는 점심시간이나 정해진 휴식 시간을 이용해 낮잠을 자죠.

▶ 짧게 산책을 한다

컴퓨터 화면을 보느라 눈이 피곤해지면 저는 운동을 하려고 해요. 운동을 하면 피곤이 덜해지는 게 느껴집니다. 짧게 자주 산책을 하면 정신을 깨우는 데 도움이 되고 격렬한 운동을 하러 헬스클럽에 갈 필요가 없어요. 한 시간에 한 번씩은 산책을 하러 5분에서 10분 간 휴식을 취합니다.

훈련한 날짜 . .

소요시간 분

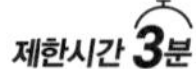

Step 2 한 문장 끊어 말하기

When I am really tired, * I drink some caffeinated beverages. * I think caffeine definitely works * but only for half an hour. * That immediate caffeine buzz wakes me up * and makes me think * that I am fine. * However, * when I need caffeine to function, * I take it in gradually * rather than knocking back a double shot espresso. * I also try to space out * a few mugs of weak tea or weaker coffee * so that I don't get high and low mood swings.

When I feel exhausted, * I try to take a twenty to thirty minute nap. * I don't take it longer * because I would find myself awake * feeling even more groggy * than I did before. * I think * a nap can really restore me * and get me going again. * When it is not easy * to take a nap * because of my boss, * I use my lunch hour * or a scheduled break * to nap.

When my eyes are tired * from staring at a computer screen, * I try to do some exercise. * When I do it, * I can feel the tiredness fading. * Frequent short walks * help me stay awake * and I don't have to go to the gym * for an intense workout. * I take a five to ten minute break * to walk around * once an hour.

Step 3 들으면서 따라 말하기

1분

______ I am really ______, ______ ______ some caffeinated beverages. I think ______ definitely ______ but ______ ______ ______ an ______. That ______ caffeine buzz ______ me ______ and ______ me ______ that I am ______. However, ______ I need ______ to ______, I ______ it ______ gradually ______ ______ knocking back a ______ ______ ______. I also try to ______ out a few ______ of ______ ______ or ______ coffee ______ ______ I don't get ______ and ______ ______ ______.

2분

When I ______ ______, I try to ______ a twenty to thirty minute ______. I don't ______ it ______ because I would ______ myself ______ feeling even more ______ than I ______ ______. I think a ______ can really ______ me and ______ me ______ again. When it is not ______ to ______ a ______ because ______ my boss, I use my ______ ______ or a ______ ______ to nap.

______ my eyes are ______ ______ staring ______ a computer ______, I try to ______ some ______. When I ______ ______, I ______ ______ the tiredness ______. ______ short ______ help me ______ ______ and I don't have to ______ to the ______ for an ______ ______. I ______ a five to ten minute ______ to ______ around ______ an ______.

▶ 정답은 p.148을 확인하세요.

정말로 피곤할 때는 카페인이 들어간 음료를 마십니다. 카페인이 분명 효과가 있는 것 같지만 딱 30분 정도뿐이죠. 카페인을 마시면 즉각적으로 기분이 좋아져 잠에서 깨고 몸 상태가 괜찮다는 생각이 듭니다. 하지만 그렇게 기능을 하게 카페인이 필요할 때면 더블 샷 에스프레소를 한 번에 벌컥 들이키기보다는 서서히 섭취를 하죠. 또 기분이 갑자기 좋았다 안 좋았다 하지 않게 연한 차나 더 약하게 탄 커피 몇 잔을 시간을 두고 마시려고 합니다.

저는 피곤하면 20분에서 30분 간 낮잠을 자려고 해요. 그 이상으로는 자지 않는데, 그렇게 되면 자기 전보다 더 휘청거리는 상태로 잠에서 깨기 때문이죠. 낮잠이야말로 저를 회복시켜주고, 다시 전진할 수 있게 해주는 것 같습니다. 상사 때문에 낮잠을 청하기가 힘들면, 저는 점심시간이나 정해진 휴식 시간을 이용해 낮잠을 자죠.

컴퓨터 화면을 보느라 눈이 피곤해지면 저는 운동을 하려고 해요. 운동을 하면 피곤이 덜해지는 게 느껴집니다. 짧게 자주 산책을 하면 정신을 깨우는 데 도움이 되고 격렬한 운동을 하러 헬스클럽에 갈 필요가 없어요. 한 시간에 한 번씩은 산책을 하러 5분에서 10분 간 휴식을 취합니다.

DAY 21

3분 영어 말하기

다이어트에서 운동과 식사량 조절 중 어느 것이 더 효과적인가?

What do you think is a more effective way to lose weight, exercising or eating less?

3분 영어 말하기

Out 21-1.mp3

Step 1 우리말 보면서 듣기

▶ **적게 먹는 것이 가장 중요하다**

저는 적게 먹는 것이 다이어트 성공에서 가장 중요한 열쇠라고 생각합니다. 예전에는 일주일에 아홉 번까지 외식을 하곤 했죠. 그걸 일주일에 한 번으로 줄이고 큰 접시에 나오는 파스타 대신 구운 치킨 샐러드를 주문하는 것으로 한 달에 20파운드를 뺐습니다. 저는 지금도 여전히 적게 먹으려고 하고 제가 먹는 음식에 신경을 쓰고 있습니다.

2분

▶ **아침을 꼭 먹고 간식을 덜 먹어야 한다**

저는 건강식을 먹으려고 노력해요. 예전엔 아침식사를 거르곤 했는데 지금은 안 먹으면 절대 안 됩니다. 저는 항상 단백질과 통곡물이 섞인 300칼로리 정도의 건강식을 섭취해요. 제가 사 먹는 음식은 천연 땅콩버터와 애플버터를 바른 샌드위치입니다. 그게 허기를 달래주어 온종일 간식을 덜 먹게 되죠. 일 년 조금 넘었는데 저는 65파운드를 감량했습니다.

▶ **걷고 달려야 한다**

스키니진을 다시 입고 싶어졌을 때, 저는 점심시간을 이용해 20분씩 달리기를 시작했어요. 항상 직장 동료들과 일을 마친 후 저녁을 함께 먹곤 했는데 주로 닭고기 튀김이었습니다. 그러다 제가 패턴을 바꾸었죠. 밤에 어울려 다니는 대신 우리 동네에서 걷고 달리기 시작했습니다. 일 년 뒤 저는 40파운드를 감량했습니다.

훈련한 날짜　　.　　.

소요시간　　분

제한시간 3분

Step 2 한 문장 끊어 말하기

I think * eating less is the most important key * to diet success. * I used to eat out at restaurants * up to nine times a week. * By cutting back to just once a week * and ordering a grilled chicken salad * instead of a large bowl of pasta, * I lost 20 pounds in one month. * I still try to eat less * and watch what I eat.

I try to have a healthy diet. * I used to skip breakfast, * but now I never go without it. * I always eat about 300 calories * of a healthy mix of protein and whole grains. * My go-to meal * is a sandwich * with natural peanut butter * and apple butter. * It keeps my hunger down * so I snack less throughout the day. * In a little over a year, * I lost 65 pounds.

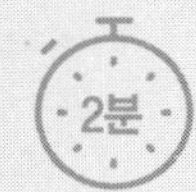

When I wanted to wear my skinny jeans again, * I started running for 20 minutes * during my lunch hour. * I always grabbed dinner * with my colleagues * after work * and it was usually deep-fried chicken pieces. * Then I changed things up. * Instead of hanging around at night, * I started walking and running * around my neighborhood. * A year later, * I lost 40 pounds.

Step 3 들으면서 따라 말하기

I think ________ ________ is the ________ ________ key to ________ ________.
I ________ to ________ ________ at restaurants up to nine ________
a ________. By ________ ________ to just ________ a ________ and ordering
a ________ chicken salad ________ ________ a large ________ of ________,
I ________ 20 pounds ________ one ________. I still ________ to ________
________ and ________ ________ I eat.

2분

I try to ________ a healthy ________. I ________ to ________ ________, but
now I ________ go ________ it. I always eat ________ 300 ________ of a
________ ________ of ________ and whole ________. My go-to ________ is
a ________ ________ natural ________ butter and ________ ________.
It ________ my hunger ________ so I ________ less ________ ________ day.
In a little ________ a ________, I ________ 65 pounds.

3분

When I ________ to ________ my skinny ________ again, I ________ ________
for 20 minutes ________ my lunch ________. I always ________ ________
with my colleagues ________ ________ and it was ________ deep-fried
________ ________. Then I ________ things ________. ________ of ________
around ________ ________, I started ________ and ________ around ________
________. A year ________, I ________ 40 pounds.

▶ 정답은 p.149를 확인하세요.

저는 적게 먹는 것이 다이어트 성공에서 가장 중요한 열쇠라고 생각합니다. 예전에는 일주일에 아홉 번까지 외식을 하곤 했죠. 그걸 일주일에 한 번으로 줄이고 큰 접시에 나오는 파스타 대신 구운 치킨 샐러드를 주문하는 것으로 한 달에 20파운드를 뺐습니다. 저는 지금도 여전히 적게 먹으려고 하고 제가 먹는 음식에 신경을 쓰고 있습니다.

저는 건강식을 먹으려고 노력해요. 예전엔 아침식사를 거르곤 했는데 지금은 안 먹으면 절대 안 됩니다. 저는 항상 단백질과 통곡물이 섞인 300칼로리 정도의 건강식을 섭취해요. 제가 사 먹는 음식은 천연 땅콩버터와 애플버터를 바른 샌드위치입니다. 그게 허기를 달래주어 온종일 간식을 덜 먹게 되죠. 일 년 조금 넘었는데 저는 65파운드를 감량했습니다.

스키니진을 다시 입고 싶어졌을 때, 저는 점심시간을 이용해 20분씩 달리기를 시작했어요. 항상 직장 동료들과 일을 마친 후 저녁을 함께 먹곤 했는데 주로 닭고기 튀김이었습니다. 그러다 제가 패턴을 바꾸었죠. 밤에 어울려 다니는 대신 우리 동네에서 걷고 달리기 시작했습니다. 일 년 뒤 저는 40파운드를 감량했습니다.

3분 영어 말하기

가까운 사람과 싸운 후의 해결책은 무엇인가?

How do you solve a fight with your best friend?

3분 영어 말하기

Out 22-1.mp3

Step 1 우리말 보면서 듣기

▶ 사과 쪽지를 쓴다

누군가와 다투면 저는 미안하다고 말하려고 하지만 종종 그렇게 하기가 힘듭니다. 대신 미안하다고 쪽지를 써요. 미안하다고 직접 말하는 것이 가장 좋은 방법이라고 생각하지만 때로는 쪽지도 의미가 있습니다. 제가 다소 수줍은 성격이고 정면으로 마주 대하는 게 반갑지 않기 때문에 편지를 쓰는 것이 잘 통합니다.

▶ 시간을 갖고 거리를 둔다

크게 싸운 다음 처음 제가 하는 일은 일정한 거리를 두는 것입니다. 그러면 좀 더 객관적인 관점에서 상황을 볼 수 있게 되고 제가 뭘 잘못했는지 깨닫게 됩니다. 그렇게 하는데 하루 이틀이 걸립니다. 그 이상으로 오래 가게 하지는 않는데 너무 시간이 많이 흐르면 오히려 문젯거리나 다툼이 악화되기 때문이에요. 그래서 저는 보통 그 당사자에게 생각할 시간을 주고 제게도 어느 정도의 시간과 거리를 둡니다.

▶ 상대의 말을 끝까지 경청한다

저는 먼저 친구가 하는 말을 들으려고 한 다음에 제 의견과 감정을 꺼내 전달합니다. 때때로 친구의 말을 끝까지 들어보면 제 기분을 굳이 말로 표현할 필요도 없습니다. 다른 시각으로 문제를 보는 것만으로도 우리가 했던 언쟁에 새로운 방향성을 제시할 수 있어서 제 입장을 말할 필요를 느끼지 못합니다.

훈련한 날짜 . .

소요시간 분

강의 및 훈련 MP3

제한시간 3분

Step 2 한 문장 끊어 말하기

When I have a fight with someone, * I try to say that I am sorry, * but it is often hard to do so. * Instead, * I tend to write an apology note. * I think * saying I am sorry directly * can be the best way to go, * but sometimes a note can also be meaningful. * This works well * because I am a bit shy * and I don't really appreciate confrontation.

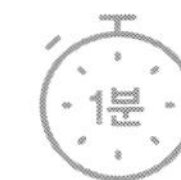

The first thing I do * when I have a major blowout * is just get some space. * Then, * I get to see the situation * from a more objective point of view * and then I realize what I did wrong. * It takes me a day or two * to do so. * I don't let it go much longer than that * because too much time would actually make the problem or argument worse. * So I usually give the person * time to think * and give myself some time and space.

I try to listen to what my friend says first * and then I bring up my own points and feelings. * Sometimes, * when I hear my friend out, * I don't even need to express my feelings * because just viewing things * from a different perspective * puts a new spin on our argument * and I don't feel the need * to tell my side.

Step 3 들으면서 따라 말하기

1분

When I ______ a ______ with someone, I try to ______ that I am ______, but it is often ______ to ______ ______. Instead, I ______ to ______ an ______ ______. I think ______ I am sorry ______ can be the ______ ______ to ______, but sometimes a ______ can also be ______. This ______ ______ because I am a bit ______ and I ______ really ______ confrontation.

2분

The ______ thing I ______ when I ______ a major ______ ______ just ______ some ______. Then, I ______ ______ see the situation from a more ______ ______ of ______ and then I realize ______ I did ______. It takes me a day or two ______ ______ ______. I don't ______ it go much ______ ______ ______ because too ______ ______ would actually ______ the problem or argument ______. So I ______ give the person ______ to ______ and ______ myself some ______ and ______.

3분

I try to ______ to ______ my friend ______ first and then I ______ up my ______ ______ and ______. Sometimes, when I ______ my friend ______, I don't ______ ______ to express my ______ because just ______ things ______ a different ______ puts a new ______ ______ our ______ and I don't ______ the ______ to ______ my ______.

▶ 정답은 p.150을 확인하세요.

누군가와 다투면 저는 미안하다고 말하려고 하지만 종종 그렇게 하기가 힘듭니다. 대신 미안하다고 쪽지를 써요. 미안하다고 직접 말하는 것이 가장 좋은 방법이라고 생각하지만 때로는 쪽지도 의미가 있습니다. 제가 다소 수줍은 성격이고 정면으로 마주 대하는 게 반갑지 않기 때문에 편지를 쓰는 것이 잘 통합니다.

크게 싸운 다음 처음 제가 하는 일은 일정한 거리를 두는 것입니다. 그러면 좀 더 객관적인 관점에서 상황을 볼 수 있게 되고 제가 뭘 잘못했는지 깨닫게 됩니다. 그렇게 하는데 하루 이틀이 걸립니다. 그 이상으로 오래 가게 하지는 않는데 너무 시간이 많이 흐르면 오히려 문젯거리나 다툼이 악화되기 때문이에요. 그래서 저는 보통 그 당사자에게 생각할 시간을 주고 제게도 어느 정도의 시간과 거리를 둡니다.

저는 먼저 친구가 하는 말을 들으려고 한 다음에 제 의견과 감정을 꺼내 전달합니다. 때때로 친구의 말을 끝까지 들어보면 제 기분을 굳이 말로 표현할 필요도 없습니다. 다른 시각으로 문제를 보는 것만으로도 우리가 했던 언쟁에 새로운 방향성을 제시할 수 있어서 제 입장을 말할 필요를 느끼지 못합니다.

3분 영어 말하기

돈과 행복의 상관관계는?

What do you think is the correlation between money and happiness?

3분 영어 말하기

Out 23-1.mp3

Step 1 우리말 보면서 듣기

▶ 행복은 돈으로 살 수 없다

옷이나, 차, 보석, 원하는 것을 구매함으로써 돈이 어느 정도까지는 행복하게 해줄 수 있다고 생각합니다. 하지만 기본적으로는 원하는 것과 사랑과 우정처럼 실제 필요로 하는 것은 같지가 않죠. 사랑이나 친구를 돈으로 살 수는 없어요. 그래서 돈으로 행복을 살 수 있다고 생각하지 않습니다.

▶ 돈은 일상을 해결할 정도로만 있으면 된다

돈으로 행복을 살 수 있다고 생각하지는 않지만 분명 스트레스를 덜어줄 수는 있습니다. 전 해고를 당해서 지금 자동차와 아파트를 잃을까 걱정이 돼요. 그래서 지금 돈이 좀 있다면 더 행복할 것 같습니다. 그렇지만 아주 부자일 필요는 없어요. 매달 각종 청구서의 돈을 납부할 수 있고 가끔씩 소소하게 재미를 맛보는 것이 제가 원하는 전부이죠. 돈이 무척 많은 사람들을 알고 있는데 그 사람들이 저보다 더 행복한 것은 아니더라고요. 그래서 저는 꼭 돈으로 행복을 살 수 있다고 생각하지 않습니다.

▶ 돈으로 행복을 살 수 있다

저는 돈으로 행복을 살 수 있다고 생각해요. 사람들은 돈 문제를 해결하지 못할 때 불행해 합니다. 돈은 문제를 해결하게 해주죠. 돈은 또 자유를 선사합니다. 사무실 좁은 곳에 앉아 40년 간 일할 필요가 없죠. 하고 싶은 것을 원할 때 자유롭게 할 수 있다는 것이 절 행복하게 할 거라고 생각해요. 따라서 돈으로 자유를 살 수 있다면 돈으로 행복을 살 수도 있는 것입니다.

훈련한 날짜 . .

소요시간 분

강의 및 훈련 MP3

제한시간 3분

Step 2 한 문장 끊어 말하기

I think * money could make you happy * to an extent, * such as buying clothes, * cars, * jewelry, * and things that you want, * but when it comes down to it, * the things you want * don't equal up to the things * you actually need, * such as love and friendship. * You can't buy love or friends. * So I think * money cannot buy happiness.

I don't think * money can buy happiness * but it sure can relieve stress. * I was laid off * and now worry about losing my car and apartment, * so I would be happier * if I had some money now. * However, * I don't need to be very rich. * All I want * is to be able to pay my bills * and have a little fun sometimes. * I know * people with a lot of money * and they are not happier * than I am, * so I don't necessarily think * money can buy happiness.

I think * money can buy happiness. * You are not happy * when you cannot solve money problems. * Money helps you solve problems. * Money also gives you freedom. * You don't have to work * for 40 years in a cubicle. * I think * being free to do * what I want * when I want * would make me happy. * Therefore, * if money can buy you freedom, * then it can buy you happiness.

Step 3 들으면서 따라 말하기

1분

I think ______ could ______ you ______ to an ______, such as ______ clothes, cars, ______, and ______ that you ______, but ______ it ______ down to it, the ______ you want don't ______ up ______ the ______ you ______ ______, such as ______ and ______. You can't ______ ______ or ______. So I think ______ cannot ______ ______.

2분

I ______ ______ money can ______ ______ but it ______ can ______ ______. I was ______ ______ and now ______ about ______ my car and ______, so I ______ be ______ if I ______ some ______ now. ______, I ______ ______ to be very ______. All ______ ______ is ______ ______ able to ______ my ______ and ______ a little ______ sometimes. I know ______ ______ a lot of ______ and they are not ______ than ______ ______, so I ______ ______ think money can ______ ______.

3분

I think money can ______ ______. ______ are not happy ______ you ______ ______ money problems. Money ______ you ______ ______. Money also ______ you ______. You ______ ______ ______ work ______ 40 years in a ______. I think ______ ______ to do ______ I want ______ I want ______ ______ me ______. ______, if money can ______ you ______, then it can ______ you ______.

▶ 정답은 p.151을 확인하세요.

옷이나, 차, 보석, 원하는 것을 구매함으로써 돈이 어느 정도까지는 행복하게 해줄 수 있다고 생각합니다. 하지만 기본적으로는 원하는 것과 사랑과 우정처럼 실제 필요로 하는 것은 같지가 않죠. 사랑이나 친구를 돈으로 살 수는 없어요. 그래서 돈으로 행복을 살 수 있다고 생각하지 않습니다.

돈으로 행복을 살 수 있다고 생각하지는 않지만 분명 스트레스를 덜어줄 수는 있습니다. 전 해고를 당해서 지금 자동차와 아파트를 잃을까 걱정이 돼요. 그래서 지금 돈이 좀 있다면 더 행복할 것 같습니다. 그렇지만 아주 부자일 필요는 없어요. 매달 각종 청구서의 돈을 납부할 수 있고 가끔씩 소소하게 재미를 맛보는 것이 제가 원하는 전부이죠. 돈이 무척 많은 사람들을 알고 있는데 그 사람들이 저보다 더 행복한 것은 아니더라고요. 그래서 저는 꼭 돈으로 행복을 살 수 있다고 생각하지 않습니다.

저는 돈으로 행복을 살 수 있다고 생각해요. 사람들은 돈 문제를 해결하지 못할 때 불행해합니다. 돈은 문제를 해결하게 해주죠. 돈은 또 자유를 선사합니다. 사무실 좁은 곳에 앉아 40년 간 일할 필요가 없죠. 하고 싶은 것을 원할 때 자유롭게 할 수 있다는 것이 절 행복하게 할 거라고 생각해요. 따라서 돈으로 자유를 살 수 있다면 돈으로 행복을 살 수도 있는 것입니다.

DAY 24

3분 영어 말하기

왜 프랜차이즈 커피숍에 사람들이 몰리는가?

Why are franchise coffee shops always crowded?

3분 영어 말하기

Out 24-1.mp3

Step 1 우리말 보면서 듣기

▶ 고급 커피를 마실 수 있어서

커피숍에 가면 고품질의 커피를 마실 수 있습니다. 스타벅스, 커피빈 같은 대부분의 프랜차이즈 커피숍들은 콜롬비아나 브라질, 코스타리카, 과테말라에서 커피를 구매하죠. 확실히 커피 맛이 다른 인스턴트 커피와는 다릅니다. 게다가 커피가 보통 유기농이고, 풍부한 꽃 향기를 머금은 향과 부드러운 풍미가 있죠. 사람들 일부는 그저 고품질의 커피 맛을 좋아해서 많은 돈을 지불하는 거예요.

2분

▶ 프랜차이즈 별로 독특한 커피를 팔아서

각각의 프랜차이즈 커피숍은 서로 다른 커피 원두를 사용해 자신들만의 독특한 커피를 추출합니다. 예를 들어, 스타벅스는 콜롬비아 재배업자들로부터 지금까지 40년 넘게 커피 원두를 구매해 오고 있습니다. 스타벅스 커피를 좋아하는 사람들은 스타벅스에만 갑니다. 선택의 여지가 없지 않는 한 이들은 커피빈 같은 다른 커피숍에는 가지 않죠. 프랜차이즈 커피숍 간의 색다른 점이 사람들을 매장으로 끌어들입니다.

▶ 편하게 앉아 있을 수 있어서

작은 사이즈의 스타벅스 아메리카노 한 잔이 한국에서 보통 4천 원입니다. 비싼 가격일 수도 있지만 많은 사람들이 스타벅스에 가서 커피를 주문하고 그곳에 앉습니다. 그 작은 커피에 4천 원을 낼 때는 커피 값 자체만 지불하는 것이 아니라 그 장소와 앉는 의자에 대한 비용을 같이 지불하는 것이죠. 커피숍들이 대개 여름에는 시원하고 겨울에는 따뜻하기 때문에 커피 값을 전기 사용료라고 생각할 수도 있습니다.

훈련한 날짜 . .

소요시간 분

강의 및 훈련 MP3

Step 2 한 문장 끊어 말하기

When you go to a coffee shop, * you can have high quality coffee. * Most coffee shop franchises * like Starbucks and The Coffee Bean and Tea Leaf * purchase coffee from Colombia * or other countries like Brazil, * Costa Rica * and Guatemala. * Certainly those coffees taste different * from instant coffee. * Plus, * they are usually organic * and have a rich, floral aroma and smooth flavor. * Some people just love the taste of high quality coffee * and pay a lot for it.

Each coffee shop franchise uses different coffee beans * to brew their signature coffee. * For example, * Starbucks has been purchasing coffee beans * from Colombian growers * for more than 40 years now. * People who like Starbucks coffee * only go to Starbucks. * They would not go somewhere else * like The Coffee Bean and Tea Leaf * unless they have no options. * The difference between coffee shop franchises * attracts people to come to their shops.

A small Starbucks Americano * usually costs about 4,000 won * in Korea. * It can be pricey * but a lot of people go to Starbucks, * order coffee * and sit there. * When you pay 4,000 won for the small coffee, * you are not only paying for the coffee itself * but also paying for the place * and the chair you are sitting in. * Coffee shops are usually cool in the summer * and warm in the winter * so you can think of the coffee cost * as an electric bill as well.

Out 24-2.mp3

Step 3 듣으면서 따라 말하기

When you _____ _____ a _____ shop, you can _____ high _____ coffee. Most coffee shop _____ like Starbucks and The Coffee Bean and Tea Leaf _____ coffee _____ Colombia or _____ _____ like Brazil, Costa Rica and Guatemala. _____ those coffees _____ _____ _____ instant coffee. Plus, they are _____ _____ and _____ a _____, floral _____ and smooth _____. Some _____ just _____ the _____ of _____ _____ coffee and _____ a lot _____ it.

2분

_____ coffee shop _____ uses _____ coffee _____ to _____ their _____ coffee. For example, Starbucks has _____ _____ coffee _____ _____ Colombian _____ for _____ _____ 40 years now. _____ who _____ Starbucks coffee _____ _____ _____ Starbucks. They _____ _____ go _____ _____ like The Coffee Bean and Tea Leaf _____ they have _____ _____. The _____ between coffee shop franchises _____ people _____ _____ to their _____.

3분

A _____ Starbucks _____ usually _____ about 4,000 won in Korea. It can be _____ _____ but a _____ of _____ go to Starbucks, _____ coffee and _____ there. When you _____ 4,000 won _____ the _____ _____, you are _____ _____ paying _____ the coffee _____ but _____ paying _____ the _____ and the _____ you are _____ _____. Coffee shops are _____ _____ _____ the _____ and _____ in the _____ so you _____ _____ of the coffee _____ as an _____ _____ as well.

▶ 정답은 p.152를 확인하세요.

커피숍에 가면 고품질의 커피를 마실 수 있습니다. 스타벅스, 커피빈 같은 대부분의 프랜차이즈 커피숍들은 콜롬비아나 브라질, 코스타리카, 과테말라에서 커피를 구매하죠. 확실히 커피 맛이 다른 인스턴트 커피와는 다릅니다. 게다가 커피가 보통 유기농이고, 풍부한 꽃 향기를 머금은 향과 부드러운 풍미가 있죠. 사람들 일부는 그저 고품질의 커피 맛을 좋아해서 많은 돈을 지불하는 거예요.

각각의 프랜차이즈 커피숍은 서로 다른 커피 원두를 사용해 자신들만의 독특한 커피를 추출합니다. 예를 들어, 스타벅스는 콜롬비아 재배업자들로부터 지금까지 40년 넘게 커피 원두를 구매해 오고 있습니다. 스타벅스 커피를 좋아하는 사람들은 스타벅스에만 갑니다. 선택의 여지가 없지 않는 한 이들은 커피빈 같은 다른 커피숍에는 가지 않죠. 프랜차이즈 커피숍 간의 색다른 점이 사람들을 매장으로 끌어들입니다.

작은 사이즈의 스타벅스 아메리카노 한 잔이 한국에서 보통 4천 원입니다. 비싼 가격일 수도 있지만 많은 사람들이 스타벅스에 가서 커피를 주문하고 그곳에 앉습니다. 그 작은 커피에 4천 원을 낼 때는 커피 값 자체만 지불하는 것이 아니라 그 장소와 앉는 의자에 대한 비용을 같이 지불하는 것이죠. 커피숍들이 대개 여름에는 시원하고 겨울에는 따뜻하기 때문에 커피 값을 전기 사용료라고 생각할 수도 있습니다.

3분 영어 말하기

돈을 절약하기 위해 어떻게 하는가?

What do you do to save money?

3분 영어 말하기

Out 25-1.mp3

Step 1 우리말 보면서 듣기

▶ 도시락을 싸 갖고 다닌다

저는 외식을 안 하려고 해요. 보통 학교 가기 전날 밤에 집에서 음식을 준비하고 과일 몇 조각을 챙겨 나가죠. 또 빈 생수병을 사용해 집에서 받은 깨끗한 물로 채워 냉장시킨 다음 학교에 가지고 가요. 이것을 일 년 넘게 해왔고 저는 돈을 많이 저축했습니다.

▶ 식단을 짜서 한 번에 두 끼를 해결한다

매일 점심을 사 먹거나 주말에 저녁 외식을 하러 나가면 비용이 빨리 불어납니다. 저는 일주일 치 식단을 미리 만들고 식료품점에서 필요한 재료들을 사서 저녁을 만들고 나머지는 점심에 먹을 수도 있는, 두 끼 해결이 가능한 쉬운 요리법들로 마음 편하게 있기로 했어요. 정말 효과가 있었습니다.

▶ 안 쓰는 전기 플러그를 뽑는다

돈을 아끼기 위해서 에너지를 절약하려고 합니다. 컴퓨터가 전원에 연결되어 있으면 컴퓨터를 다 쓴 뒤 밤새 전원을 꺼놓고 사용 안 하는 것들의 플러그를 모두 뽑습니다. 컴퓨터 전력 세팅을 파워 절전 모드로 설정하는 것 역시 에너지 낭비를 막는 다른 방법인 것 같아요.

훈련한 날짜 . .

소요시간 분

강의 및 훈련 MP3

제한시간 3분

Step 2 한 문장 끊어 말하기

I try not to eat out. * I usually prepare my food at home * the night before I go to school * and I just take it * plus some fruit with me. * I also use an empty water bottle * to fill with clean water from my house, * refrigerate it * and take it to school. * I have been doing this * for over a year * and I have saved a lot of money.

Those bills for eating out at lunch * every day * or going out for dinner * on the weekends * add up quickly. * I decided to make meal plans * for the week ahead, * buy the necessary ingredients * at the grocery store, * and get comfortable with some easy recipes * that I can turn into two meals * like dinner * and the leftovers for lunch. * It really worked.

I try to save energy * in order to save money. * When the computer is connected by a power cord, * I turn it off * for the night * when I am done * and unplug anything else * I am not using. * I think * keeping my computer's energy settings on power saver * is another way * to keep from wasting energy.

Step 3 들으면서 따라 말하기

1분

I ______ ______ ______ eat ______. I ______ ______ my food ______ ______ the ______ ______ I ______ to ______ and I just ______ it ______ some ______ with me. I also ______ an ______ water ______ to ______ with ______ ______ from my house, ______ it and ______ it ______ ______. I have ______ ______ this ______ ______ a year and I have ______ a ______ of ______.

2분

Those ______ ______ ______ out ______ ______ every day or ______ ______ for ______ on the ______ add up ______. I ______ to ______ meal ______ for the ______ ______, buy the ______ ______ at the ______ store, and ______ ______ ______ some easy ______ that I can ______ ______ two ______ like dinner and the ______ for ______. It ______ ______.

I ______ to ______ ______ in ______ to ______ ______. When the ______ is ______ by a ______ ______, I ______ it ______ for the ______ when I ______ ______ and ______ anything ______ I am ______ ______. I think ______ my computer's ______ ______ on power ______ is ______ way to ______ from ______ ______.

▶ 정답은 p.153을 확인하세요.

저는 외식을 안 하려고 해요. 보통 학교 가기 전날 밤에 집에서 음식을 준비하고 과일 몇 조각을 챙겨 나가죠. 또 빈 생수병을 사용해 집에서 받은 깨끗한 물로 채워 냉장시킨 다음 학교에 가지고 가요. 이것을 일 년 넘게 해왔고 저는 돈을 많이 저축했습니다.

매일 점심을 사 먹거나 주말에 저녁 외식을 하러 나가면 비용이 빨리 불어납니다. 저는 일주일 치 식단을 미리 만들고 식료품점에서 필요한 재료들을 사서 저녁을 만들고 나머지는 점심에 먹을 수도 있는, 두 끼 해결이 가능한 쉬운 요리법들로 마음 편하게 있기로 했어요. 정말 효과가 있었습니다.

돈을 아끼기 위해서 에너지를 절약하려고 합니다. 컴퓨터가 전원에 연결되어 있으면 컴퓨터를 다 쓴 뒤 밤새 전원을 꺼놓고 사용 안 하는 것들의 플러그를 모두 뽑습니다. 컴퓨터 전력 세팅을 파워 절전 모드로 설정하는 것 역시 에너지 낭비를 막는 다른 방법인 것 같아요.

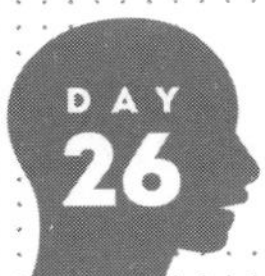

3분 영어 말하기

하루 중 언제 시간을 많이 허비하는가?

When do you most waste your time?

3분 영어 말하기

Out 26-1.mp3

Step 1 우리말 보면서 듣기

▶ 아무것도 못하는 출근 시간 30분

출퇴근 혼잡 시간에 통근할 때가 하루 중 가장 많이 시간을 낭비하는 것 같습니다. 저는 9시까지 출근을 해야 합니다. 8시에 집에서 나와 버스를 타고 회사에 가죠. 보통은 회사까지 가는 데 20분 걸리지만, 혼잡 시간이라서 집에서 한 시간 일찍 나서야 해요. 버스는 대개 만원이라 책을 읽거나 다른 일을 할 수가 없어요. 저는 그저 손잡이를 잡고 30분 간 아무것도 안 하고 서 있기만 합니다.

▶ 휴대전화를 갖고 노는 두 시간

저는 제 소셜 미디어 상태를 계속 업데이트하는 습관이 있어요. 휴대전화로 늘 이메일을 체크하고, 게임하고, 친구와 수다를 떨죠. 보통 하루에 적어도 세 번은 제 상태를 업데이트하고 사진을 올립니다. 제 동료가 저보고 휴대전화에서 손 좀 떼라고 했어요. 아무도 제가 점심에 뭘 먹는지 알 필요가 없다고까지 말하더군요. 충격을 받았지만 휴대전화를 갖고 노는 걸 멈출 수가 없습니다. 휴대전화를 갖고 노느라 말 그대로 하루에 두 시간은 허비하는 것 같아요.

▶ 옷 고르느라 날려 보내는 30분

매일 옷을 차려 입는 데 시간이 오래 걸립니다. 제 옷장에 고를 수 있는 예쁜 옷들이 엄청나게 많다는 뜻이 아닙니다. 몇 벌밖에 없지만 뭘 입어야 할지 결정할 수가 없어요. 특히 여름에는 제가 사는 도시에 비가 자주 내려요. 그래서 항상 어떤 옷을 입고 어떤 신발을 신어야 할지 곰곰이 생각해야 하죠. 보통은 결정하는 데 30분 정도 걸려서 종종 학교에 지각합니다.

훈련한 날짜 . .

소요시간 분

강의 및 훈련 MP3

Step 2 한 문장 끊어 말하기

I think * commuting during rush hour * is when I waste the most time * during the day. * I need to be at the office * before 9 in the morning. * I leave my house at 8 * and take a bus to work. * It usually takes 20 minutes * to get to work, * but since it is rush hour, * I have to leave home * an hour ahead. * The bus is usually packed * so I can't even read a book * or do anything. * I just hold onto the overhead strap * and stand for 30 minutes * doing nothing.

I have a habit * of constantly updating my social media status. * I am always checking emails, * playing games, * chatting with friends etc. * on my phone. * I usually update my status * and upload pictures * at least three times a day. * My colleague told me * to get off the phone * and he said * no one needs to know * what I am eating for lunch. * I was shocked * but I can't stop playing with my phone. * I think * I literally waste about two hours a day * playing with my phone.

It takes a long time * for me to get dressed * each day. * This does not mean * that I have so many amazing wardrobe choices * to pick from. * I only have a few * but I just can't decide * what to wear. * Especially in the summer, * it rains quite often * in the city I live in. * So I always have to think carefully about * which clothes and shoes I have to wear. * It usually takes about 30 minutes to decide * and I am often late for school.

Step 3 듣으면서 따라 말하기

1분

I think ______ ______ rush ______ is ______ I ______ the ______ time ______ the ______. I need to ______ ______ the office ______ 9 in the ______. I ______ my ______ at 8 and ______ a bus ______ ______. It ______ ______ 20 minutes ______ ______ to ______, but since it is rush ______, I have to ______ ______ an hour ______. The bus is ______ ______ so I ______ even ______ a book or do anything. I just ______ ______ the overhead ______ and ______ ______ 30 minutes ______ ______.

I ______ a ______ of constantly ______ my ______ ______ ______. I am always ______ ______, ______ games, ______ with ______ etc. ______ my ______. I usually ______ my ______ and ______ pictures at least ______ ______ a ______. My colleague ______ me ______ ______ ______ the phone and he said ______ ______ needs to ______ ______ I am ______ ______ lunch. I was ______ but I ______ ______ playing ______ my phone. I think I literally ______ about two ______ a ______ ______ ______ my phone.

3분

It ______ a ______ time ______ me ______ ______ ______ each day. This does not ______ that I ______ so ______ amazing wardrobe ______ to ______ ______. I only ______ ______ ______ but I just can't ______ ______ to ______. Especially ______ the summer, it ______ ______ often in the city I ______ in. So I ______ have to think carefully about ______ ______ and ______ I have to ______. It ______ ______ about 30 minutes ______ ______ and I am ______ ______ ______ school.

▶ 정답은 p.154를 확인하세요.

Step 4 3분 동안 영어로 말하기

출퇴근 혼잡 시간에 통근할 때가 하루 중 가장 많이 시간을 낭비하는 것 같습니다. 저는 9시까지 출근을 해야 합니다. 8시에 집에서 나와 버스를 타고 회사에 가죠. 보통은 회사까지 가는 데 20분 걸리지만, 혼잡 시간이라서 집에서 한 시간 일찍 나서야 해요. 버스는 대개 만원이라 책을 읽거나 다른 일을 할 수가 없어요. 저는 그저 손잡이를 잡고 30분 간 아무것도 안 하고 서 있기만 합니다.

저는 제 소셜 미디어 상태를 계속 업데이트하는 습관이 있어요. 휴대전화로 늘 이메일을 체크하고, 게임하고, 친구와 수다를 떨죠. 보통 하루에 적어도 세 번은 제 상태를 업데이트하고 사진을 올립니다. 제 동료가 저보고 휴대전화에서 손 좀 떼라고 했어요. 아무도 제가 점심에 뭘 먹는지 알 필요가 없다고까지 말하더군요. 충격을 받았지만 휴대전화를 갖고 노는 걸 멈출 수가 없습니다. 휴대전화를 갖고 노느라 말 그대로 하루에 두 시간은 허비하는 것 같아요.

매일 옷을 차려 입는 데 시간이 오래 걸립니다. 제 옷장에 고를 수 있는 예쁜 옷들이 엄청나게 많다는 뜻이 아닙니다. 몇 벌밖에 없지만 뭘 입어야 할지 결정할 수가 없어요. 특히 여름에는 제가 사는 도시에 비가 자주 내려요. 그래서 항상 어떤 옷을 입고 어떤 신발을 신어야 할지 곰곰이 생각해야 하죠. 보통은 결정하는 데 30분 정도 걸려서 종종 학교에 지각합니다.

3분 영어 말하기

건강을 위해 꼭 지키는 한 가지는 무엇인가?

What is the one thing you do to stay healthy?

3분 영어 말하기

Out 27-1.mp3

Step 1 우리말 보면서 듣기

▶ **하루를 마무리하며 푹 쉰다**

스트레스와 불안이야말로 우리 몸의 파괴자이기 때문에 매일 느긋하게 쉬는 법을 찾는 것이 생명을 구하는 것이라고 생각해요. 저는 매일 적어도 6시간은 자려고 하고 주말에는 더 많이 잡니다. 또 하루를 마무리하며 편안하게 쉬기 위해 클래식 음악을 듣고, 명상을 하거나 마사지 치료를 받죠. 휴식을 취하면 확실히 제 수명이 연장될 거라고 생각합니다.

▶ **물을 많이 마신다**

우리 몸은 약 70퍼센트의 수분으로 이루어져 있기 때문에 건강을 유지하고 수명을 연장시켜주는 데 물이 필수적이라고 생각해요. 그래서 전 수분이 충분한 상태를 유지하려고 노력하죠. 하루에 적어도 물을 8잔 이상 마시고 운동을 할 때는 심지어 더 많이 마셔요. 차가운 물을 마시면 기분이 상쾌해지는데, 뭔가 맛이 필요할 때는 비타민 워터를 마시죠. 맛이 정말 좋아요.

▶ **아침을 꼭 챙겨 먹는다**

아침에는 먹고 싶은 생각이 안 들어서 예전에는 아침식사를 거르곤 했어요. 하지만 누군가 제게 아침밥을 일찍 먹는 사람들이 그렇지 않은 사람들과 비교했을 때, 비만이 되고 당뇨병에 걸리게 될 확률이 적다는 말을 했습니다. 저는 몇 년 전에 건강한 아침식사를 하기 시작했고 지금은 정신적으로나 육체적으로 더 좋아진 기분이에요. 그것이야말로 하루를 시작하는 좋은 방법입니다.

훈련한 날짜 . .

소요시간 분

강의 및 훈련 MP3

제한시간 3분

Step 2 한 문장 끊어 말하기

I think * stress and anxiety are killers, * so finding ways to relax each day * can be a lifesaver. * I try to get * at least six hours of sleep * every day * and I sleep more during the weekends. * I also listen to classical music, * meditate or get massage therapy * in order to relax * at the end of the day. * I think * relaxation will most certainly add years to my life.

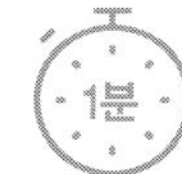

I think * that water is essential * for maintaining health * and prolonging life * because our body is composed of nearly 70% water. * Therefore, * I try to stay hydrated. * I drink at least eight cups of water * per day * and I drink even more * when I exercise. * Drinking cold water * makes me feel refreshed * and when I need some flavor, * I drink vitamin water. * It tastes really good.

I used to skip breakfast * because I didn't feel like eating * in the morning. * However, * someone told me that * people who eat an early-morning meal * are less likely to become obese * and get diabetes * compared to those who don't. * I started to eat a healthy breakfast * a few years ago * and now I feel better * both mentally and physically. * It is a great way to start the day.

Out 27-2.mp3

Step 3 들으면서 따라 말하기

1분

I think ______ and ______ are ______, so ______ ways ______ ______ each day ______ be a ______. I try to ______ at least six ______ of ______ every day and I ______ ______ during the weekends. I also ______ ______ classical music, ______ or ______ ______ therapy in ______ to ______ ______ the ______ of the ______. I think ______ will most certainly ______ ______ to my ______.

2분

I think that ______ is ______ for ______ health and ______ life because our ______ is ______ ______ nearly 70% ______. Therefore, I ______ to ______ hydrated. I ______ at least eight ______ of ______ per day and I ______ even ______ when I ______. ______ cold water ______ me ______ ______ and when I ______ some ______, I drink ______ ______. It ______ really ______.

3분

I ______ to ______ ______ because I didn't ______ ______ ______ in the morning. However, someone ______ me that ______ ______ eat an ______ ______ are ______ ______ to become obese and ______ diabetes ______ to ______ ______ ______. I ______ to eat a ______ ______ a few years ______ and now I ______ ______ both ______ and ______. It is a great ______ to ______ the ______.

▶ 정답은 p.155를 확인하세요.

스트레스와 불안이야말로 우리 몸의 파괴자이기 때문에 매일 느긋하게 쉬는 법을 찾는 것이 생명을 구하는 것이라고 생각해요. 저는 매일 적어도 6시간은 자려고 하고 주말에는 더 많이 잡니다. 또 하루를 마무리하며 편안하게 쉬기 위해 클래식 음악을 듣고, 명상을 하거나 마사지 치료를 받죠. 휴식을 취하면 확실히 제 수명이 연장될 거라고 생각합니다.

우리 몸은 약 70퍼센트의 수분으로 이루어져 있기 때문에 건강을 유지하고 수명을 연장시켜주는 데 물이 필수적이라고 생각해요. 그래서 전 수분이 충분한 상태를 유지하려고 노력하죠. 하루에 적어도 물을 8잔 이상 마시고 운동을 할 때는 심지어 더 많이 마셔요. 차가운 물을 마시면 기분이 상쾌해지는데, 뭔가 맛이 필요할 때는 비타민 워터를 마시죠. 맛이 정말 좋아요.

아침에는 먹고 싶은 생각이 안 들어서 예전에는 아침식사를 거르곤 했어요. 하지만 누군가 제게 아침밥을 일찍 먹는 사람들이 그렇지 않은 사람들과 비교했을 때, 비만이 되고 당뇨병에 걸리게 될 확률이 적다는 말을 했습니다. 저는 몇 년 전에 건강한 아침식사를 하기 시작했고 지금은 정신적으로나 육체적으로 더 좋아진 기분이에요. 그것이야말로 하루를 시작하는 좋은 방법입니다.

3분 영어 말하기

살면서 이따금 겪게 되는 모순적인 상황으로 무엇이 있는가?

We experience contradiction in our lives from time to time. Can you tell me more about this?

3분 영어 말하기

Out 28-1.mp3

Step 1 우리말 보면서 듣기

▶ 야식 먹는 다이어트 10년 차 우리 언니

저희 언니는 10년 이상 다이어트 중입니다. 웃긴 건 항상 다이어트 중이라고 하면서도 운동을 거의 안 한다는 거죠. 언니는 또 야식도 즐깁니다. 어젯밤에 언니가 제게 후라이드 치킨을 자기랑 같이 나눠 먹겠냐고 물었어요. 밤 10시여서 저는 안 먹겠다고 했죠. 어쨌든 언니는 주문을 했고 혼자서 다 해치웠어요. 전 언니가 다이어트 중이라고 생각하지 않습니다. 아니, 언니는 다이어트를 한 적이 한 번도 없습니다.

▶ 다른 여자 섹시한 건 OK, 내 여자는 No!

최근에 너무나 많은 섹시 팝스타들이 있고 이들에게는 수많은 남성 팬들이 있습니다. 많은 남성들이 이들이 공연용으로 입는 노출이 심한 복장을 좋아하죠. 문제는 이런 팝스타들의 패션은 여성들에게 엄청난 영향력을 끼쳐 많은 여성들이 그들이 입는 옷과 똑같은 것을 입으려고 한다는 점이에요. 아이러니한 것은 남자들이 팝스타가 입은 섹시한 옷은 보기 좋아하면서 자기 여자친구가 똑같은 옷을 입으면 싫어한다는 겁니다. 길거리에서 섹시한 옷을 입은 여자들은 여전히 흥미롭다는 듯 쳐다보면서 왜 자기 여자친구는 섹시한 옷을 입지 못하게 하는지 이해가 안 가요.

▶ 학원도 다니는데 낮은 학업 성취율

다른 나라와 달리 한국에는 사설 학원들이 많이 있습니다. 초등학생부터 고등학생까지 거의 모든 학생들이 방과 후에 학원에 가서 늦게까지 공부하죠. 하지만 웃긴 점은 한국이 OECD 회원국임에도 불구하고, 세계에서 학업 성취율이 가장 낮은 국가 중 하나라는 것입니다. 참으로 아이러니한 일이죠.

훈련한 날짜 . .

소요시간 분

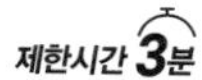

Step 2 한 문장 끊어 말하기

My sister has been on a diet * for more than 10 years. * The funny thing is * that she always says she is on a diet * but she rarely exercises. * She also enjoys late-night snacks. * Last night, * she asked me * if I wanted to share a bucket of fried chicken * with her. * It was 10 p.m. * so I said no. * She ordered it anyway * and finished it by herself. * I don't think she is on a diet. * I mean, * she has never been on a diet.

Today, * there are so many sexy pop stars * and they have a lot of male fans. * Many guys love to see * the revealing outfits they wear * for their performances. * The thing is * those pop stars have a major fashion influence on girls * and many girls try to wear the same clothes * as they wear. * The ironic thing is * that those guys love to see a sexy outfit * on the pop stars * but they don't like it * when their girlfriend wears the same thing. * I don't understand * why they can't let their girlfriend wear sexy clothes * while they are still checking out * the girls in a sexy outfit on the street.

Different from any other countries, * there are a lot of private educational institutes * in South Korea. * Almost every student from elementary school to high school * goes to a private institute after school * and studies until late. * However, * the strange thing is * though South Korea is an OECD member, * it has one of the lowest academic achievement rates * in the world. * It is very ironic.

Out 28-2.mp3

Step 3 들으면서 따라 말하기

1분

My sister has _____ _____ a _____ for _____ _____ 10 years. The _____ _____ is _____ she _____ _____ she is _____ a _____ but she _____ _____. She also enjoys _____ _____. _____ night, she _____ me _____ I _____ to _____ a _____ _____ fried chicken with her. It was 10 p.m. so I _____ _____. She _____ it _____ and _____ it _____ herself. I _____ _____ she is _____ a _____. I _____, she has _____ _____ _____ a _____.

2분

Today, _____ are so many _____ _____ _____ and they _____ a _____ of male _____. Many _____ love to _____ the _____ _____ they wear _____ their _____. The _____ is those _____ _____ have a major _____ _____ _____ girls and many girls try to _____ the _____ _____ as _____ _____. The _____ _____ is that those _____ love to _____ a _____ _____ on the _____ _____ but they _____ _____ _____ when their girlfriend _____ the _____ _____. I don't _____ _____ they _____ _____ their girlfriend _____ sexy clothes _____ they are still _____ _____ the girls _____ a sexy _____ _____ the street.

3분

_____ _____ any other _____, there are a lot of _____ _____ _____ in South Korea. Almost _____ student from _____ school to _____ school _____ to a _____ _____ after _____ and _____ until _____. However, the _____ thing is though South Korea is _____ OECD _____, it has one of the _____ _____ _____ _____ in the _____. It is very _____.

▶ 정답은 p.156을 확인하세요.

저희 언니는 10년 이상 다이어트 중입니다. 웃긴 건 항상 다이어트 중이라고 하면서도 운동을 거의 안 한다는 거죠. 언니는 또 야식도 즐깁니다. 어젯밤에 언니가 제게 후라이드 치킨을 자기랑 같이 나눠 먹겠냐고 물었어요. 밤 10시여서 저는 안 먹겠다고 했죠. 어쨌든 언니는 주문을 했고 혼자서 다 해치웠어요. 전 언니가 다이어트 중이라고 생각하지 않습니다. 아니, 언니는 다이어트를 한 적이 한 번도 없습니다.

최근에 너무나 많은 섹시 팝스타들이 있고 이들에게는 수많은 남성 팬들이 있습니다. 많은 남성들이 이들이 공연용으로 입는 노출이 심한 복장을 좋아하죠. 문제는 이런 팝스타들의 패션은 여성들에게 엄청난 영향력을 끼쳐 많은 여성들이 그들이 입는 옷과 똑같은 것을 입으려고 한다는 점이에요. 아이러니한 것은 남자들이 팝스타가 입은 섹시한 옷은 보기 좋아하면서 자기 여자친구가 똑같은 옷을 입으면 싫어한다는 겁니다. 길거리에서 섹시한 옷을 입은 여자들은 여전히 흥미롭다는 듯 쳐다보면서 왜 자기 여자친구는 섹시한 옷을 입지 못하게 하는지 이해가 안 가요.

다른 나라와 달리 한국에는 사설 학원들이 많이 있습니다. 초등학생부터 고등학생까지 거의 모든 학생들이 방과 후에 학원에 가서 늦게까지 공부하죠. 하지만 웃긴 점은 한국이 OECD 회원국임에도 불구하고, 세계에서 학업 성취율이 가장 낮은 국가 중 하나라는 것입니다. 참으로 아이러니한 일이죠.

3분 영어 말하기

숙면을 위해 무엇을 하는가?

What do you do to get better sleep?

3분 영어 말하기

Out 29-1.mp3

Step 1 우리말 보면서 듣기

▶ 잠자기 전에는 술을 안 마신다

예전에는 술을 마시면 잠이 드는 데 도움이 된다고 생각했어요. 그래서 잠 못 들 때는 와인이나 맥주 몇 잔을 마시곤 했죠. 하지만 알코올이 꾸벅꾸벅 졸게 하는 데는 도움이 될지 몰라도 90분마다 잠에서 깨게 한다는 말을 들었습니다. 그래서 밤새 계속 몸을 뒤척일 수 있다고요. 저는 알코올이 전혀 도움이 되지 않는다는 것을 깨달았고 심지어 잠자리에 들기 세 시간 전에는 음주를 피하고 있죠.

▶ 불을 어둡게 하고 모든 전자기기를 끈다

전체적인 침실 환경이 잘 자는 데 매우 중요합니다. 침실이 적당히 서늘하지 않으면 저는 잠이 들 수가 없어요. 저의 이상적인 수면 온도는 26도입니다. 또 밝은 빛이 저를 깨우기 때문에 잠자리에 들기 전에 불을 어둡게 해요. 불을 어둡게 할 때 TV, 아이패드 심지어 휴대전화에 이르기까지 제 주변에 있는 모든 것들의 전원도 끕니다.

▶ 정해진 시간에 잠자리에 들고 일어난다

매일 밤 같은 시간에 잠자리에 들고 매일 아침 같은 시간에 일어나는 것이 숙면을 취하는 데 매우 중요하다고 생각해요. 대학 다닐 때는 밤마다 술 마시러 나갔기 때문에 매일 밤 같은 시간에 잠자리에 들 수가 없었습니다. 잠자리에 늦게 들면 다음 날 밤 원래 시간에 잠을 청하는 것이 더욱 힘들어져요.

훈련한 날짜 . .

소요시간 분

강의 및 훈련 MP3

제한시간 3분

Step 2 한 문장 끊어 말하기

I used to think * that alcohol could help me drop off. * So when I couldn't fall asleep, * I would have a few glasses of wine * or some beer. * However, * I heard * that alcohol may help you doze off, * but it also causes you to wake up * every 90 minutes. * Therefore, * throughout the night, * you will be continually tossing and turning. * I realized * that alcohol does not help at all * and I even avoid drinking * three hours before bed.

The whole environment of my bedroom * is very important * for me to sleep well. * When my bedroom is not cool enough, * I can't fall asleep. * My ideal sleeping temperature * is 26 degrees Celsius. * Also, * bright light wakes me up * so I dim the lights * before I go to bed. * When I dim the lights, * I also turn off everything around me * including my TV, * iPad, * and even my cell phone.

I think * going to bed at the same time * every night * and waking up * at the same time every morning * is very important * for having a good sleep. * When I was in college, * I couldn't go to bed * at the same time * every night * because I went out for a drink * every single night. * When I go to bed late, * it makes it harder * to get to sleep * at the usual hour * the following night.

Step 3 들으면서 따라 말하기

1분

I ________ to ________ that ________ could help me ________ ________. So when I ________ ________ ________, I would have a few ________ of ________ or some ________. However, I ________ that alcohol ________ ________ you ________ off, but it also ________ you ________ ________ every 90 ________. Therefore, ________ the night, you will be ________ ________ and ________. I ________ that alcohol does ________ help ________ ________ and I even ________ ________ three hours ________ ________.

2분

The whole ________ of my ________ is very important ________ me ________ ________ ________. When my bedroom is not ________ ________, I ________ ________ ________. My ________ ________ ________ is 26 degrees Celsius. Also, bright light ________ me ________ so I ________ the ________ before I ________ ________ ________. When I ________ the ________, I also ________ ________ everything ________ me ________ my TV, iPad, and ________ my cell phone.

3분

I think ________ to ________ at the ________ ________ ________ night and ________ ________ at the ________ ________ ________ morning is very important ________ ________ a good ________. ________ I ________ ________ college, I couldn't ________ to ________ at the ________ ________ ________ night because I ________ ________ for a ________ ________ ________ night. When I ________ to ________ ________, it ________ it ________ to ________ ________ ________ at the ________ ________ the ________ ________.

▶ 정답은 p.157을 확인하세요.

예전에는 술을 마시면 잠이 드는 데 도움이 된다고 생각했어요. 그래서 잠 못 들 때는 와인이나 맥주 몇 잔을 마시곤 했죠. 하지만 알코올이 꾸벅꾸벅 졸게 하는 데는 도움이 될지 몰라도 90분마다 잠에서 깨게 한다는 말을 들었습니다. 그래서 밤새 계속 몸을 뒤척일 수 있다고요. 저는 알코올이 전혀 도움이 되지 않는다는 것을 깨달았고 심지어 잠자리에 들기 세 시간 전에는 음주를 피하고 있죠.

전체적인 침실 환경이 잘 자는 데 매우 중요합니다. 침실이 적당히 서늘하지 않으면 저는 잠이 들 수가 없어요. 저의 이상적인 수면 온도는 26도입니다. 또 밝은 빛이 저를 깨우기 때문에 잠자리에 들기 전에 불을 어둡게 해요. 불을 어둡게 할 때 TV, 아이패드 심지어 휴대전화에 이르기까지 제 주변에 있는 모든 것들의 전원도 끕니다.

매일 밤 같은 시간에 잠자리에 들고 매일 아침 같은 시간에 일어나는 것이 숙면을 취하는 데 매우 중요하다고 생각해요. 대학 다닐 때는 밤마다 술 마시러 나갔기 때문에 매일 밤 같은 시간에 잠자리에 들 수가 없었습니다. 잠자리에 늦게 들면 다음 날 밤 원래 시간에 잠을 청하는 것이 더욱 힘들어져요.

3분 영어 말하기

당신의 자제력은 어떠한가?

How is your self-control? Tell me about it.

3분 영어 말하기

Out 30-1.mp3

Step 1 우리말 보면서 듣기

▶ 칭찬 받기 위해 나쁜 행동을 자제했다

저는 어렸을 때 매우 훈련이 잘 된 아이였습니다. 우리 가족은 매의 효과를 믿지 않았고 아이들이 예의 바르게 행동하도록 격려해 줄 수 있는 대안들이 많이 있다는 것도 알고 있었죠. 우리 가족은 가능한 한 절 많이 칭찬해 주려고 했어요. 좋은 행동을 해서 칭찬을 받게 되었고 저는 자신감 있게 자랐습니다. 오직 칭찬을 받고 싶어서 나쁜 행동은 무엇이든 하지 않으려고 했지요.

▶ 배가 고프면 자제력을 잃는다

음식을 적게 먹는 것이 제게는 가장 힘든 일인 것 같습니다. 저는 야식 먹는 것을 아주 좋아하는데 딱 한 달 만에 10파운드가 쪘어요. 저는 야식을 끊어야 했고 그것은 가장 참기 힘든 일이었죠. 배가 고플 때면 자제력을 잃고 폭식하기 시작합니다. 적어도 컵라면 세 개는 먹은 후에야 많이 먹었다는 사실을 깨닫고 스스로를 자책하기 시작했죠. 소식하는 것이 가장 어려운 일입니다.

▶ 술에 취하면 자제력을 잃는다

저는 소주 한 병을 마시고 나면 취합니다. 그 선에서 그만 마셔야 하죠. 하지만 술에 취하면 자제력을 잃고 계속 더 마시기 시작해요. 소주를 한 병 이상 마시면 필름이 끊기고 다음 날 아침 숙취가 아주 심합니다. 아침에 늘 후회하지만 취하면 자신을 컨트롤하는 것이 쉽지 않네요.

훈련한 날짜 . .

소요시간 분

강의 및 훈련 MP3

제한시간 3분

Step 2 한 문장 끊어 말하기

I was a well-disciplined child * when I was young. * My family didn't believe in spanking * and they knew * there were many alternatives * to encourage children to behave. * They tried to praise me * as much as possible. * I got praised for my good behavior * and I grew up confident. * I tried not to do anything bad * only because I wanted to get praised.

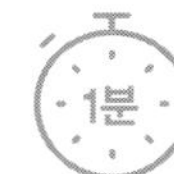

I think * eating less is the most challenging thing * for me. * I love eating late-night snacks * but I had gained 10 pounds * in just a month. * I had to quit late-night snacks * and it was the hardest thing ever. * When I am hungry, * I lose control * and just start binge eating. * After eating * at least three cups of instant noodles, * I realized * that I ate a lot * and I started to hate myself. * Eating less is the most difficult thing.

I get drunk * after drinking a bottle of soju. * That is where I need to stop drinking. * However, * when I get drunk, * I lose control * and start to drink more and more. * When I drink more than a bottle of soju, * I black out and get a bad hangover * the next morning. * I always regret it in the morning * but it is not easy to control myself * when I am drunk.

Step 3 들으면서 따라 말하기

1분

I was a ______ child ______ I was ______. My family didn't ______ ______ ______ and they ______ there were many ______ to ______ children ______ ______. They ______ to ______ me as ______ as ______. I got ______ for my ______ ______ and I ______ ______ ______. I ______ ______ ______ do ______ bad ______ ______ I wanted to ______ ______.

2분

I think ______ ______ is the ______ ______ thing for me. I love ______ ______ ______ but I had ______ 10 pounds ______ just a month. I ______ to ______ ______ ______ and it was the ______ ______ ever. When I ______ ______, I ______ ______ and just ______ binge ______. After ______ at least three ______ ______ ______ ______, I ______ that I ate ______ ______ and I ______ to ______ ______. ______ ______ is the ______ ______ thing.

3분

I ______ ______ after drinking a ______ of soju. That is ______ I need to ______ ______. However, when I ______ ______, I ______ ______ and ______ to drink ______ and ______. When I drink ______ ______ a ______ of soju, I ______ ______ and ______ a bad ______ the ______ ______. I always ______ ______ in the morning but it is not ______ to ______ ______ when I am ______.

▶ 정답은 p.158을 확인하세요.

저는 어렸을 때 매우 훈련이 잘 된 아이였습니다. 우리 가족은 매의 효과를 믿지 않았고 아이들이 예의 바르게 행동하도록 격려해 줄 수 있는 대안들이 많이 있다는 것도 알고 있었죠. 우리 가족은 가능한 한 절 많이 칭찬해 주려고 했어요. 좋은 행동을 해서 칭찬을 받게 되었고 저는 자신감 있게 자랐습니다. 오직 칭찬을 받고 싶어서 나쁜 행동은 무엇이든 하지 않으려고 했지요.

음식을 적게 먹는 것이 제게는 가장 힘든 일인 것 같습니다. 저는 야식 먹는 것을 아주 좋아하는데 딱 한 달 만에 10파운드가 쪘어요. 저는 야식을 끊어야 했고 그것은 가장 참기 힘든 일이었죠. 배가 고플 때면 자제력을 잃고 폭식하기 시작합니다. 적어도 컵라면 세 개는 먹은 후에야 많이 먹었다는 사실을 깨닫고 스스로를 자책하기 시작했죠. 소식하는 것이 가장 어려운 일입니다.

저는 소주 한 병을 마시고 나면 취합니다. 그 선에서 그만 마셔야 하죠. 하지만 술에 취하면 자제력을 잃고 계속 더 마시기 시작해요. 소주를 한 병 이상 마시면 필름이 끊기고 다음 날 아침 숙취가 아주 심합니다. 아침에 늘 후회하지만 취하면 자신을 컨트롤하는 것이 쉽지 않네요.

{ OUTPUT }

스크립트와 표현 정리

Check the Scripts & Useful Expressions

OUTPUT 파트의 DAY별 훈련 Step 1 ~ Step 4에 해당하는 3분 영어 말하기 스크립트와 표현 해설입니다. STEP 3(들으면서 따라 말하기) 빈칸에 들어갈 표현들은 스크립트에 밑줄로 표시했습니다. 헷갈리거나 막히는 표현은 없었는지 확인해 보세요.

| DAY 01 | 왜 책을 읽는가? Why do you read books?

p.10

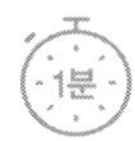

Nowadays, **people** can do **almost** anything **with** their smartphone. They even **read books** or **magazines on** their phone. It is **convenient** to **read on** your phone but it is **certainly** bad **for** your **eyes**. I sit **in front of** the computer **for** almost 8 **hours a day** so I don't want to **look at another** screen **to read**. That's **why** I **prefer** reading real books **to reading** on my phone.

□ nowadays 요즘 □ read a book on one's phone 폰으로 책을 읽다 □ convenient 편리한 □ be bad for ~에는 나쁘다 □ in front of ~의 앞에 □ almost 거의 □ That's why S + V 그것이 ~하는 이유이다, 그래서 ~한다 □ prefer A to B B보다 A를 더 좋아하다 ▶비교 대상을 나타내는 전치사로 to를 쓴다는 점에 주의하세요.

I like **going to** bookstores. I can **read books on** my **smartphone** but I don't **usually like to** because I **love** reading **at the** bookstore. When I **have time**, I just **go to the** bookstore and **pick up** some books **even though** there is **nothing in** particular **to buy**. I like **reading** books **at the** bookstore but I always **buy them online** because they are **much cheaper**.

□ bookstore 서점 □ have time 시간이 있다 □ pick up 고르다, 집어 들다 □ even though S + V 비록 ~할지라도 □ in particular 특히 □ buy A online 온라인으로 A를 사다, 인터넷을 이용해서 A를 사다 □ cheap 싼

I **personally** prefer **reading books** because I like the **texture** of **paper**. I often **go to** bookstores and just **look around** the store. When I **have time**, I just **pick up** a book, **stand there** and read **until** I **finish** it. When I **went to** the bookstore **yesterday**, some good books **were on sale**. The bookstore **members** could **receive** up to 50% **off** so I **got** five books. This is **another reason to** go to bookstores.

□ personally 개인적으로 □ texture 재질, 질감 □ look around 둘러보다 □ be on sale 세일 중이다 □ bookstore member 서점 회원 □ receive up to ~까지 받다 □ 50% off 50퍼센트 할인

DAY 02 | 왜 편의점에서 생수를 사는가?
Why do you buy bottled water at a convenience store?

p.14

1분

There is **a water purifier in** my office, but I **feel like bottled** water is **cleaner** than water **from** the **water purifier**. So I just **stop by** a convenience store and buy one pack **on** my **way to work**. I like to buy **bottled water at** a **convenience** store because I **get** to have many **options** to **choose from**. **Nowadays**, I like to drink fruit or **herb flavored mineral** water. I think it is a **refreshing** and a **healthier alternative** to **sugary sodas**.

☐ water purifier 정수기 ☐ bottled water 생수 ☐ stop by 들르다 ☐ convenience store 편의점
☐ on one's way to work 출근길에 ☐ options to choose from 선택할 수 있는 선택사항들
☐ herb 허브, 향초, 약초 ☐ flavored ~의 향이 나는 ☐ mineral water 미네랄 워터, 광천수
☐ refreshing 상쾌하게 하는 ☐ alternative to ~에 대한 대안 ☐ sugary soda 달콤한 탄산수

2분

There are many **different types** of **bottled** water, such as **vitamin** water, **diet** water, and **hangover** water. I am not **sure** if they **really work**, but since they **have** different **flavors** and **benefits**, it **makes** me want to **drink** one **whenever** I feel **like** I **need** it. **There** is a **convenience** store right **next to** my office **building** so I always **stop** there to buy **bottled water**.

☐ different types 서로 다른 유형들 ☐ vitamin water 비타민이 든 물 ☐ diet water 다이어트용 물
☐ hangover water 숙취에 좋은 물 ☐ work 효과가 있다 ☐ flavor 향 ☐ benefit 이점
☐ whenever S + V ~할 때마다

3분

I prefer **drinking bottled water** because I don't want to **wash glasses every time** I **drink water**. So I usually **stop by** a **convenience** store and **get bottled water**. However, it is **true** that **bottled water** can be **quite pricey**. I **used to** drink **tap water** to save money. Furthermore, the city said **it was safe** to drink tap water. However, it didn't taste good. So I just **started** to **drink bottled water** again.

☐ drink bottled water 생수를 마시다 ☐ every time S + V (접속사) ~할 때마다 ☐ stop by 들르다
☐ it is true that S + V ~인 것은 사실이다 ☐ quite 상당히 ☐ pricey 비싼 ☐ tap water 수돗물
☐ save money 돈을 절약하다 ☐ furthermore 더구나 ☐ taste good 맛이 좋다

DAY 03 | 왜 거리마다 커피숍이 넘쳐나는가? Why do you think there are coffee shops on every block?

p.18

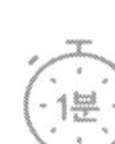

Koreans love to **drink coffee**. **Drinking** coffee has **become** a **habit** for a **lot** of **people** so they drink coffee **in** the **morning**, after **lunch**, and **whenever** they **feel like** it. **There** are **coffee shops** at almost **every corner** of the **city** so **it** is really **easy** to **drink**. **Caffeine** can be very **addictive** and **there** are many coffee **addicts around** me.

☐ A has become a habit for B A는 B에게 있어서 습관이 되었다 ☐ whenever S + V ~할 때는 언제나
☐ caffeine[kæfíːn] 카페인 ☐ addictive 중독성이 있는 ☐ coffee addict 커피 중독자
☐ around me 내 주변에

When you **are at** a **coffee** shop, it **feels good** because it is **cool in** the **summer** and **warm in** the winter. The **chairs** are **comfortable** to **sit on** so it is **good** to **grab** a **drink** and **chat for** a bit. I **sometimes spend hours sitting** in a **coffee** shop **reading** books or **chatting** with my **friends**. I think **this** is **why people like** to **go** to **coffee shops** and there are so **many** of **them in** the city.

☐ feel good 기분이 좋다 ☐ comfortable 안락한, 편한 ☐ grab a drink 음료수를 한잔하다
☐ chat 담소를 나누다 ☐ for a bit 잠깐 ☐ spend + 시간 + -ing ~하면서 시간을 보내다
☐ this is why ~ 이것이 ~하는 이유이다, 이래서 ~한다

People often **believe** that **starting** a coffee shop business is **simple**. **Since** there are many **successful** coffee shops **around**, people think they can **do** the **same**. However, there is **strong competition among** coffee shops and **making** a **profit** is never **easy**. People like **going** to **new** coffee shops but the **problem** is that new coffee shops **are** constantly **opening**.

☐ believe 믿는다, 생각한다 ☐ start a coffee shop 커피숍을 시작하다, 개업하다 ☐ successful 성공적인
☐ strong competition among A A 사이의 치열한 경쟁 ☐ make a profit 이익을 내다
☐ the problem is that S + V 문제는 ~이다 ☐ constantly 항상, 끊임없이

| DAY 04 | 가족과 대화를 많이 하는 편인가? Do you often talk to your family members?

p.22

1분

I am **close to** my sister. She is three **years older than** me. When we **were in** middle school and high school, we **barely talked** because she **thought** I was **too young for** her. Now we are **getting older** together and we are **more like friends**. We **talk about** everything **like** clothes, food, and **boyfriends**. I love **talking to** my sister. We **share** a **bedroom** so we usually **talk** before **going** to **bed**.

☐ be close to ~와 친하다 ☐ barely 거의 ~하지 않는 ☐ be too + 형용사 + for A A에게는 너무 ~한 ☐ get older 나이가 들어가다 ☐ be more like A 오히려 A에 가깝다 ☐ share a bedroom 침실을 같이 쓰다 ☐ go to bed 잠자리에 들다

2분

When I was **young**, I **used** to **talk** to my mom **about everything**. I would **tell** her **about** my friends, **school life** and just about **anything**. It was **fun talking** to her. However, **as** I **got** older, I kind of **stopped talking** to her. I **don't** know **why** but I just **don't talk to her** that much. Sometimes, I **feel like** she **doesn't understand** me **anymore**. There is no **time** to **sit down** and have a **conversation** with my **family members**.

☐ used to do 예전에는 ~하곤 했다 ▸현재는 그렇지 않는다는 점을 강조하는 표현입니다. ☐ school life 학교생활 ☐ be fun -ing ~하는 것은 재미있다 ☐ kind of 어느 정도는 ▸다음에 오는 말의 강도를 약간 떨어뜨리는 역할을 하죠. ☐ I don't know why 난 그 이유를 모른다 ☐ not ~ anymore 더 이상 ~이 아닌

I am very **close to** my **parents.** I **talk** to them **about everything**. When I was **applying for** a **job**, I had **conversations** with my dad **every single** night. He **gave** me good **advice on** how **to find** a good **job** that **would suit** me. I would also often **talk to** my mom. She always **gives** me **positive energy** so **talking** to her always **makes** me **feel good**.

☐ apply for ~에 지원하다 ☐ have a conversation with ~와 대화를 나누다 ☐ every single night 하루도 빠지 않고 매일 밤 ▸single은 every를 강조하는 역할을 합니다. ☐ advice on ~에 대한 조언 ☐ suit ~에 알맞다 ☐ positive energy 긍정적인 에너지

Do you prefer reading a book or watching a movie?

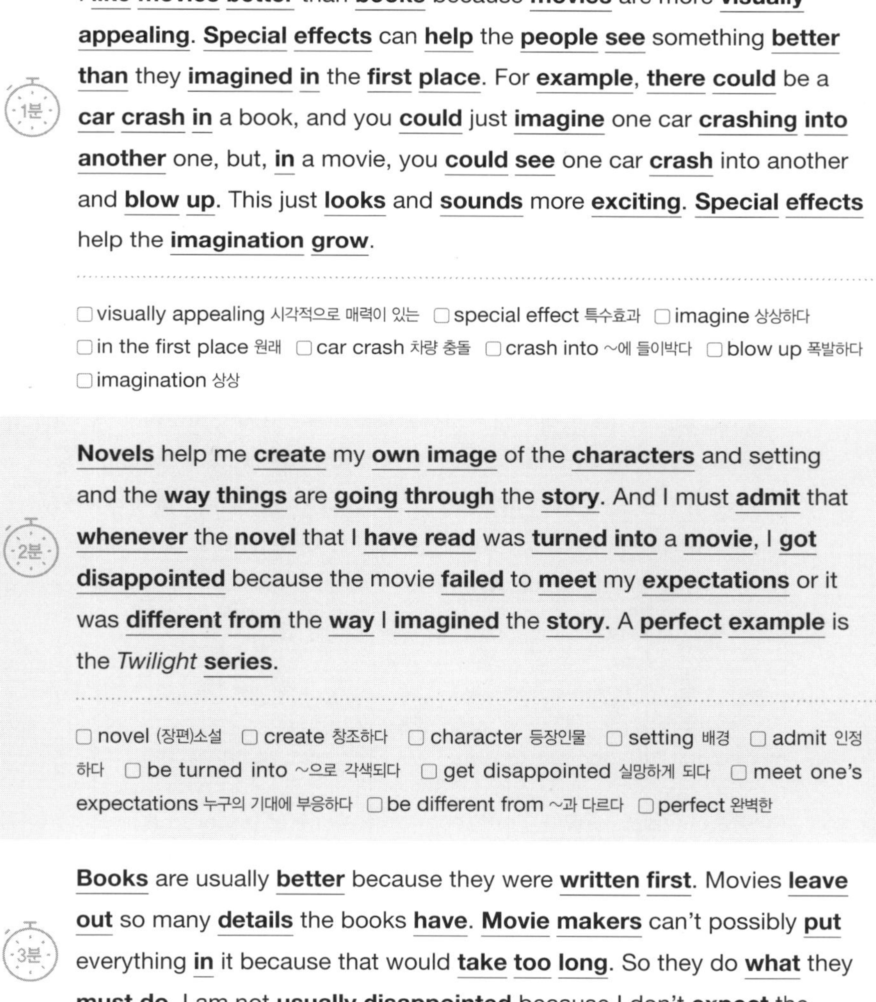

1분

I **like movies better** than **books** because **movies** are more **visually appealing**. **Special effects** can **help** the **people see** something **better than** they **imagined in** the **first place**. For **example**, **there could** be a **car crash in** a book, and you **could** just **imagine** one car **crashing into another** one, but, **in** a movie, you **could see** one car **crash** into another and **blow up**. This just **looks** and **sounds** more **exciting**. **Special effects** help the **imagination grow**.

☐ visually appealing 시각적으로 매력이 있는 ☐ special effect 특수효과 ☐ imagine 상상하다 ☐ in the first place 원래 ☐ car crash 차량 충돌 ☐ crash into ~에 들이박다 ☐ blow up 폭발하다 ☐ imagination 상상

2분

Novels help me **create** my **own image** of the **characters** and setting and the **way things** are **going through** the **story**. And I must **admit** that **whenever** the **novel** that I **have read** was **turned into** a **movie**, I **got disappointed** because the movie **failed** to **meet** my **expectations** or it was **different from** the **way** I **imagined** the **story**. A **perfect example** is the *Twilight* **series**.

☐ novel (장편)소설 ☐ create 창조하다 ☐ character 등장인물 ☐ setting 배경 ☐ admit 인정하다 ☐ be turned into ~으로 각색되다 ☐ get disappointed 실망하게 되다 ☐ meet one's expectations 누구의 기대에 부응하다 ☐ be different from ~과 다르다 ☐ perfect 완벽한

3분

Books are usually **better** because they were **written first**. Movies **leave out** so many **details** the books **have**. **Movie makers** can't possibly **put** everything **in** it because that would **take too long**. So they do **what** they **must do**. I am not **usually disappointed** because I don't **expect** the movie **to be better**.

☐ be written 쓰여지다 ▸write – wrote - written ☐ leave out 빼다, 생략하다 ☐ detail 세세한 부분 ☐ movie maker 영화 제작자 ☐ put A in B A를 B에 넣다 ☐ expect A to do A가 ~하기를 기대하다

| DAY 06 | 목표 달성에서 중요한 것은 무엇인가? What are the important things to accomplish your goal?

p.30

I think **determination** and **persistence** are the **keys** to success. I don't ever **give up** and **keep** going with **staying power** no matter how **much** I am **tempted** to just **give up**. The **achievable goals** in **life** are generally very **well defined**. I **try** to know **exactly what** I **want** and **stick to** it. I am also **willing to go** the **extra mile** to **accomplish** my **goals**.

☐ determination 결의, 결심, 결단력 ☐ persistence 인내, 집요함, 끈기 ☐ key to ~에 대한 열쇠 ☐ give up 포기하다 ☐ keep going 계속해서 진행하다 ☐ staying power 지구력 ☐ no matter how much ~ 얼마나 ~한지 상관없이 ☐ be tempted to do ~하고 싶은 유혹을 받다 ☐ achievable 달성할 수 있는 ☐ stick to A A를 고수하다 ☐ go the extra mile to do ~하기 위해 각고의 노력을 하다

2분

The first **thing to do** when **setting goals** is **to make** them **doable**. I **try** to **look at** the **paths** of **people** I **admire** and find **practical steps**. **For** example, my **role model** is this **famous pianist**. She said **in** her **interview** that she has **put in** 14 hours of **practice** and **training** every day **for dozens** of years. I am not **trying** to be a **pianist** but I **learned** so **much from** her **success**. **Whenever** I want to **give up**, I **think of** her and try to **do my best**.

☐ set a goal 목표를 설정하다 ☐ doable 할 수 있는 ☐ practical step 실용적인 단계 ☐ role model 역할 모델, 모범이 되는 사람 ☐ put in + 시간 ~하는 데 시간을 투자하다, 시간을 들이다 ☐ practice and training 연습과 훈련 ☐ dozens of years 수십 년 ☐ do one's best 최선을 다하다

3분

I **write** my goals **down**. I **put** them **on** a **piece** of **paper** or a **note** card and **tape** it **to** a **place** I **look** at **every morning** when I **wake up** and **every night** when I **go** to **bed**. I always **believe** I can **do it** because the **minute** I **say**, "I **can't**. It's **over**," it really is **over**. **At** the same time, I **never** say "I could **have done better**." I **always** think that my **performance** was **the best** I **could have** given.

☐ write down 적어 두다 ☐ tape A to B 테이프로 A를 B에 붙이다 ☐ the minute S + V (접속사) ~하는 순간 ☐ it's over 끝나다, 끝장나다 ☐ at the same time 동시에 ☐ I could have done better. 더 잘할 수도 있었는데. ☐ performance 한 일, 수행, 실행

| DAY 07 | 왜 다이어트에 성공하기 어려운가?
Why is it hard to succeed with your diet plans?

p.34

1분

I know eating **small portions** of food and **exercising regularly** are the most important **to lose weight**. The **problem** is that I have **no motivation** to **exercise** and I **keep feeling like** I want to **eat** and **eat**. I just **can't control** my **hunger** and **end up eating** instant **noodles late** at night. I think I **seriously** need to **give myself motivation** to **lose weight**.

☐ small portion 소량 ☐ regularly 규칙적으로 ☐ lose weight 살을 빼다 ☐ motivation 동기부여 ☐ control 제어하다 ☐ hunger 배고픔 ☐ end up -ing 결국 ~하게 되다 ☐ instant noodles 라면 ☐ late at night 밤늦게 ☐ seriously 심각하게 ☐ give oneself motivation to do ~하도록 자신에게 동기를 부여하다

2분

I think the **reason why** I **can't succeed** in losing weight is **because** I am too **hard on myself** when I am **on** a **diet**. I like **eating fast food** and **sweets** but when I **decide** to **lose weight**, all of a **sudden**, I **switch to** a diet **based on** only fruit or vegetables and my body **finds it** difficult **to adapt**. I **end up spoiling** myself **every once in** a **while** throughout the diet **by eating** KFC **chicken**. I think if I **want to** really lose weight, the **first thing** I should do is **quit eating** fast food.

☐ the reason why S + V ~하는 이유 ☐ hard on oneself 자신에게 엄격한 ☐ be on a diet 다이어트 중이다 ☐ fast food 패스트푸드 ☐ sweets 단것 ☐ all of a sudden 갑자기 ☐ switch to ~로 바꾸다 ☐ based on ~에 기초한 ☐ adapt 적응하다 ☐ every once in a while 이따금

3분

I **once tried** a **vinegar diet**. I **drank** a **certain amount** of **vinegar** every day. **Needless** to say, it **didn't work** and I didn't **lose** any **weight**. I wanted to **lose weight in** the **short term** and **couldn't** think **beyond getting** those ten pounds **off**. I **realized** that if I want to **lose weight** and **keep** it **off in the** long term, I should **eat** a **healthy diet** that is **sustainable** for the **rest** of my **life**.

☐ vinegar diet 식초 다이어트 ▸vinegar [vínəgər] ☐ amount 양 ☐ needless to say 말할 필요도 없이 ☐ work 효과가 있다 ☐ in the short term 단기간에 ☐ think beyond -ing ~한 후의 일을 생각하다 ☐ get + 무게 + off ~의 체중을 줄이다 ☐ in the long term 장기적으로 ☐ sustainable 지속 가능한 ☐ for the rest of my life (남은) 평생 동안

| DAY 08 | 꿈 실현을 위해 가장 중요한 것은 무엇인가? p.38
What is the most important principle to make your dreams come true?

1분

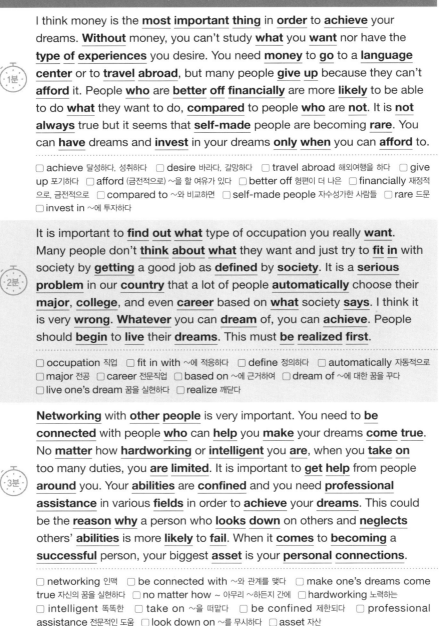

I think money is the **most important thing** in **order** to **achieve** your dreams. **Without** money, you can't study **what** you **want** nor have the **type of experiences** you desire. You need **money** to **go** to a **language center** or to **travel abroad**, but many people **give up** because they can't **afford** it. People **who** are **better off financially** are more **likely** to be able to do **what** they want to do, **compared** to people **who** are **not**. It is **not always** true but it seems that **self-made** people are becoming **rare**. You can **have** dreams and **invest** in your dreams **only when** you can **afford** to.

☐ achieve 달성하다, 성취하다 ☐ desire 바라다, 갈망하다 ☐ travel abroad 해외여행을 하다 ☐ give up 포기하다 ☐ afford (금전적으로) ~을 할 여유가 있다 ☐ better off 형편이 더 나은 ☐ financially 재정적으로, 금전적으로 ☐ compared to ~와 비교하면 ☐ self-made people 자수성가한 사람들 ☐ rare 드문 ☐ invest in ~에 투자하다

2분

It is important to **find out what** type of occupation you really **want**. Many people don't **think about what** they want and just try to **fit in** with society by **getting** a good job as **defined** by **society**. It is a **serious problem** in our **country** that a lot of people **automatically** choose their **major**, **college**, and even **career** based on **what** society **says**. I think it is very **wrong**. **Whatever** you can **dream** of, you can **achieve**. People should **begin** to **live** their **dreams**. This must **be realized first**.

☐ occupation 직업 ☐ fit in with ~에 적응하다 ☐ define 정의하다 ☐ automatically 자동적으로 ☐ major 전공 ☐ career 전문직업 ☐ based on ~에 근거하여 ☐ dream of ~에 대한 꿈을 꾸다 ☐ live one's dream 꿈을 실현하다 ☐ realize 깨닫다

3분

Networking with **other people** is very important. You need to **be connected** with people **who** can **help** you **make** your dreams **come true**. No **matter** how **hardworking** or **intelligent** you **are**, when you **take on** too many duties, you **are limited**. It is important to **get help** from people **around** you. Your **abilities** are **confined** and you need **professional assistance** in various **fields** in order to **achieve** your **dreams**. This could be the **reason why** a person who **looks down** on others and **neglects** others' **abilities** is more **likely** to **fail**. When it **comes** to **becoming** a **successful** person, your biggest **asset** is your **personal connections**.

☐ networking 인맥 ☐ be connected with ~와 관계를 맺다 ☐ make one's dreams come true 자신의 꿈을 실현하다 ☐ no matter how ~ 아무리 ~하든지 간에 ☐ hardworking 노력하는 ☐ intelligent 똑똑한 ☐ take on ~을 떠맡다 ☐ be confined 제한되다 ☐ professional assistance 전문적인 도움 ☐ look down on ~를 무시하다 ☐ asset 자산

| DAY 09 | 어떻게 어려움을 헤쳐 나가는가?
How do you get over a problem?

p.42

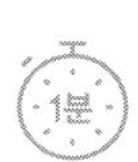

When I have **problems** that I need **help with**, I **tend** to **go** to the **bookstore in** my **neighborhood**. I **search for** books **on** the **issue** and **read**. I **used** to **read** a lot. When I **read** a book, great **ideas come to** me. I think I **get** more **imaginative from** reading books. Therefore, I **usually** read books to **think out** of the **box** in **order** to **solve** problems.

□ tend to do ~하는 경향이 있다 □ neighborhood 동네 □ search for ~을 찾다 □ issue 주제, 문제 □ an idea comes to ~에게 아이디어가 떠오르다 □ imaginative 상상력이 풍부한 □ therefore 따라서 □ think out of the box 틀에 박힌 생각을 버리고 독창적이고 창조적으로 생각하다 □ solve 해결하다

2분

When I am **in** big **trouble,** I usually **talk to** my friends. Sometimes, it is **helpful** to **talk** to **others** and get **advice**. **What** others **say** about my problem is **not always** right but I can **at least** think **broadly** and **view** my problem **from** a different **perspective**. It is **also good** to **talk to** my friends because **chatting** with them **releases** my **stress** as well.

□ be in trouble 곤란한 입장에 처하다 □ helpful 도움이 되는 □ get advice 조언을 얻다 □ at least 적어도 □ think broadly 폭넓게 생각하다 □ view A from a different perspective 다른 관점에서 A를 보다 □ chat 수다 떨다, 담소를 나누다 □ release one's stress 스트레스를 해소하다

I **exercise**. When I **am tired** and **stressed**, I **tend** to think **negatively** and **view** my problems **from** a **narrow perspective**. However, when I exercise, I **get** to **forget** about my **worries** and **focus on** my **workout**. I love **running**, **playing** basketball and **so** on. After I work out **hard** and **sweat** it **off**, I feel **refreshed**. I'm also **able** to **view** my problems **differently** and I feel **positive**.

□ exercise 운동하다 □ think negatively 부정적으로 생각하다 □ view A from a narrow perspective 좁은 관점에서 A를 보다 □ focus on ~에 집중하다 □ workout 운동 □ so on 등등 □ sweat it off 땀을 흘려 없애다 □ refreshed 상쾌해진 □ differently 다르게 □ feel positive 긍정적인 느낌이 들다

| DAY 10 | 시간 관리에서 가장 중요한 것은 무엇인가? What is the most important thing to remember about time management?

p.46

1분

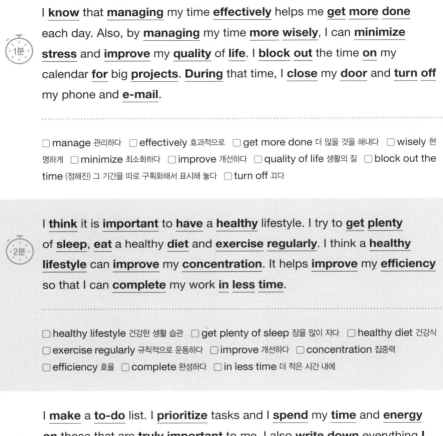

I **know** that **managing** my time **effectively** helps me **get more done** each day. Also, by **managing** my time **more wisely**, I can **minimize stress** and **improve** my **quality** of **life**. I **block out** the time **on** my calendar **for** big **projects**. **During** that time, I **close** my **door** and **turn off** my phone and **e-mail**.

▢ manage 관리하다 ▢ effectively 효과적으로 ▢ get more done 더 많을 것을 해내다 ▢ wisely 현명하게 ▢ minimize 최소화하다 ▢ improve 개선하다 ▢ quality of life 생활의 질 ▢ block out the time (정해진) 그 기간을 따로 구획화해서 표시해 놓다 ▢ turn off 끄다

2분

I **think** it is **important** to **have** a **healthy** lifestyle. I try to **get plenty** of **sleep**, **eat** a healthy **diet** and **exercise regularly**. I think a **healthy lifestyle** can **improve** my **concentration**. It helps **improve** my **efficiency** so that I can **complete** my work **in less time**.

▢ healthy lifestyle 건강한 생활 습관 ▢ get plenty of sleep 잠을 많이 자다 ▢ healthy diet 건강식 ▢ exercise regularly 규칙적으로 운동하다 ▢ improve 개선하다 ▢ concentration 집중력 ▢ efficiency 효율 ▢ complete 완성하다 ▢ in less time 더 적은 시간 내에

I **make** a **to-do** list. I **prioritize** tasks and I **spend** my **time** and **energy on** those that are **truly important** to me. I also **write down** everything **I will do** for the following three days to **determine how** to best **spend** my time. I **look** for **time** that can **be used** more **wisely**. For example, I **take** a bus **to work** and use the **commute** to **catch up on** reading.

▢ make a to-do list 해야 할 일의 목록을 만들다 ▢ prioritize 우선순위를 매기다 ▢ truly 진정으로 ▢ write down 적어 두다 ▢ take a bus to work 버스를 타고 출근하다 ▢ use the commute 통근시간을 이용하다 ▢ catch up on 밀린 것을 따라잡다

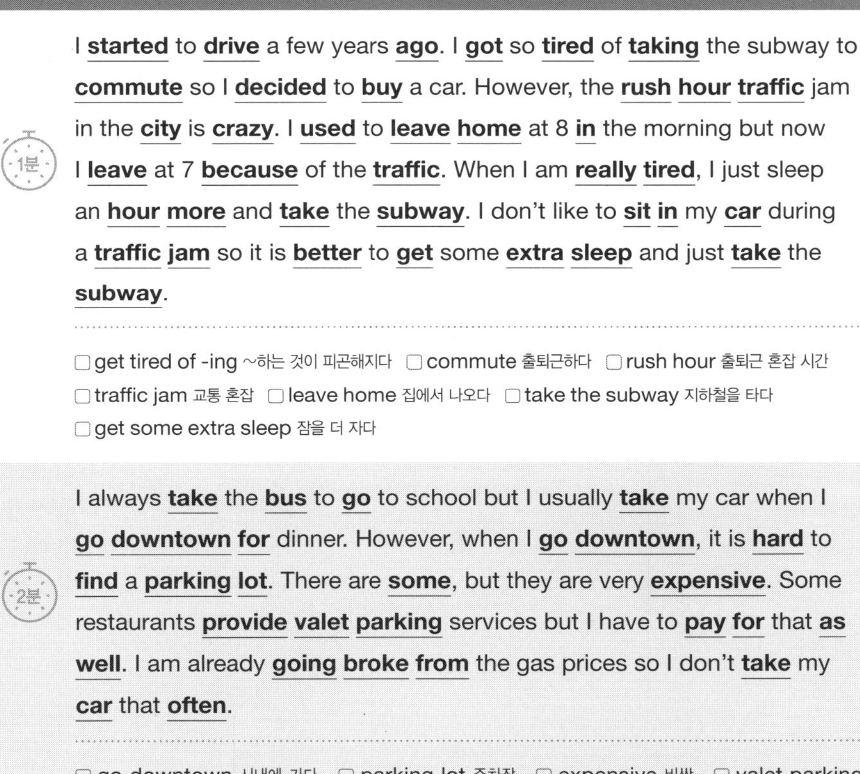

| DAY 11 | 자동차를 모는 게 더 불편할 때는? When is driving more inconvenient than taking public transportation?

p.50

1분

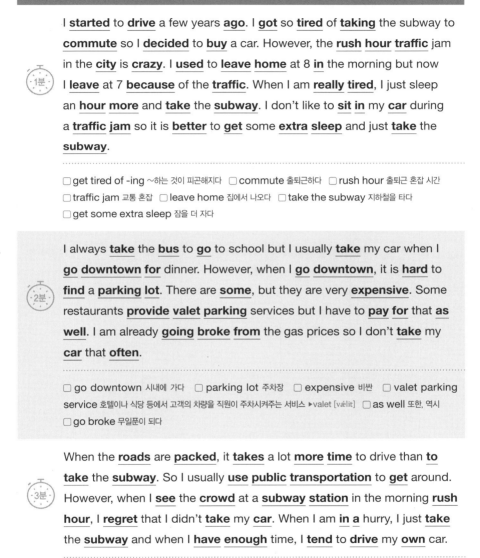

I **started** to **drive** a few years **ago**. I **got** so **tired** of **taking** the subway to **commute** so I **decided** to **buy** a car. However, the **rush hour traffic** jam in the **city** is **crazy**. I **used** to **leave home** at 8 **in** the morning but now I **leave** at 7 **because** of the **traffic**. When I am **really tired**, I just sleep an **hour more** and **take** the **subway**. I don't like to **sit in** my **car** during a **traffic jam** so it is **better** to **get** some **extra sleep** and just **take** the **subway**.

☐ get tired of -ing ~하는 것이 피곤해지다 ☐ commute 출퇴근하다 ☐ rush hour 출퇴근 혼잡 시간 ☐ traffic jam 교통 혼잡 ☐ leave home 집에서 나오다 ☐ take the subway 지하철을 타다 ☐ get some extra sleep 잠을 더 자다

2분

I always **take** the **bus** to **go** to school but I usually **take** my car when I **go downtown for** dinner. However, when I **go downtown**, it is **hard** to **find** a **parking lot**. There are **some**, but they are very **expensive**. Some restaurants **provide valet parking** services but I have to **pay for** that **as well**. I am already **going broke from** the gas prices so I don't **take** my **car** that **often**.

☐ go downtown 시내에 가다 ☐ parking lot 주차장 ☐ expensive 비싼 ☐ valet parking service 호텔이나 식당 등에서 고객의 차량을 직원이 주차시켜주는 서비스 ▸valet [vǽlit] ☐ as well 또한, 역시 ☐ go broke 무일푼이 되다

3분

When the **roads** are **packed**, it **takes** a lot **more time** to drive than **to take** the **subway**. So I usually **use public transportation** to **get** around. However, when I **see** the **crowd** at a **subway station** in the morning **rush hour**, I **regret** that I didn't **take** my **car**. When I am **in a** hurry, I just **take** the **subway** and when I **have enough** time, I **tend** to **drive** my **own** car.

☐ be packed 붐비다, 만원이다 ☐ use public transportation 대중교통을 이용하다 ☐ get around 돌아다니다 ☐ regret 후회하다 ☐ be in a hurry 바쁘다 ☐ take the subway 지하철을 타다 ☐ have enough time 시간이 충분하다 ☐ drive one's own car 자신의 차를 몰다

여름과 겨울 중 좋아하는 계절은 무엇인가?
Do you prefer summer or winter?

p.54

1분

I am a **winter baby** so I **love winter**. I like **being able** to rug up **at night** and **lie in bed** listening to the **winter rain outside**. I also **love** to curl up **on** the **couch** with a **good book** when it is **freezing cold** outside. My **favorite sport** is also a **winter sport**, so it just **makes** me **love** winter even **more**.

☐ winter baby 겨울에 태어난 사람 ☐ rug up 따듯한 옷을 입다 ☐ curl up 몸을 웅크리다 ☐ couch 소파 ☐ good book 재미있는 책 ☐ freezing cold 매섭게 추운 ☐ favorite 제일 좋아하는 ☐ winter sport 동계 스포츠

2분

I like **summer** because it is **hot** and **full** of **fun** and it has **long days**. You can **go swimming** and I love **the beach**. You don't **have** to **worry about** putting **on** many **layers** of **clothes** and **in** the summer time, you can just put on **shorts** and a **tank top** with some flip flops. So I like summer a lot **better than** winter.

☐ be full of fun 재미로 가득 차다 ☐ don't have to do ~할 필요가 없다 ☐ put on 입다 ☐ many layers of clothes 겹겹이 껴입은 옷 ☐ shorts 반바지 ☐ tank top 민소매 티셔츠 ☐ flip flop (엄지발가락과 둘째 발가락 사이로) 끈을 끼워서 신는 샌들

I don't **like winter**. There is **nothing worse** than **getting** up **for** work **at** 7 a.m. and **scraping** the ice **off** your **car windows** then having to **sit** in your **freezing car** and wait **for** it to **warm up**. I **can't stand** that. **As** you can **imagine**, most of my **sick** or **personal** days are **used** in the **winter** because **sometimes** it is just too **cold** to **leave** the **house**.

☐ There is nothing worse than A A보다 더 나쁜 것은 없다, A가 최악이다 ☐ get up (잠자리에서) 일어나다 ☐ scrape A off B A를 B에서 긁어 떼다 ☐ freezing car 몹시 추운 차 ☐ warm up 적절히 열이 오르다 ☐ can't stand that 그것을 참을 수 없다 ☐ sick days 병가

| DAY 13 | 영화를 고를 때 가장 신경 쓰는 부분은? p.58
What is the most important factor to consider before choosing a movie?

1분

When I **pick** a **movie**, I check the **weekend box office** first. It **tells** how **much** movies **earned** over the **weekend**. When the movie *The Da Vinci Code* **came out**, it **made more than** $30 million **in just** the US alone in its **opening weekend**. I **went** to **see** the movie **in** the 4th **week** of **release** and it was still **doing okay**. However, *X-Men 3* **came out** and it **knocked** it off the **top spot**. I think the movie **did better than** it should have but not **as** good **as** the producers had **hoped**.

- ▢ pick a movie 볼 영화를 고르다 ▢ check the weekend box office 주말 극장 수입을 확인하다
- ▢ earn 벌다 ▢ come out 상영되다, 출시되다 ▢ opening weekend 개봉 첫 주말
- ▢ knock A off B A를 쳐서 B에서 떨어뜨리다 ▢ top spot 최고 자리

2분

When a new movie **comes out**, I **first** check who **made** that **movie** and **who** is **in** it. I have some **favorite** movie **directors**, **actors** and **actresses**. When my **favorite** actor **stars in** the movie or my favorite **director** makes the movie, I **go see** it **regardless** of its **reviews** or **box office rank**.

- ▢ be in A A에 출연하다 ▢ favorite 제일 좋아하는 ▢ director 감독 ▢ actor 배우, 남자배우
- ▢ actress 여배우 ▢ star 주연으로 출연하다 ▢ regardless of ~에 상관없이 ▢ review 평
- ▢ box office rank 극장 수입 순위

3분

I love **watching** action **movies**. I **have watched** my **favorite action** movies **over** and **over again**. **When** a new **action** movie **comes out**, I **go see** it. I sometimes **pick** a **movie** that **has** great **reviews**. **Last** weekend, I **went** to **see** a movie which **had** good **reviews** but it was very **disappointing**. I will not **pick** movies **by reviews** anymore.

- ▢ action movie 액션 영화 ▢ over and over again 자꾸 되풀이해서 ▢ go see it 그것을 보러 가다
- ▢ great review 호평 ▢ disappointing 실망시키는 ▢ not ~ anymore 더 이상 ~하지 않는

| DAY 14 | 언제 사람들에게 실망하는가? When do you get disappointed in other people?

p.62

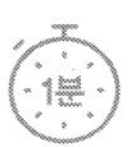

I **think** sometimes we just **get disappointed** at our **loved** ones because we **expect** so much **from** them. **Not** because we are **demanding**, **but** because we **know** we **would** do those exact **same things** for them. When my **best** friend **lied to** me, I was so **disappointed** in her. I **mean**, I **would never** lie **to** her. She **broke** my **heart** and we **are** not **friends** anymore.

☐ get disappointed at ~에게 실망하다 ☐ loved one 사랑하는 사람 ☐ expect so much from ~에게 너무 많은 것을 기대하다 ☐ demanding 요구가 많은 ☐ not because A, but because B A 때문이 아니라, B 때문이다 ☐ break someone's heart 누구를 몹시 실망시키다, 누구의 마음을 찢어 놓다

I am a person **who loves** and **trusts** everybody, so it is **easy** to **get** very **hurt** when I **find out** that they were **frauds**. The **thing** that **gets** me upset is that they still try to **keep in contact** with me, and **act like** I have not **realized** that they **showed** their true **nature**! But I **love people** so I will **keep trusting** them.

☐ trust 신뢰하다 ☐ get hurt 상처를 받다 ☐ find out 알아내다, 발견하다 ☐ fraud[frɔːd] 사기꾼 ☐ the things that gets me upset 나를 화나게 하는 것들 ☐ keep in contact with ~와 연락하다 ☐ show one's true nature 본성을 드러내다

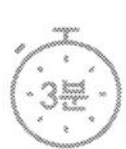

This question **reminds** me **of** one of my friends **from high school**. I was always **there for** her when she **needed** a **shoulder** to cry **on**. She **was** a good **friend** when it **suited** her. However, she would **come up** with the lamest **excuses** not to **get together** with us. She **lied frequently** and I **decided** to **write** her **off**.

☐ remind A of B A에게 B를 생각나게 하다 ☐ be there for A A가 필요할 때 곁에 있다 ☐ a shoulder to cry on 기대어 울 수 있는 어깨, 고민을 들어주고 위로해주는 사람 ☐ come up with ~을 생각해내다 ☐ lame excuse 궁색한 변명 ☐ get together with ~와 어울리다 ☐ frequently 빈번하게, 자주 ☐ write off ~를 지워버리다

| DAY 15 | 자랑하고픈 나만의 좋은 습관은 무엇인가? p.66

What are your good habits that you want to boast about?

I have **been working** on eating **healthier**. I am not **fully there** yet, because I don't want to **give up on** the yummy **foods** that are **out** there. I **read** somewhere that it **takes** about three or four **months** to **get** a new **habit** to **stick** as **long** as you keep **making** an **effort** to **get back** on track **anytime** you **deviate from** your **plan**.

☐ work on -ing ~하느라 노력하다 ☐ eat healthy 건강식을 먹다 ☐ be not fully there 완전히 그렇게 하지는 못하고 있다 ☐ yummy 맛있는 ☐ be out there 세상에 존재하다 ☐ get a new habit to stick 새로운 습관이 정착하게 하다 ☐ as long as ~하는 한 ☐ get back on track 정상 궤도로 다시 진입하다 ☐ deviate from ~에서 벗어나다

2분

When I **was** a **student**, my **parents** literally **dragged** me **out** of **bed** every **morning**. After I **started** to **work**, I had to **adapt** my body **clock** to **waking** up **at** a **particular** time. **At** first, it was really **hard** because I was a **late riser** all my **life**. However, now I have a regular **bed time** and I **feel** comfortable **waking** up **early**.

☐ literally 문자 그대로 ☐ drag A out of B A를 B에서 끌어내다 ☐ adapt A to B A를 B에 적응시키다 ☐ body clock 생체 시계 ☐ at a particular time 특정한 시간에 ☐ late riser 늦게 일어나는 사람, 잠꾸러기 ☐ have a regular bedtime 일정한 시간에 잠자리에 들다

3분

I **write** everything **down**. I **write down** my **to-do's**, my **grocery** lists, house **chores** I want to **tackle**, blog **posts** I want to **write**, goals I **want** to **reach**, dates I **need** to **remember**, etc. It's **not that** I'm **forgetful**. It's **just that** I have so many **things** to **remember** on a daily **basis** that if I **write** them **down**, my **brain** is instantly **free** to **stop thinking** about it, which **means** I can **move on to** bigger and **better things**.

☐ write down 적어 두다 ☐ to-do 해야 할 것 ☐ grocery 식품 ☐ house chores 집안일 ☐ It's not that S + V ~인 것은 아니다 ☐ forgetful 잘 잊어버리는, 건망증이 있는 ☐ on a daily basis 일일 단위로, 매일 ☐ move on to ~로 나아가다

| DAY 16 | 온라인 구매의 단점은 무엇인가?
What are the negatives of online shopping?

p.70

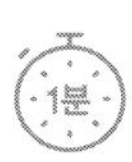

I think the **biggest** **weakness** of **online** shopping is that I don't **get** **to** see the **product** until **receiving** it. Since you **can't** **see** it, you are **not** **sure** that it will **look** **good** **on** you and the **color** and size **could** be **different** **from** what you **saw** **on** the Internet. I **was** **disappointed** several **times** and now, I don't **buy** things **online** **anymore**.

- ▢ the biggest weakness of A A의 가장 큰 약점 ▢ get to do ~하게 되다 ▢ product 제품
- ▢ look good on A A에 잘 어울리다 ▢ different from ~와 다른 ▢ be disappointed 실망하다
- ▢ several times 몇 번

2분

The product **could** be **different** from **what** I **saw** on the screen. If I am **buying** **clothes**, they **may** not **look** **good** **on** me. Therefore, I like **online** **shopping** for things but if I **want** to **buy** **clothes** or **shoes**, I **make** **sure** **to** go to the **shop** and **try** them **on**. If I **like** it, I will get **all** of **details**, write them down, go **back** to my **house** and **order** it **online** for a **cheaper** price.

- ▢ make sure to do 반드시 ~하도록 하다 ▢ try on ~을 입어보다, 신어보다, 써보다, 껴보다 ▶옷가게, 신발가게, 안경가게 등에서 물건을 한번 착용해본다고 할 때 쓰이는 표현입니다. ▢ get all of details 상세한 사항을 모두 알아두다 ▢ write down 적어 두다

I don't like **online** **shopping** because I don't **feel** **safe** **buying** something **online**. When I **have** to **buy** **something**, I **make** **sure** that it is a good **website** and **there** are **no** **leaks** on the website. Also, I don't **get** the product **right** **away**. It **takes** at least a **couple** of **days** to **get** it and sometimes **over** a week. I **have** to **wait** **longer** to get it unless I **pay** **more**.

- ▢ feel safe -ing ~하는 것이 안전하다고 느끼다 ▢ I make sure that S + V 반드시 ~인 것을 확인하다
- ▢ leak 유출 ▢ right away 금방 ▢ at least 적어도 ▢ a couple of days 이삼 일
- ▢ over a week 일주일이 넘는

| DAY 17 | 스마트폰이 우리에게 끼치는 폐해는 무엇인가? p.74
What are the disadvantages of using smartphones?

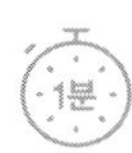

I often **find** myself **checking** Facebook several **times a day**. Even **worse** is **when** I **plan** on quickly **checking updates** and **wind** up perusing people's **photos** and **status**. It's **not that** I **intend** to **spend** hours of my day **on** social **networking sites**, but **one** thing **leads** to **another** and before I **realize**, an hour or two has **gone by**.

□ several times a day 하루에 몇 번씩 □ wind up -ing 결국 ~하게 되다 ▸wind가 동사로 쓰이는 경우 [waind]로 발음됩니다. □ peruse ~을 읽다 □ It's not that S + V ~라는 것은 아니다 □ intend to do ~하려고 작정하다 □ social networking sites 우리는 SNS라고 말하지만, 영어권에서는 social networking sites 또는 social media (links)로 말합니다. 아니면 아예 구체적인 사이트명을 언급하죠. □ one thing leads to another 한 가지 일이 그 다음 일로 자연스럽게 이어지다 □ go by 흐르다, 지나다

2분

I think I **get** so **impatient** when **waiting**. I can't even **wait for** 30 seconds to download a **video clip**. I think we **are** so **used** to **getting** everything that we **want** instantaneously that **when** we have to **wait** a little bit, we **get irritated**.

□ get impatient 성급해지다, 조바심 내다 □ video clip 동영상 클립 ▸video는 어떤 주제의 동영상 전체, 가령 영화 전편을 말한다면, video clip은 그 video의 일부분, 즉 비디오 짤을 뜻합니다. □ be used to -ing ~하는 것에 익숙하다 □ instantaneously[ìnstəntéiniəsli] 즉각적으로, 금방 □ wait a little bit 잠깐 기다리다 □ get irritated 짜증을 내다

Since smartphones have **such** a small **screen**, I **tend** to **hold** my phone too **close to** my **eyes**. **Staring** at my smartphone **for** about 30 minutes **causes** my eyes to **strain**. So I try to **rest** my eyes **every** 10 minutes when I read **cartoons** or **watch** videos **on** my phone. I recently **experienced dry eye** so I use **eye drops** and try to **blink** as **often** as I **can**.

□ tend to do ~하는 경향이 있다 □ stare at ~을 응시하다 □ cause A to do A를 ~하도록 야기시키다 □ strain 상하게 하다 □ rest 쉬게 하다 □ cartoon 만화 □ experience dry eye 안구 건조증을 앓다 □ dye drops 안약 □ blink 눈을 깜박이다

| DAY 18 | 정말로 술을 끊고 싶을 때는 언제인가?
When do you really want to quit drinking?

p.78

I started my new job three **months ago**. We had many **drinking parties** and I **liked** them **at first**. But **as** time **goes by**, I feel **tired** and don't **want** to **drink** anymore. **Before** I **came** here, I **used to work** at a place **where** people **never** had **drinking parties**. I am not **used to** this and I just **want** to **quit drinking** and **stop going** to those **drinking parties**.

☐ drinking party 술자리 ☐ at first 처음에는 ☐ as time goes by 시간이 흘러감에 따라 ☐ used to do 예전에는 ~(하곤) 했다 ☐ be used to ~에 익숙하다 ☐ quit -ing ~하는 것을 그만두다

2분

Last weekend, I **went** to my high school **reunion party**. It **has been** almost 10 years **since** I **saw** most of my former classmates and I **was** very **excited** about it. My high school **sweetheart** came and we **started** to **talk** and **drank** for **more than** five hours. When the **party** was **almost over**, everyone was **getting ready** to **leave** but I was **lying on** the floor **drunk**. I literally **don't remember anything**. **The** next morning, I **decided** to **quit drinking**.

☐ reunion 동창회 ☐ former 예전의 ☐ classmate 반 친구 ☐ sweetheart 애인 ☐ be over 끝나다 ☐ get ready to do ~할 준비를 하다 ☐ leave 떠나다 ☐ lie on the floor 바닥에 눕다 ☐ literally 문자 그대로

My dad **used to drink** like a **fish**. My mom **hated** it and they often **fought** about it. During **one of** my dad's regular **health checkups**, the doctor **said** my dad had **developed fat** in his **liver**. **Fatty** liver is not in **itself** a **massive** problem but if he **kept drinking**, then the **chances** of **developing** a more **serious** liver **disease** would **go up**. My dad **stopped drinking** after the **checkup**.

☐ drink like a fish 술을 엄청나게 마시다, 술고래이다 ☐ health checkup 건강 검진 ☐ develop fat in ~에 지방이 끼다 ☐ liver[lívər] 간 ☐ fatty liver 지방간 ☐ in itself 그 자체가 ☐ massive problem 큰 문제 ☐ keep drinking 계속 술을 마시다 ☐ chances 가능성 ☐ liver disease 간 질환 ☐ go up (가능성이) 올라가다

DAY 19 집에서 영화를 보면 좋은 점이 무엇인가? What are the good things about watching movies at home?

p.82

1분

I love **watching** movies **at home** because I can sprawl out **on** my **couch**. I think movie **theater seats** are very **uncomfortable** and **confined**. I also **love eating** so I can **get up** and go to the **kitchen** and go grab **whatever** I **want**, rather than paying for **overpriced food** at a cinema. Plus, if you **miss** an important part **while** you're **getting** food **in the kitchen**, then you can go **rewind** it and **see** the part you **missed**. Or **before** you go to the **kitchen**, you can **pause** the movie and when you **come back**, you can **resume** the movie.

▢ sprawl out 큰대자로 드러눕다, 활개를 펴고 눕다 ▢ couch 소파 ▢ movie theater 영화관 ▸영화를 상영하는 극장도, 연극이나 뮤지컬 공연을 하는 극장도 모두 theater입니다. ▢ confined 협소한 ▢ whatever I want 내가 원하는 것은 무엇이든 ▢ overpriced 가격이 비싼 ▢ rewind 뒤로 되돌리다 ▢ miss 놓치다 ▢ pause 정지시키다 ▢ resume[rizú:m] 다시 시작하다

2분

I also **enjoy buying** a DVD movie **in order to** watch it **whenever** I **want**. **Personally**, I **believe** there is **nothing better than** spreading yourself out **on** a **couch** with a **loved one** and a nice big **bowl** of **popcorn**, and **watching** a movie **at night**. It **seems** so **relaxing**.

▢ whenever I want 내가 원할 때는 언제나 ▢ personally 개인적으로는 ▢ there is nothing better than A A보다 더 좋은 것은 없다 ▢ spread oneself out on ~에 몸을 마음껏 뻗다 ▢ loved one 사랑하는 사람 ▢ relaxing 마음을 편하게 해주는

I **love watching** movies **at home**. It is more **private** and I can choose **what** I **want** to **watch**, **when** I want to watch it, **with whom** I want to watch it **and so on**. Plus, I can **pause**, **rewind**, or **skip** any section. I **have** a 42 inch LCD TV and a **home theater** so it is **comfortable sitting** in my **sofa** or **lying in** my bed with **pillows**. I don't **need** to **bother** going to the **dirty** and **crowded** theaters **with** uncomfortable **seats**.

▢ private 사적인, 은밀한 ▢ and so on 등등 ▢ pause 정지시키다 ▢ rewind 뒤로 되돌리다 ▢ skip 건너뛰다 ▢ pillow 베개 ▢ don't need to bother -ing 귀찮게 ~할 필요가 없다

| DAY 20 | 아주 피곤할 때는 무엇을 하는가?
What do you do when you are exhausted?

p.86

When I am really **tired**, **I drink** some caffeinated beverages. I think **caffeine** definitely **works** but **only for half** an **hour**. That **immediate** caffeine buzz **wakes** me **up** and **makes** me **think** that I am **fine**. However, **when** I need **caffeine** to **function**, I **take** it **in** gradually **rather than** knocking back a **double shot espresso**. I also try to **space** out a few **mugs** of **weak tea** or **weaker** coffee **so that** I don't get **high** and **low mood swings**.

☐ caffeinated[kǽfənèitid] 카페인이 든 ☐ beverage 음료 ☐ work 효과가 있다 ☐ immediate 즉각적인 ☐ caffeine buzz 카페인 각성효과 ▸caffeine [kæfíːn] ☐ function 제대로 기능을 하다 ☐ take in 섭취하다 ☐ gradually 점진적으로 ☐ knock back 들이키다 ☐ space out 간격을 두다 ☐ high and low mood swings 감정이 오르락내리락하기

2분

When I **feel exhausted**, I try to **take** a twenty to thirty minute **nap**. I don't **take** it **longer** because I would **find** myself **awake** feeling even more **groggy** than I **did before**. I think a **nap** can really **restore** me and **get** me **going** again. When it is not **easy** to **take** a **nap** because **of** my boss, I use my **lunch hour** or a **scheduled break** to nap.

☐ feel exhausted 아주 지치다 ☐ nap 낮잠 ☐ groggy 몸을 가누지 못하는 ☐ restore 회복시키다 ☐ take a nap 낮잠을 자다 ☐ boss 상사 ☐ lunch hour 점심시간 ☐ scheduled 예정되어 있는 ☐ break 휴식 시간

When my eyes are **tired from** staring **at** a computer **screen**, I try to **do** some **exercise**. When I **do it**, I **can feel** the tiredness **fading**. **Frequent** short **walks** help me **stay awake** and I don't have to **go** to the **gym** for an **intense workout**. I **take** a five to ten minute **break** to **walk** around **once** an **hour**.

☐ be tired from -ing ~하느라 피곤하다 ☐ stare at ~을 응시하다 ☐ tiredness 피곤함 ☐ fade 사라지다 ☐ frequent 자주 하는 ☐ stay awake 계속 깨어 있다 ☐ intense 강도 높은 ☐ workout 운동 ☐ break 휴식 시간 ☐ walk around 걸어서 돌아다니다 ☐ once an hour 한 시간에 한 번씩

| DAY 21 | 다이어트에서 운동과 식사량 조절 중 어느 것이 더 효과적인가? p.90

What do you think is a more effective way to lose weight, exercising or eating less?

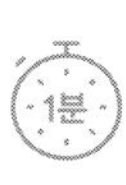

I think **eating less** is the **most important** key to **diet success**. I **used** to **eat out** at restaurants up to nine **times** a **week**. By **cutting back** to just **once** a **week** and ordering a **grilled** chicken salad **instead of** a large **bowl** of **pasta**, I **lost** 20 pounds **in** one **month**. I still **try** to **eat less** and **watch what** I eat.

▢ eating less 절식하기 ▢ key to ~에 대한 열쇠 ▢ eat out 외식하다 ▢ up to ~까지 ▢ cut back to ~까지 줄이다 ▢ just once a week 일주일에 딱 한 번 ▢ lose 20 pounds 살을 20파운드 빼다 ▸lose weight(살을 빼다, 체중을 줄이다)에서 weight 대신 구체적인 몸무게를 말해줄 수 있죠. ▢ watch what I eat 먹는 것에 신경을 쓰다

2분

I try to **have** a healthy **diet**. I **used** to **skip breakfast**, but now I **never** go **without** it. I always eat **about** 300 **calories** of a **healthy mix** of **protein** and whole **grains**. My go-to **meal** is a **sandwich with** natural **peanut** butter and **apple butter**. It **keeps** my hunger **down** so I **snack** less **throughout the** day. In a little **over** a **year**, I **lost** 65 pounds.

▢ healthy diet 건강에 좋은 식사 ▢ skip breakfast 아침을 거르다 ▢ protein[próuti:n] 단백질 ▢ whole grain 통곡 ▢ go-to meal 항상 주문하는 식사 ▢ keep down ~을 억제하다 ▢ snack 간식을 먹다 ▢ throughout the day 하루 종일

When I **wanted** to **wear** my skinny **jeans** again, I **started running** for 20 minutes **during** my lunch **hour**. I always **grabbed dinner** with my colleagues **after work** and it was **usually** deep-fried **chicken pieces**. Then I **changed** things **up**. **Instead** of **hanging** around **at night**, I started **walking** and **running** around **my neighborhood**. A year **later**, I **lost** 40 pounds.

▢ skinny jeans 스키니진 ▢ lunch hour 점심시간 ▢ grab dinner 저녁을 때우다 ▢ colleague 동료 ▢ after work 퇴근 후에 ▢ deep-fried 기름에 튀긴 ▢ change up 확 바꾸다 ▢ hang around (친구들과) 어울려 다니다 ▢ neighborhood 동네

| DAY 22 | 가까운 사람과 싸운 후의 해결책은 무엇인가?
How do you solve a fight with your best friend?

p.94

When I **have** a **fight** with someone, I try to **say** that I am **sorry**, but it is often **hard** to **do so**. Instead, I **tend** to **write** an **apology note**. I think **saying** I am sorry **directly** can be the **best way** to **go**, but sometimes a **note** can also be **meaningful**. This **works well** because I am a bit **shy** and I **don't** really **appreciate** confrontation.

▢ have a fight with ~와 싸우다 ▢ tend to do ~하는 경향이 있다 ▢ apology note 사과 편지
▢ directly 직접 ▢ the best way to go 무엇을 하는 최선의 방법, 여기서는 '사과를 하는 최선의 방법'
▢ meaningful 의미 있는 ▢ work well 효과가 있다 ▢ shy 수줍어하는

2분

The **first** thing I **do** when I **have** a major **blowout is** just **get** some **space**. Then, I **get to** see the situation from a more **objective point** of **view** and then I realize **what** I did **wrong**. It takes me a day or two **to do so**. I don't **let** it go much **longer than that** because too **much time** would actually **make** the problem or argument **worse**. So I **usually** give the person **time** to **think** and **give** myself some **time** and **space**.

▢ blowout 싸움, 말다툼 ▢ get to see ~을 보게 되다 ▢ from an objective point of view 객관적인 시각에서 ▢ It takes + 사람 + 기간 + to do 누가 ~하는 데 시간이 얼마 걸리다 ▢ make A worse A를 악화시키다

3분

I try to **listen** to **what** my friend **says** first and then I **bring** up my **own points** and **feelings**. Sometimes, when I **hear** my friend **out**, I don't **even need** to express my **feelings** because just **viewing** things **from** a different **perspective** puts a new **spin on** our **argument** and I don't **feel** the **need** to **tell** my **side**.

▢ bring up 제기하다, 꺼내다 ▢ hear out ~의 말을 끝까지 다 듣다 ▢ view A from a different perspective A를 다른 관점에서 보다 ▢ put a new spin on ~에 새로운 의미를 주다 ▢ tell one's side 자신의 입장에서 바라본 바를 얘기하다

| DAY 23 | 돈과 행복의 상관관계는?

p.98

What do you think is the correlation between money and happiness?

I think **money** could **make** you **happy** to an **extent**, such as **buying** clothes, cars, **jewelry**, and **things** that you **want**, but **when** it **comes** down to it, the **things** you want don't **equal** up **to** the **things** you **actually** **need**, such as **love** and **friendship**. You can't **buy** **love** or **friends**. So I think **money** cannot **buy** **happiness**.

☐ to an extent 어느 정도는 ☐ jewelry 보석 ☐ when it comes down to it 근본적으로는
☐ equal up to ~과 동등하다 ☐ actually 실제로 ☐ friendship 우정

2분

I **don't** **think** money can **buy** **happiness** but it **sure** can **relieve** **stress**. I was **laid** **off** and now **worry** about **losing** my car and **apartment**, so I **would** be **happier** if I **had** some **money** now. **However**, I **don't** **need** to be very **rich**. All **I** **want** is **to** **be** able to **pay** my **bills** and **have** a little **fun** sometimes. I know **people** **with** a lot of **money** and they are not **happier** than **I** **am**, so I **don't** **necessarily** think money can **buy** **happiness**.

☐ relieve stress 스트레스를 해소시키다 ☐ be laid off 정리해고 당하다 ☐ don't need to do ~할 필요는 없다 ☐ bill 청구서 ☐ have a little fun 재미를 좀 보다, 약간 즐기다 ☐ not necessarily ~ 반드시 ~한 것은 아닌

I think money can **buy** **happiness**. **You** are not happy **when** you **cannot** **solve** money problems. Money **helps** you **solve** **problems**. Money also **gives** you **freedom**. You **don't** **have** **to** work **for** 40 years in a **cubicle**. I think **being** **free** to do **what** I want **when** I want **would** **make** me **happy**. **Therefore**, if money can **buy** you **freedom**, then it can **buy** you **happiness**.

☐ solve 해결하다 ☐ freedom 자유 ☐ don't have to do ~할 필요는 없다 ☐ cubicle 칸막이를 한 업무 공간 ☐ be free to do ~할 자유가 있다, 자유롭게 ~할 수 있다

DAY 24 | 왜 프랜차이즈 커피숍에 사람들이 몰리는가?
Why are franchise coffee shops always crowded? p.102

1분

When you **go to** a **coffee** shop, you can **have** high **quality** coffee. Most coffee shop **franchises** like Starbucks and The Coffee Bean and Tea Leaf **purchase** coffee **from** Colombia or **other countries** like Brazil, Costa Rica and Guatemala. **Certainly** those coffees **taste different from** instant coffee. Plus, they are **usually organic** and **have** a **rich**, floral **aroma** and smooth **flavor**. Some **people** just **love** the **taste** of **high quality** coffee and **pay** a lot **for** it.

☐ high quality coffee 품질이 좋은 커피 ☐ purchase 구입하다 ☐ certainly 분명히 ☐ taste different from ~과는 맛이 다르다 ☐ organic 유기농의 ☐ rich 풍부한 ☐ floral aroma 꽃내음 ☐ smooth flavor 부드러운 맛

2분

Each coffee shop **franchise** uses **different** coffee **beans** to **brew** their **signature** coffee. For example, Starbucks has **been purchasing** coffee **beans from** Colombian **growers** for **more than** 40 years now. **People** who **like** Starbucks coffee **only go to** Starbucks. They **would not** go **somewhere else** like The Coffee Bean and Tea Leaf **unless** they have **no options**. The **difference** between coffee shop franchises **attracts** people **to come** to their **shops**.

☐ coffee bean 커피 콩 ☐ brew (커피나 차 등을 마실 수 있게) 만들다 ☐ signature coffee 대표적인 커피 ☐ grower 재배자 ☐ unless ~하지 않는 한 ☐ have no options 선택의 여지가 없다 ☐ attract ~를 끌어들이다

A **small** Starbucks **Americano** usually **costs** about 4,000 won in Korea. It can be **pricey** but a **lot** of **people** go to Starbucks, **order** coffee and **sit** there. When you **pay** 4,000 won **for** the **small coffee**, you are **not only** paying **for** the coffee **itself** but **also** paying **for** the **place** and the **chair** you are **sitting in**. Coffee shops are **usually cool in** the **summer** and **warm** in the **winter** so you **can think** of the coffee **cost** as an **electric bill** as well.

☐ cost + 금액 비용이 ~ 들다 ▸cost - cost - cost ☐ pricey 비싼 ☐ order 주문하다 ☐ pay for ~에 대한 비용을 지불하다 ☐ think of A as B A를 B로 생각하다 ☐ electric bill 전기요금 청구서 ☐ as well 또한

| DAY 25 | 돈을 절약하기 위해 어떻게 하는가?
What do you do to save money? p.106

I **try not to** eat **out**. I **usually prepare** my food **at home** the **night before** I **go** to **school** and I just **take** it **plus** some **fruit** with me. I also **use** an **empty** water **bottle** to **fill** with **clean water** from my house, **refrigerate** it and **take** it **to school**. I have **been doing** this **for over** a year and I have **saved** a **lot** of **money**.

▢ eat out 외식하다 ▢ prepare ~을 준비하다 ▢ the night before ~하기 전날 밤에 ▢ fill with ~로 채우다 ▢ refrigerate 냉장하다 ▢ for over a year 1년여 동안 ▢ save a lot of money 돈을 많이 절약하다

Those **bills for eating** out **at lunch** every day or **going out** for **dinner** on the **weekends** add up **quickly**. I **decided** to **make** meal **plans** for the **week ahead**, buy the **necessary ingredients** at the **grocery** store, and **get comfortable with** some easy **recipes** that I can **turn into** two **meals** like dinner and the **leftovers** for **lunch**. It **really worked**.

▢ bill 청구서 ▢ go out for dinner 저녁을 먹으러 외출하다 ▢ add up 점점 늘어나 큰 액수가 되다 ▢ make meal plans 식단을 짜다 ▢ ahead 미리 ▢ ingredient 재료 ▢ grocery store 식품점 ▢ recipe[résəpi] 요리법 ▢ leftover 남은 음식

I **try** to **save energy** in **order** to **save money**. When the **computer** is **connected** by a **power cord**, I **turn** it **off** for the **night** when I **am done** and **unplug** anything **else** I am **not using**. I think **keeping** my computer's **energy settings** on power **saver** is **another** way to **keep** from **wasting energy**.

▢ save energy 에너지를 절약하다 ▢ be connected by a power cord 전선으로 연결되다 ▢ turn off 끄다 ▢ be done 끝나다 ▢ unplug 플러그를 뽑다 ▢ keep from -ing ~하지 않다 ▢ waste energy 에너지를 낭비하다

DAY 26 하루 중 언제 시간을 많이 허비하는가?

When do you most waste your time?

p.110

1분

I think **commuting during** rush **hour** is **when** I **waste** the **most** time **during** the **day**. I need to **be at** the office **before** 9 in the **morning**. I **leave** my **house** at 8 and **take** a bus **to work**. It **usually takes** 20 minutes **to get** to **work**, but since it is rush **hour**, I have to **leave home** an hour **ahead**. The bus is **usually packed** so I **can't** even **read** a book or do anything. I just **hold onto** the overhead **strap** and **stand for** 30 minutes **doing nothing**.

□ commute 출퇴근하다 □ rush hour 출퇴근 시간의 교통 혼잡대 □ waste 낭비하다 □ leave ~를 떠나다, 나서다 □ take + 교통수단 + to work 출근하러 ~를 타고 가다 □ get to work 직장에 출근하다 □ be packed 만원이다 □ hold onto ~에 매달리다 □ strap (버스 등의) 손잡이

2분

I **have** a **habit** of constantly **updating** my **social media status**. I am always **checking emails**, **playing** games, **chatting** with **friends** etc. **on** my **phone**. I usually **update** my **status** and **upload** pictures at least **three times** a **day**. My colleague **told** me **to get off** the phone and he said **no one** needs to **know what** I am **eating for** lunch. I was **shocked** but I **can't stop** playing **with** my phone. I think I literally **waste** about two **hours** a **day playing with** my phone.

□ have a habit of -ing ~하는 습관이 있다 □ etc. 등등 □ at least 적어도 □ colleague 동료 □ get off the phone 전화기에서 손을 떼다 □ be shocked 충격을 받다 □ play with one's phone 전화기로 여러 가지를 하며 시간을 보내다 □ literally 문자 그대로

3분

It **takes** a **long** time **for** me **to get dressed** each day. This does not **mean** that I **have** so **many** amazing wardrobe **choices** to **pick from**. I only **have a few** but I just can't **decide what** to **wear**. Especially **in** the summer, it **rains quite** often in the city I **live** in. So I **always** have to think carefully about **which clothes** and **shoes** I have to **wear**. It **usually takes** about 30 minutes **to decide** and I am **often late for** school.

□ take a long time 시간이 오래 걸리다 □ get dressed 옷을 입다 □ amazing 놀랄 정도로 멋있는 □ wardrobe 옷장, 옷장 속에 있는 옷 □ pick from ~에서 고르다 □ decide what to do 무엇을 ~할지 결정하다 □ the city I live in 내가 살고 있는 도시

| DAY 27 | 건강을 위해 꼭 지키는 한 가지는 무엇인가? What is the one thing you do to stay healthy?

p.114

I think **stress** and **anxiety** are **killers**, so **finding** ways **to relax** each day **can** be a **lifesaver**. I try to **get** at least six **hours** of **sleep** every day and I **sleep more** during the weekends. I also **listen to** classical music, **meditate** or **get massage** therapy in **order** to **relax at** the **end** of the **day**. I think **relaxation** will most certainly **add years** to my **life**.

☐ anxiety 불안 ☐ killer 살인자, 매우 고통스럽게 하는 것 ☐ relax 긴장을 풀고 편히 쉬다 ☐ lifesaver 목숨을 구해주는 것, 고통에서 벗어나게 해주는 것 ☐ classical music 고전음악 ▸classic music이라고 하지 않습니다. ☐ meditate 명상하다 ☐ therapy 치료법 ☐ add years to life 수명을 연장시키다

I think that **water** is **essential** for **maintaining** health and **prolonging** life because our **body** is **composed of** nearly 70% **water**. Therefore, I **try** to **stay** hydrated. I **drink** at least eight **cups** of **water** per day and I **drink** even **more** when I **exercise**. **Drinking** cold water **makes** me **feel refreshed** and when I **need** some **flavor**, I drink **vitamin water**. It **tastes** really **good**.

☐ essential 필수적인 ☐ maintain 유지하다 ☐ prolong 연장하다 ☐ be composed of ~으로 구성되어 있다 ☐ stay hydrated 수분을 유지하다 ☐ feel refreshed 상쾌한 기분이 들다 ☐ flavor 맛 ☐ taste good 맛이 좋다

I **used** to **skip breakfast** because I didn't **feel like eating** in the morning. However, someone **told** me that **people who** eat an **early-morning meal** are **less likely** to become obese and **get** diabetes **compared** to **those who don't**. I **started** to eat a **healthy breakfast** a few years **ago** and now I **feel better** both **mentally** and **physically**. It is a great **way** to **start** the **day**.

☐ skip breakfast 아침을 거르다 ☐ be less likely to do ~할 가능성이 적다 ☐ become obese 비만해지다 ☐ get diabetes 당뇨병에 걸리다 ▶diabetes[dàiəbí:tis]는 불가산명사로 '당뇨병'이란 의미입니다. -es로 끝났다고 해서 복수명사라고 착각해서는 안 되겠죠? ☐ compared to ~와 비교하면 ☐ mentally 정신적으로 ☐ physically 신체적으로

| DAY 28 | 살면서 이따금 겪게 되는 모순적인 상황으로 무엇이 있는가? p.118

We experience contradiction in our lives from time to time. Can you tell me more about this?

My sister has **been on** a **diet** for **more than** 10 years. The **funny thing** is **that** she **always says** she is **on** a **diet** but she **rarely exercises**. She also enjoys **late-night snacks**. **Last** night, she **asked** me **if** I **wanted** to **share** a **bucket of** fried chicken with her. It was 10 p.m. so I **said no**. She **ordered** it **anyway** and **finished** it **by** herself. I **don't think** she is **on** a **diet**. I **mean**, she has **never been on** a **diet**.

□ be on a diet 다이어트 중이다 □ funny 웃기는, 이상한 □ rarely 거의 ~하지 않는 □ exercise 운동하다 □ late-night snack 야식 □ share A with B A를 B와 나누다 □ say no 거절하다 □ by oneself 혼자

2분

Today, **there** are so many **sexy pop stars** and they **have** a **lot** of male **fans**. Many **guys** love to **see** the **revealing outfits** they wear **for** their **performances**. The **thing** is those **pop stars** have a major **fashion influence on** girls and many girls try to **wear** the **same clothes** as **they wear**. The **ironic thing** is that those **guys** love to **see** a **sexy outfit** on the **pop stars** but they **don't like it** when their girlfriend **wears** the **same thing**. I don't **understand why** they **can't let** their girlfriend **wear** sexy clothes **while** they are still **checking out** the girls **in** a sexy **outfit on** the street.

□ sexy 성적 매력이 있는 □ male 남성의 ▸'여성의'는 female이죠. □ guy 사내 □ revealing outfit 노출이 심한 의상 □ performance 공연 □ The thing is ~ 문제는 ~이다 □ have an influence on ~에 대해 영향력을 발휘하다 □ check out 살펴보다

Different from any other **countries**, there are a lot of **private educational institutes** in South Korea. Almost **every** student from **elementary** school to **high** school **goes** to a **private institute** after **school** and **studies** until **late**. However, the **strange** thing is though South Korea is **an** OECD **member**, it has one of the **lowest academic achievement rates** in the **world**. It is very **ironic**.

□ private educational institute 사설 학원 □ elementary school 초등학교 □ after school 방과후에 □ the strange thing is ~ 이상한 것은 ~이다 □ academic achievement rate 학업성취도 □ ironic 역설적인, 아이러니한

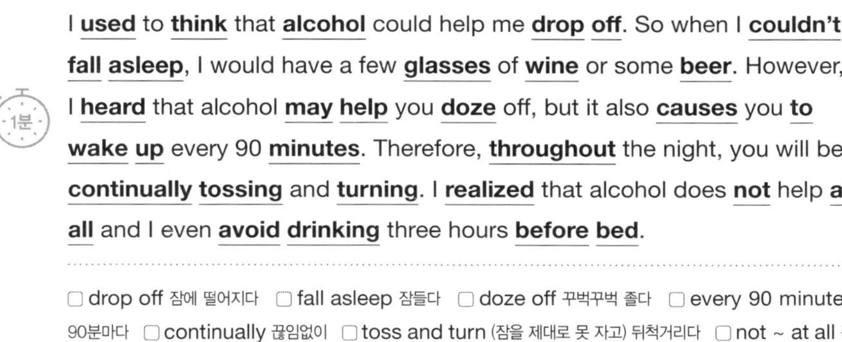

DAY 29 | 숙면을 위해 무엇을 하는가?
What do you do to get better sleep?

p.122

1분

I **used** to **think** that **alcohol** could help me **drop off**. So when I **couldn't fall asleep**, I would have a few **glasses** of **wine** or some **beer**. However, I **heard** that alcohol **may help** you **doze** off, but it also **causes** you **to wake up** every 90 **minutes**. Therefore, **throughout** the night, you will be **continually tossing** and **turning**. I **realized** that alcohol does **not** help **at all** and I even **avoid drinking** three hours **before bed**.

▢ drop off 잠에 떨어지다 ▢ fall asleep 잠들다 ▢ doze off 꾸벅꾸벅 졸다 ▢ every 90 minutes 90분마다 ▢ continually 끊임없이 ▢ toss and turn (잠을 제대로 못 자고) 뒤척거리다 ▢ not ~ at all 전혀 ~ 아닌 ▢ before bed 잠자리에 들기 전에

2분

The whole **environment** of my **bedroom** is very important **for** me **to sleep well**. When my bedroom is not **cool enough**, I **can't fall asleep**. My **ideal sleeping temperature** is 26 degrees Celsius. Also, bright light **wakes** me **up** so I **dim** the **lights** before I **go to bed**. When I **dim** the **lights**, I also **turn off** everything **around** me **including** my TV, iPad, and **even** my cell phone.

▢ environment 환경 ▢ sleep well 잠을 푹 자다 ▢ ideal 이상적인 ▢ temperature 기온 ▢ Celsius 섭씨 ▢ dim 빛의 밝기를 낮추다 ▢ go to bed 잠자리에 들다 ▢ turn off 끄다 ▢ even ~까지도

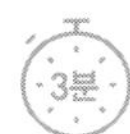

I think **going** to **bed** at the **same time every** night and **waking up** at the **same time every** morning is very important **for having** a good **sleep**. **When** I **was in** college, I couldn't **go** to **bed** at the **same time every** night because I **went out** for a **drink every single** night. When I **go** to **bed late**, it **makes** it **harder** to **get to sleep** at the **usual hour** the **following night**.

▢ have a good sleep 숙면을 취하다 ▢ be in college 대학에 다니다 ▢ go out for a drink 술 마시러 밖에 나가다 ▢ every single night 매일 밤 ▸single은 every night을 강조하는 역할을 합니다. ▢ go to bed late 늦게 잠자리에 들다 ▢ get to sleep 잠들다

DAY 30 당신의 자제력은 어떠한가?
How is your self-control? Tell me about it.

p.126

I was a **well-disciplined** child **when** I was **young**. My family didn't **believe in spanking** and they **knew** there were many **alternatives** to **encourage** children **to behave**. They **tried** to **praise** me as **much** as **possible**. I got **praised** for my **good behavior** and I **grew up confident**. I **tried not to** do **anything** bad **only because** I wanted to **get praised**.

□ well-disciplined 가정 교육이 잘된 □ believe in -ing ~하는 것이 효과가 있다고 믿다 □ spank 엉덩이를 때리다 □ alternative[ɔːltə́ːrnətiv] 대안 □ encourage 격려하다 □ behave 예의 바르게 행동하다 □ praise 칭찬하다 □ behavior 행동, 행태 □ confident 자신감이 있는 □ get praised 칭찬을 받다

2분

I think **eating less** is the **most challenging** thing for me. I love **eating late-night snacks** but I had **gained** 10 pounds **in** just a month. I **had** to **quit late-night snacks** and it was the **hardest thing** ever. When I **am hungry**, I **lose control** and just **start** binge **eating**. After **eating** at least three **cups of instant noodles**, I **realized** that I ate **a lot** and I **started** to **hate myself**. **Eating less** is the **most difficult** thing.

□ eat less 절식하다 □ challenging 도전적인 □ late-night snacks 야식 □ gain 체중이 늘다 □ quit 끊다 □ lose control 자제력을 잃다 □ binge eating 폭식 □ at least 적어도 □ instant noodles 컵라면 □ hate oneself 자신을 증오하다

3분

I **get drunk** after drinking a **bottle** of soju. That is **where** I need to **stop drinking**. However, when I **get drunk**, I **lose control** and **start** to drink **more** and **more**. When I drink **more than** a **bottle** of soju, I **black out** and **get** a bad **hangover** the **next morning**. I always **regret it** in the morning but it is not **easy** to **control myself** when I am **drunk**.

□ get drunk 취하다 □ bottle 병 □ however 그러나 □ black out 필름이 끊기다 □ hangover 숙취 □ regret 후회하다 □ control oneself 자제하다